河南师范大学学术专著出版基金资助
国家自然科学基金项目资助（项目编号：71902055）
河南省高等学校哲学社会科学创新人才支持计划资助（项目编号：2023 – CXRC – 16）

电子商务环境下双渠道供应链运作策略与融资方法研究

Research on Operation Strategies and Financing Methods of Dual-channel Supply Chain in E-commerce Environment

郭金森　著

中国财经出版传媒集团

经济科学出版社
Economic Science Press

·北 京·

图书在版编目（CIP）数据

电子商务环境下双渠道供应链运作策略与融资方法研究/郭金森著 . -- 北京：经济科学出版社，2024.3
ISBN 978 - 7 - 5218 - 5750 - 4

Ⅰ.①电…　Ⅱ.①郭…　Ⅲ.①电子商务 - 供应链管理 - 研究　Ⅳ.①F713.365.1②F252.1

中国国家版本馆 CIP 数据核字（2024）第 066322 号

责任编辑：李晓杰
责任校对：齐　杰
责任印制：张佳裕

电子商务环境下双渠道供应链运作策略与融资方法研究

DIANZI SHANGWU HUANJINGXIA SHUANGQUDAO GONGYINGLIAN
YUNZUO CELÜE YU RONGZI FANGFA YANJIU

郭金森　著

经济科学出版社出版、发行　新华书店经销
社址：北京市海淀区阜成路甲 28 号　邮编：100142
教材分社电话：010 - 88191645　发行部电话：010 - 88191522
网址：www. esp. com. cn
电子邮箱：lxj8623160@ 163. com
天猫网店：经济科学出版社旗舰店
网址：http：//jjkxcbs. tmall. com
北京季蜂印刷有限公司印装
710 × 1000　16 开　12.75 印张　210000 字
2024 年 3 月第 1 版　2024 年 3 月第 1 次印刷
ISBN 978 - 7 - 5218 - 5750 - 4　定价：56.00 元
（图书出现印装问题，本社负责调换。电话：010 - 88191545）
（版权所有　侵权必究　打击盗版　举报热线：010 - 88191661
QQ：2242791300　营销中心电话：010 - 88191537
电子邮箱：dbts@ esp. com. cn）

前　言

随着互联网技术和物流行业的快速发展，人们的生活方式和消费方式也随之发生了巨大变化，线上购物受到消费者青睐。与此同时，企业的销售模式也在经历着翻天覆地的变化，越来越多的生产商开始采用双渠道进行销售。然而，尽管制造商双渠道销售模式有效扩大了产品销售的范围，增加了消费者对产品的需求，但因为不同的渠道之间存在着价格、服务等方面的竞争，这就导致了在供应链中，原本纯粹的上、下游企业间的合作和竞争，又增加了两个渠道之间的横向竞争和协调，企业间的渠道冲突问题不可避免，而消费者的跨渠道服务"搭便车"行为进一步导致渠道间的冲突变得愈演愈烈。例如，Home DePot 等一些销售商已经对上游制造商的网络直销商明确表示抗议和警告，指出若其建立网上直销的渠道，则会削弱或直接取消与其合作。在众多行业中（例如，汽车产业、金融服务产业、旅游保险产业等），一些分销商和零售商都对自身上游生产商或供应商的网络直销渠道表示忧虑。

在电子商务环境下，随着供应链企业双渠道销售模式的应用，一些新的问题出现且亟待解决。例如，"展厅效应"以及企业服务信息谎报行为会对双渠道供应链各主体定价，服务策略产生什么影响？为提升企业及其所在供应链的整体竞争力，当上、下游企业进行纵向持股联盟时，双渠道供应链运营决策如何设计？当企业存在生产规模不经济现象时，双渠道供应链各主体利润会发生什么样的变化，企业运作决策又该如何设计？在随机需求的环境下，企业应该采用什么样的契约策略提升自身竞争力和增加利润？资金是企业正常运营的血液,当供应链上、下游企业均存在资金约束时,企业运营决策如何变化,其将选择什么样的融资方式来增加自身利润?产品退货风险以及企业不同行为偏好又会对供应链融资策略和利润产生什么样的影响?这些问题成为企业面临且亟待解决的难题。因此,开展对上述相关问题的研究具有重要的理论意义和实际意义。

本书针对上述实际背景和问题,基于博弈论、行为学理论、金融学理论等对双渠道供应链运作策略和融资方法等问题进行研究。研究内容不断深化:首先,基于无资金约束环境,探讨双渠道供应链定价、服务等运作策略设计;其次,将上述研究拓展到双边资金约束环境,探讨当上、下游企业均存在资金约束时,各主体运作策略的变化及融资方式方法的选择等。研究视角不断拓展:不仅考虑了企业无行为偏好特征下双渠道供应链运作策略及融资方法,也探讨了企业风险厌恶、公平关切等行为特征对供应链运作策略及融资方式选择偏好的影响。

本书的主要创新如下所示。

(1)针对一个传统零售商和一个双渠道制造商组成的供应链系统,在零售商实体店售前服务存在"展厅效应"的情况下,构建了制造商服务成本分摊与网络渠道收益共享契约选择策略模型,并分析了不同市场条件下各主体对两种契约模式的选择偏好。进一步地,将上述研究拓展到信息不对称的情形,分析零售商信息谎报行为对双渠道制造商服务成本补贴策略及各主体需求和利润的影响。

(2)针对一个双渠道制造商和一个双渠道零售商组成的混合渠道供应链系统,在无纵向持股、零售商持股制造商、制造商持股零售商以及上下游企业交叉持股模式下,分别构建了供应链运营决策模型,分析了不同持股模式下各主体最优运作策略和利润。在制造商存在规模不经济的环境下,分别针对集中决策模式和分散决策契约模式建立了基于一致定价和促销努力的双渠道供应链协调策略模型,分析了规模不经济系数和服务负溢出效应对供应链各主体运作决策、需求和利润的影响。在随机需求的环境下,构建了四种不同情形下零售商和双渠道制造商利用契约机制进行竞争的供应链决策模型，对比分析了各情形下供应链成员的最优决策和利润。

（3）针对存在双边资金约束的双渠道供应链，构建了"制造商金融机构借贷＋延期支付""零售商金融机构借贷＋提前支付""双边金融机构借贷＋提前支付"三种不同组合融资模式下的供应链融资决策模型，分析了企业自有资金规模、借贷利率等对各成员决策和利润的影响，并探讨了不同市场条件下各主体对不同融资模式的选择偏好。进一步地，在顾客存在退货风险的情形下，分析了顾客退货率、消费者转移程度、企业自有资金规模等对供应链各主体运营决策和利润的影响，并探讨了不同市场条件下各主体对不同融资模式的选择偏好。

（4）针对存在双边资金约束的双渠道供应链，分别考虑当零售商存在风险厌恶特性或制造商具有公平偏好特性时，双渠道供应链运营要采取的决策和融资方法。分别构建了"银行借贷＋贸易信贷"以及"双边银行借贷"两种不同融资组合模式下的企业融资决策模型，探讨了企业初始资金规模、零售商风险厌恶特性、制造商公平偏好特性以及延期支付批发价敏感性等对各成员运作策略和利润的影响，并探讨了不同市场条件下各主体对不同融资模式的选择偏好。

上述研究成果不仅丰富了双渠道供应链运营决策及融资方法理论内容，而且为供应链运营实践中双渠道企业，尤其是面临资金约束的企业运营决策和融资方法提供了科学的理论指导和决策依据。

郭金森

2024 年 3 月

目　录

Contents

第1章 ▶ 绪论　　1

1.1　研究背景及意义　　1

1.2　国内外研究现状　　3

1.3　研究思路和研究内容　　16

1.4　研究特色和创新之处　　20

第2章 ▶ "展厅效应"下双渠道供应链运作策略　　22

2.1　模型设定　　23

2.2　服务成本分摊契约模式　　24

2.3　网络渠道收益共享契约模式　　28

2.4　数值仿真及分析　　32

2.5　本章小结　　34

第3章 ▶ "展厅效应"下存在信息谎报的双渠道
　　　　供应链运作策略　　36

3.1　模型设定　　37

3.2　信息对称情形　　39

3.3　信息不对称情形　　44

3.4　数值仿真及分析　　51

3.5　本章小结　　53

第 4 章 ▶ 纵向持股行为下双渠道供应链运作策略　54

4.1　模型设定　55

4.2　零售商持股制造商情形　58

4.3　制造商持股零售商情形　60

4.4　制造商和零售商交叉持股情形　62

4.5　不同纵向持股情形下企业最优决策与收益对比分析　64

4.6　数值仿真及分析　65

4.7　本章小结　74

第 5 章 ▶ 生产规模不经济下双渠道供应链运作策略　75

5.1　模型设定　76

5.2　集中决策模式　77

5.3　分散决策批发价契约模式　79

5.4　分散决策网络渠道收益共享契约模式　82

5.5　数值仿真及分析　88

5.6　本章小结　92

第 6 章 ▶ 需求不确定环境下双渠道供应链运作策略　93

6.1　模型设定　94

6.2　零售商提供提前订货折扣契约　96

6.3　零售商和制造商均提供提前订货折扣契约　98

6.4　零售商提供提前订货折扣，制造商提供延期支付契约　100

6.5　数值仿真及分析　102

6.6　本章小结　105

第 7 章 ▶ 双边资金约束下双渠道供应链融资策略　106

7.1　模型设定　107

7.2　"金融机构借贷＋延期支付"组合融资模式　108

7.3　"金融机构借贷＋提前支付"组合融资模式　110

7.4　数值仿真及分析　113

7.5　本章小结　121

第 8 章 ▶ 双边资金约束下考虑退货风险的双渠道供应链融资策略　123

　　8.1　模型设定　124
　　8.2　"制造商金融机构借贷＋延期支付"组合融资模式　126
　　8.3　"零售商金融机构借贷＋提前支付"组合融资模式　129
　　8.4　数值仿真及分析　131
　　8.5　本章小结　141

第 9 章 ▶ 双边资金约束下风险厌恶的双渠道供应链融资策略　142

　　9.1　模型设定　143
　　9.2　"银行借贷＋贸易信贷"组合融资模式　145
　　9.3　"双边银行借贷"组合融资模式　149
　　9.4　数值仿真及分析　153
　　9.5　本章小结　158

第 10 章 ▶ 双边资金约束下公平关切的双渠道供应链融资策略　159

　　10.1　模型设定　160
　　10.2　"银行借贷＋贸易信贷"融资组合模式　163
　　10.3　"双边银行借贷"融资组合模式　168
　　10.4　数值仿真及分析　173
　　10.5　本章小结　176

第 11 章 ▶ 总结及展望　177

　　11.1　全书总结　177
　　11.2　研究展望　180

参考文献　182
后记　193

第1章

绪　论

1.1　研究背景及意义

随着电商及物流的迅猛发展，人们的生活方式和消费方式也随之发生了巨大变化，线上购物受到消费者青睐。与此同时，企业的渠道销售模式也在经历着翻天覆地的变化，越来越多的制造业或零售企业开始采用双渠道模式进行销售。然而，尽管企业双渠道销售模式有效扩大了产品的销售范围，增加了消费者对产品需求，但因为不同的渠道之间存在着价格、服务等方面的竞争，这就导致了供应链企业各渠道之间横向的竞争和协调，渠道冲突问题不可避免，而消费者的跨渠道服务"搭便车"行为进一步导致渠道间的冲突变得愈演愈烈。因此，美国体育用品协会就建议其企业会员尽量不使用或减少使用双渠道销售模式，以避免或减少渠道冲突对企业的影响；中国企业家研究院调研中也指出，很多企业常常面临"上电子商务找死，不上等死"的两难局面。

进一步地，在传统销售模式下增加线上渠道销售，线上运营成本与销售量的增加导致企业更大规模的资金需求，因此常常导致其面临资金约束困境，甚至供应链上、下游企业同时面临资金困境。实践中，金融机构借贷与商业信用成为供应链资金约束企业最为常见的融资方式。当供应链仅上游或下游企业存在资金约束时，企业可通过供应链内部商业信用融资模式，提前或延期付款来解决其资金不足的问题。例如，塔塔汽车及丰田汽车公司通常延期一段时间才将全部货款支付给上游供应商，苹果公司则通常向上游资金约束的供应商提前付款以解决其资金不足的问题。而当上、下游企业同时存在资金约束时，供应链可借助供应链外金融机构的部分资金，通过金融机构借贷与商业信用组合融资模式来缓解双边资金约束对供应链运营的负面影响。然而，不同的组合融资模式对企业运营决策和利润会带来不同的影响，并影响其对各组合融资模式的选择偏好。同时，行为研究表明，供应链企业通常具有风险厌恶或公平关切等行为，而这些因素也将显著影响企业的运营决策和利润，并使企业运营及融资决策更加复杂、更具挑战性。

因此，在电子商务环境下，企业双渠道销售模式的采用给供应链运营决策带来了许多新的问题。例如，"展厅效应"以及企业服务信息谎报会对各渠道的定价，服务等运作决策产生什么样的影响？为提升企业及供应链整体竞争力，当上、下游企业进行纵向持股联盟时，供应链运营决策如何设计？当企业存在生产规模不经济现象时，供应链各主体收益会发生什么变化，企业运作决策又该如何设计？在随机需求的环境下，企业应该采用什么契约策略提升自身竞争力和增加利润？资金是企业正常运营的保障，当供应链上、下游企业均存在资金约束时，企业运营决策又如何，其将选择什么融资方式来增加自身利润？产品退货风险以及企业不同行为偏好又会对供应链融资决策和利润产生什么影响？这些问题都成为新型双渠道供应链实践中企业所面临以及亟须解决的问题，而基于单一销售渠道的供应链运作与协调理论和方法无法很好地解决这些因双渠道的使用带来的新问题。

因此，本书将针对上述实际背景和问题，着力研究不同的市场条件下，双渠道供应链运营决策和融资方法，回答企业在新型双渠道供应链实践中所面临以及亟须解决的问题，为双渠道供应链的有效实施和推广提供理论的指导和支持，进一步推动我国双渠道供应链管理水平的提高。因此，本书的研究及相关成果不仅具有重要的理论价值，而且具有重要的现实意义。

1.2　国内外研究现状

近年来，电子商务环境下的供应链管理受到学术界的广泛关注，越来越多的学者对其展开了研究，并取得了不少理论成果。其中，与本书紧密相关的研究成果主要包括如下三方面：（1）双渠道供应链运营决策与协调研究；（2）双渠道供应链融资策略与方法研究；（3）双渠道供应链"搭便车"行为研究。

1.2.1　双渠道供应链运营决策与协调研究

目前，这方面的研究主要集中在供应链产品定价、服务、订货等策略设计以及缓解不同渠道冲突的协调契约机制设计方法方面。

1.2.1.1　双渠道供应链定价策略问题研究

在双渠道供应链定价策略方面，布林约尔弗森和史密斯（Brynjolfsson & Smith，2000）对网络上销售的书籍和 CD 等产品进行研究，指出双渠道供应链中产品在网络上的销售价格一般会比实体销售低 9% ~ 16%，且网络渠道的产品价格变动相对比较频繁，网络渠道相比实体渠道更容易拥有价格的主动权和优势。针对三种不同的渠道销售模式（仅线上渠道销售、仅线下渠道销售、"线上＋线下"混合渠道销售模式），帕克和肯尼斯（Park & Keh，2003）探讨了供应链上、下游企业最优定价策略和利润。黄伟和斯瓦米纳坦（Huang & Swaminathan，2009）进一步研究指出，采用混合销售渠道的企业通常比采用单一销售渠道的企业能获得更高的定价优势。卡塔尼等（Cattani et al.，2006）在上述研究的基础上进一步指出，双渠道价格一致策略可以有效地缓和渠道间的冲突，但随着制造商网络直销渠道方便性和效用的增强，其可能会取消线下销售渠道模式。穆恩等（Moon et al.，2010）进一步探讨了双渠道供应链动态定价策略问题，并指出消费者对线上渠道接受的增加会加剧双渠道间的冲突。针对不同的博弈结构（stackelberg 博弈、bertrand 博弈），阎瑞梁（Yan，2008，2010）探讨了双渠道供应链中企业最优渠道产品定价策略，并对比分析了两种不同博弈结构下各渠道定价策略的变化。张学龙等（2018）从消费者行为出发，构建了考虑定价差异和退货风险双重因素的双渠道供应链运营决策模型，研究了四种不同市场需求情形及各主体最优定价决策。张霖霖和孙坤鹏（2019）对不同权力结构下双渠道供应链价格一致策略问题进行研究，指出无论双渠道供应链的权力结构如何，最优统一价格都会随着市场潜在需求的增加而增加，且均与各渠道所占市场份额成正比。赵瑞娟和周建亨（2020）在含有线上直销渠道的双渠道供应链中，考察当消费者注重产品体验时，信息不披露和信息披露两种模式下制造商、零售商两个周期的定价策略。研究发现，信息披露使制造商两期内都可以获得更高的收益，而零售商的收益变化则与披露成本有关，且零售商第一期受益的可能性更大。杨茜和许茂增（2022）针对制造商主导的双渠道供应链结构，运用博弈论分析了双渠道零售商的最优定价策略与渠道选择问题。梁喜和肖金凤（2021）引入消费者对产品检验所需时间和检验结果为假的敏感系数参数，探讨了区块链技术和消费者敏感系数参数对双渠道供应链决策的影响，该研究指出，当产品检验与评估所需时间和产品检验结果为假的敏感系数足够大时，采用区块链技术后，零售商和制造商的利润均高于不采用区块链技术状态下的利润。王道平和周玉（2022）研究了电商平台拼购折扣活动对双渠道供应商与零售商定价策略的影响，结果表明，较大的折扣力度并不能保障平台利润的最大化，消费者的拼购成本系数较低时，平台实行拼购折扣对零售商利润的损害较大。

上述研究未考虑企业风险偏好、公平关切等行为因素，李波等（Li et al.，2014）基于随机市场需求，研究了零售商存在风险厌恶行为下双渠道供应链最优定价策略问题。王道平等（2016）将上述研究拓展到制造商与零售商均具有风险厌恶行为的情形，研究此时双渠道供应链定价策略的变化。陈良和胡劲松（2018）研究了三种风险规避型双渠道供应链的定价问题，探讨了风险规避系数和传统渠道单位销售成本的变化对各决策变量的影响，比较了不同类型双渠道间的定价策略。刘广东等（2020）考虑生产成本扰动和风险规避双因素，利用 Stackelberg 博弈对双渠道供应链定价和订购决策进行分析。研究发现，集中供应链的零售价格和直销价格在生产成本的扰动下具有一定的稳健性，其随风险规避程度的增大而减小。分散供应链的零售价、直销价、批发价和订购量都具有一定的稳健性，因受风险规避的影响不同，零售价、直销价和批发价会随风险规避的增大而减小，订购量则反之。牛志勇等（2017）基于公平关切行为的视角，分析了双渠道零售商线上线下同价策略选择和运作问题。范定祥和李重莲（2020）考虑不同渠道商的产品性价比差异以及渠道商既关注纵向供应链的制造商利润，又关注横向供应链的对立渠道商利润之情形，探究了产品性价比差异、渠道商双向公平关切对双渠道供应链最优定价和效用的影响。李宗活等（2022）针对双渠道制造商通过在线渠道投放电子优惠券的供应链定价问题，构建了具有公平关切性的 Stackelberg 博弈模型，分析公平关切对电子优惠券的投放及供应链成员利益的影响。研究指出，制造商公平关切度较大、零售商公平关切度较小组合情形的供应链总利润最大化。

1.2.1.2　双渠道供应链服务策略问题研究

双渠道供应链服务策略问题主要包括两个方面：传统渠道零售商的促销努力服务和网络渠道的物流邮寄服务（邮寄提前期）。针对传统渠道零售商的促销努力服务，罗姆和斯瓦米纳坦（Rohm & Swaminathan，2004）通过实证研究指出，提升实体渠道售前服务水平可以有效增强顾客满意度，影响顾客购买决策和行为，增加产品销售量。阎瑞梁和裴智（Yan & Pei，2009）研究指出，上游制造商通过开辟线上渠道可以有效刺激下游零售商线下渠道服务努力水平的提升，进而提升供应链运作效率。在一体化和分散决策两种不同的模式下，但斌等（Dan et al.，2012）进一步探讨了双渠道供应链最优定价和服务策略。基于产品价格对比服务，徐琪等（Xu et al.，2013）研究了不同情形下双渠道供应链各主体最优定价策略。许明星和王健（2014）基于博弈理论，研究了双渠道制造商和零售商的服务对渠道定价策略的影响，并指出当制造商的服务水平低于某一阈值时，提高价格有利于电子渠道价格的提升，并迫使零售商降低零售渠道价格。当制造商的服务水平超过该阈值时，制造商提高服务水平对电子渠道和零售渠道的价格提升均有利。周永卫和范贺花（2015）针对分散控制式和集中控制式双渠道供应链建立了随机需求与联合促销下的供应链决策模型，分析了零售商的促销努力程度、两渠道的需求不确定性、促销成本、消费者的渠道偏好等对各主体定价策略的影响。在分散决策和集中决策条件下，彭浪等（2016）分别以不同服务水平销售产品的双渠道供应链针对零售商传统销售渠道和制造商网上销售渠道进行了研究，研究服务水平对定价决策和渠道需求的影响。并指出，渠道服务水平的提高不仅会导致本渠道销售价格和本渠道需求的提高，也会对另一渠道产生一定的溢出效应。杨浩雄等

（2017）建立了制造商和零售商服务合作的双渠道供应链模型，并分析了集中控制模式和分散控制模式下双渠道供应链各主体最优的价格和服务策略。李习栋和马士华（2018）对有服务溢出效应和无服务溢出效应的两种情况进行了研究，研究制造商的风险态度对供应链双方市场策略的影响。指出当服务溢出效应在一定范围时，服务溢出效应对供应链双方的需求、期望收益和零售商的服务水平具有积极的影响。张学龙等（2018）针对垂直双渠道供应链中零售商在电子直销渠道和传统零售渠道销售同质品的情况，分别建立价格替代系数扰动下、服务水平替代系数扰动下、价格替代系数和服务水平替代系数同时扰动下的需求模型和利润模型，并提出三种不同扰动情形的最优决策。司凤山等（2020）在考虑零售商服务质量和延迟决策的基础上构建了双渠道供应链的时滞微分价格博弈模型，探讨了系统稳定性对价格演化趋势的影响。郑本荣等（2022）分别构建了不考虑和考虑在线评论的双渠道供应链博弈模型，探讨在线评论背景下供应链的定价和服务投入决策，并分析在线评论对供应链最优决策和利润的影响，该研究指出，在线评论会激励零售商提高服务投入水平，当评论有效性足够高时，其对制造商有利；当评论正向作用较强且精度足够高时，其对零售商有利。当评论有效性足够高时，零售商服务投入可有效消除供应链双重边际效应。刘斌等（2022）对线上线下双渠道模式以及线上购买线下取货的 BOPS 销售模式进行了供应链定价和服务联合决策分析，指出当消费者服务敏感度较大时，企业宜采用 BOPS 销售模式，且在分散型结构中宜采用销量计入线下方案；当消费者服务敏感度较小时，企业不适宜采用 BOPS 销售模式。

进一步地，针对网络渠道物流邮寄服务（邮寄提前期），古普塔等（Gupta et al.，2004）通过实证研究指出，网络渠道邮寄时间也会显著影响消费者的购买决策，对企业线上产品销售和利润产生重要的影响。华国伟等（Hua et al.，2010）则对比分析了一体化和分散决策模式下，制造商最优定价和邮寄时间策略的变化情况。徐和等（Xu et al.，2012）研究了价格和交货提前期影响下的渠道配置策略，并分析了消费者在线渠道的接受程度对渠道结构的影响。莫达克（Modak，2017）从传统零售商开辟在线渠道的角度探索了价格和交货期敏感需求下的全渠道供应链最优决策。高洁等（2017）分别在 Bertrand 和 Stackerberg 两种博弈模型下研究了产品定价和制造商的提前期决策问题。基于竞争和非竞争环境，萨哈等（Saha et al.，2018）探讨了供应链成员在价格和交付时间双重敏感下的最优定价和邮寄时间策略。陆涛和张世斌（2019）建立了基于价格与交货期敏感的零售商双渠道供应链需求模型，该研究指出，零售商在线渠道价格会随着交货时间的延长而降低，如果因交货时间增加而导致销售需求损失，则总的最佳交货时间将减少。莫达克和凯勒（Modak & Kelle，2019）研究了制造商开辟线上直销渠道的双渠道供应链最优决策问题，同时也分析了交货期和顾客渠道偏好对最优决策的影响。谭春桥和易文桃（2019）假设市场需求对价格与网络直销交货期双敏感，并建立了公平关切下分散式双渠道供应链定价与网络直销交货期策略模型，该研究表明，当渠道成员的公平关切程度增加时，制造商会不断缩短网络直销交货期，提高网络直销价格，而零售商则适度地调整自身价格来获取更高的利润和效用。尽管渠道成员公平关切程度的增加有利于提高利润，但同时也会损害其他成员的利益。徐飞和王红蕾（2020）构建了不同交货期双渠道制造商和零售商合作时的利润优化模型，证明仅仅采用批发价格与服务费用，契约无法协调制造商与线下零售商组成的供应链系统，并进一步优化、设计了两个定价协调机制，以实现两者的双赢。晏露玲（2023）以单一制造商和在线平台组成的双渠道供应链为研究对象，并考虑平台力量、配送时间和平台服务，分析了转售模式和市场模式下供应链成员的最优决策。

1.2.1.3　双渠道供应链订货/库存策略问题研究

在双渠道供应链订货/库存策略方面，江伟裕和莫纳汉（Chiang & Monahan，2005）对比分析了双渠道与单渠道两种不同结构下各主体最优订货和库存策略的不同，并指出，通常情况下双渠道结构系统表现更优。夏海洋和黄培清（2007）针对制造商和零售商均持有库存以满足自身渠道消费者需求及仅零售商持有库存模式，制造商网络渠道和零售商实体渠道需求均由零售商库存来满足的两种不同库存运作模式，探讨了各主体最优订货策略。侯琳琳等（2009）着重探讨了产品批发价格和渠道间替代性对供应链企业库存竞争的影响。考虑生产启动成本和交付成本，高桥等（Takahashi et al.，2011）制定了一种新的双渠道供应链库存控制策略，并证明了其有效性。王虹等（2011）针对由传统零售渠道和网络直销渠道组成的双渠道供应链模型，并考虑批发价格和传统零售价格确定的情况下，同时市场需求随机且受价格影响时，对制造商在直销渠道上的最优定价和库存量决策，以及零售商在传统分销渠道上的最优订货量进行研究。在一体化模式和分散决策模式下，黄松等（Huang et al.，2012）探讨了制造商的最优库存策略，并指出需求随机情况下制造商最优库存生产量具有一定的鲁棒性。刘峥和徐琪（2015）针对双渠道供应链间合作与非合作情形建立了双渠道优化合作转运模型以及最优订货模型。通过仿真研究，分别分析了需求为均匀分布、正态分布和泊松分布时非合作与合作情形下的订货策略及各主体利润。万鹏等（2019）考虑由一个网络零售商和一个传统零售商构成的缺陷品双渠道供应链系统，并允许不同渠道零售商采用横向转运策略协调库存水平，研究指出，双渠道间采取转运策略可以减少最优库存量和总成本，随着购买转移概率的增加和产品缺陷率的增加，转运策略产生的系统绩效均不断降低。邱洪全和陈文英（2019）运用系统动力学理论与方法，构建了双渠道供应链库存独立系统、单级库存合作系统和多级库存合作系统的动力学模型，该研究指出，零售商与网络配送点进行库存紧急调拨的单级库存合作系统在"牛鞭效应"、服务水平和供应链总成本三个指标上均表现最优，在供应链总库存指标上表现次优，但整体上是最优的。赵川等（2020）在线上线下均为随机需求的条件下，考虑生产延迟和物流延迟，建立了双渠道库存的单独控制、集中控制和交叉补货控制三种模式的动态优化模型，该研究指出，在线上线下渠道为不同分布的随机需求的情况下，使用双渠道交叉补货策略能很好地减少库存持有量，减少缺货次数和缺货量，从而节约库存成本。冯平平等（2022）分别在集中决策和分散决策模式下，基于无转运无转移（NN）、有转运无转移（YN）和有转运有转移（YY）三种情况构建了无缺陷退货下的双渠道供应链转运与库存决策模型，并分析了转运价格、无缺陷退货率和顾客需求转移率对最优订货量及系统利润的影响。

上述研究均不考虑企业产能约束问题，李怡娜和徐学军（2010）分别在制造商存在产能约束的情形下，探讨了双渠道供应链的库存竞争和协作问题。侯玉梅和赵倩（2012）针对双渠道制造商生产能力充足和不充足两种情形，探讨了供应链最优订货策略问题。龚本刚等（2019）构建了集中决策和分散决策两种情形下的双渠道供应链成员决策模型，比较分析了两种情形下产能约束、消费者渠道偏好和低碳偏好对供应链决策的影响，并设计了改进的收益共享契约协调供应链。吉清凯等（2022）针对产能约束下的双渠道供应链分析了直销优先策略下产能约束对双渠道供应链利润的影响，并指出在不同产能水平下，制造商对两个渠道的依赖程度会发生变化。在考虑企业风险偏好、公平关切、过度自信等行为因素的情况下，杨悦翔等（Yang et al.，2014）针对双渠道制造商存在风险厌恶情形，探讨了制造商最优库存策略的变化。曲优等（2017）运用纳什讨价还价博弈模型，研究公平关切行为对双渠道供应链各成员最优订购策略的影响，并在此基础上进一步分析零售商损失规避与公平关切行为对零售商订购决策的影响。吴彦莉和胡劲松（2018）将零售商的过度自信行为纳入双渠道供应链网络均衡模型，分析了在市场出现有利信息和不利信息的两种情形下，零售商的过度自信行为对其订货决策的影响。朱宝琳等（2022）建立了零售商风险规避下双渠道供应链分散和集中情况下库存最优决策模型，证明了包含收益共享和回购契约的联合契约可以实现双渠道供应链的库存协调。

1.2.1.4 双渠道供应链冲突协调机制设计研究

双渠道环境下不同渠道定价、服务等的竞争导致各渠道间的冲突不可避免，甚至愈演愈烈。因此，如何设计恰当的契约机制缓和渠道冲突和协调供应链成为学者关注的重要问题。陈静等（Chen et al.，2012）通过研究指出，在批发价契约的基础上增加两个收费契约或者收益共享契约，能够有效协调供应链，以实现各主体利润均增加。谢庆华和黄培清（2007）探讨了数量折扣契约对多渠道供应链的协调影响，并指出使供应链实现协调的数量折扣有无穷多个，且实现协调后各主体利润均增加。基于随机需求环境，魏光兴等（Wei et al.，2013）设计了一个新型回购契约，并指出当零售商销售努力成本不超过一定阈值时，随着其销售努力程度的增加，制造商和零售商的收益均增加。考虑网络渠道提供服务所产生的负溢出效应，杨畅等（2018）分别从集中决策和分散决策两个方面研究对供应链定价及服务策略的影响，并设计了两个定价契约以改善供应链绩效。李诗杨等（2019）构建了药品双渠道供应链模型，分析、比较了限价政策、公益性等因素对均衡价格和系统绩效的影响，并设计了"指导定价＋固定支付"及"政府补贴＋指导定价＋固定支付"的契约机制来协调供应链。以上研究都是基于两阶段博弈模型展开的，李芳等（2020）建立了一个由政府、生产商、零售商、第三方回收商、消费者组成的三阶段博弈模型，通过设计收益共享契约实现了双渠道闭环供应链的协调。杨建华和刘淞（2022）把消费者对奶制品新鲜程度的参照效应引入第三方物流（TPL）中，在两个定价契约下，成本分摊合同可以将制造商的加工水平、TPL服务商的物流服务水平和供应链的总体利润水平提升到趋于集中决策时的水平，并且与分散式决策相比，生产商、零售商和TPL服务提供商的利润均有显著的帕累托改善，双渠道供应链可以达到最优的协同。王红春等（2022）在考虑消费者低碳偏好的基础上，建立碳限额交易机制下集中决策和分散决策两种情形的双渠道供应链博弈模型，比较并研究了两种情形下碳交易价格对双渠道供应链定价决策的影响，设计了减碳成本共担的收益共享契约，实现了供应链成员利润的帕累托改进。熊浩等（2023）基于主播特征（主播流量效应和主播展示效应），对直播带货双渠道供应链定价与协调问题展开了研究，分析直播带货的定价策略，并设计了收益共享契约协调供应链。基于随机需求环境，邱若臻等（2023）分别在集中决策与分散决策两种不同情形下探讨了收益共享契约对定价、货物交付时间具备敏感性的双渠道供应链的协调效果。

在上、下游企业均存在风险厌恶特性的情形下，徐广业等（Xu et al.，2014）设计了一个收益共享契约实现了供应链的协调。刘峥和徐琪（2016）针对双渠道供应链成员的风险态度为中性或规避情形，引入网络渠道替代效应因子和制造商为零售商承担促销成本比例因子，研究了协同决策下的各主体最优定价策略和利润。张霖霖等（2020）在随机市场需求的环境下，对具有风险规避态度的制造商和零售商构成的双渠道供应链设计了包含批发价、直销价和供应链收益共享百分比的协调契约，实现了制造商与零售商的双赢。林强和魏光兴（2017）分别针对零售商不利不公平厌恶和有利不公平厌恶两种情形，探讨公平偏好对双渠道供应链最优定价策略的影响，并针对零售商不利不公平厌恶偏好的情形，设计并改进了收入共享契约实现双渠道供应链协调。当零售商存在公平关切行为时，张晓和安世阳（2021）基于批发价契约，进一步设计了一个收益共享契约来协调双渠道供应链。以零售商代发货的双渠道供应链为背景，黄芳等（2019）研究了零售商的公平偏好对批发价和代发货服务费契约下各决策主体行为的影响。吴成锋等（2022）对零售商公平关切下双渠道绿色供应链的定价及协调机制进行研究，分析了公平关切行为、消费者绿色偏好对双渠道绿色供应链决策的影响，并引入绿色成本分担和两个定价契约对供应链进行协调。李重莲等（2021）针对双渠道供应链中存在的消费者渠道偏好和双向公平关切情形，分别讨论有无公平关切情况下双渠道供应链集中决策与分散决策的系统定价与收益差异问题，并引入批发价格折扣与服务成本共担契约对供应链各主体进行协调。袁宇翔等（2023）基于零售商的公平关切和风险厌恶双重行为偏好，研究了双渠道供应链的定价决策与收益共享协调契约设计的问题。

1.2.2　双渠道供应链融资策略与方法研究

在传统销售模式下增加线上销售渠道，线上运营成本与销售量的增加引发企业更大规模的资金需求量，常常导致其面临资金约束困境，甚至供应链上、下游企业同时面临资金困境。因而，资金约束下的双渠道供应链融资策略与方法研究也成为学者关注的重点。

当零售商存在资金约束时，张小娟和王勇（2014）针对确定性需求环境下双渠道供应链结构，探讨了零售商资金约束下延期支付和银行借贷支付两种融资模式下供应链运营决策，并分析了零售商对两种不同融资模式的选择偏好。史思雨和孙静春（2019）将上述研究拓展到双渠道统一定价和不统一定价两种情形，并探讨此时的零售商银行贷款和延迟支付融资策略的变化。戢守峰等（2017）进一步构建了零售商内部、外部、混合三种融资模式下双渠道供应链运营决策模型，并分析了消费者渠道偏好对零售商融资模式选择偏好的影响。杨宏林等（2022）将单一银行借贷的债权融资模式作为比较基准，讨论了双渠道供应链银行借贷和外部股权投资的混合融资模式下制造商最优定价与零售商最优融资订购决策。范贺花和周永卫（Fan & Zhou，2015）将上述研究拓展到随机需求的环境下，探讨了零售商贸易信贷融资的策略与方法。喻鸣谦等（2021）考虑顾客退货情形，研究由一个资金约束零售商和一个资金充足供应商组成的双渠道供应链，零售商可通过三种融资模式应对资金约束问题：贸易信用、银行贷款以及混合融资（银行贷款和股权融资的混合使用），分别建立了三种融资模式下的 Stackelberg 博弈模型。结果表明，当混合融资中的股权融资比例小于某个阈值时，贸易信用是零售商的最优融资模式；反之，混合融资则是最优融资模式。在信息不对称的情形下，张李浩和杨杰（2023）针对一个制造商和一个资金约束零售商组成的双渠道供应链，基于 Stackelberg 博弈模型分别构建了信息共享、信息不共享、零售商选择贸易、银行信贷融资四种情境下供应链上各成员的收益模型，并探讨了供应链上成员的信息共享和融资均衡策略。王文隆等（2023）针对双渠道供应链构建了随机需求下的零售商损失厌恶的贸易信贷模型和银行信贷模型。结果表明，损失厌恶系数较大时，零售商和制造商均偏向于银行信贷；反之，双方均偏向于贸易信贷。史思雨等（2021）针对单一风险中性制造商和单一风险规避零售商组成的双渠道闭环供应链建立了制造商主导的 Stackelberg 博弈模型，并讨论了零售商分别通过银行贷款和延期支付解决资金约束问题时各参与方的最优定价，分析了回收率和零售商风险规避程度对决策结果的影响，还比较了两种融资方式决策结果的差异。赵达等（2023）针对全成员均持风险厌恶态度且零售商存在资金约束的双渠道供应链，基于 Stackelberg 博弈模型研究供应链成员的最优定价决策及融资策略选择。研究指出，当延期支付与金融借贷利率相同时，随着零售商风险厌恶系数的增加，供应链的各主体都更青睐延迟支付策略，但随着制造商风险厌恶系数的增加，两种融资策略之间的差异也随之弱化。谭乐平等（2021）在上述研究的基础上进一步讨论了零售商资金充足时供应商和零售商的最优决策，资金约束情况下零售商的银行借贷融资、延期支付策略及组合融资时零售商和供应商的最优决策。

针对双渠道制造商资金约束情形，肖肖和骆建文（2016）研究了其预付款融资和银行借贷融资策略选择问题。周永务等（2020）考虑资金受限的双渠道制造商存在风险厌恶行为，分别在制造商不融资、提前支付、银行贷款以及组合融资四种模式下建立制造商 Stackelberg 博弈定价模型，探究制造商的融资策略。研究表明，当提前支付折扣因子大于银行利率时，制造商倾向于选择提前支付融资模式；反之，制造商的融资决策会受到多因素的综合影响。进一步地，李新军和陈亭亭（2017）及曹宗宏（2019）将上述研究拓展到随机需求环境中，研究了资金约束的双渠道供应商预付款融资和银行借贷融资选择策略，并分析了各主体风险厌恶程度对供应链定价决策的影响。白世贞等（2023）研究存在资金约束的双渠道制造企业的生产决策和融资决策问题，并指出制造企业在资金约束情形下的生产决策与企业初始资金呈正相关，与融资年利率呈负相关；其定价决策受消费者渠道偏好系数影响；融资年利率直接影响企业的融资决策，且融资后两条渠道的需求量不受自有资金约束，仅受融资年利率的影响。针对零售商、3PL 企业和资金约束制造商组成的供应链系统，梁喜和赵英杰（2022）对比分析了制造商无资金约束、向零售商融资和向 3PL 企业融资三种情形下双渠道供应链定价和内部融资决策问题，指出当运输服务费用较高时，制造商始终选择向 3PL 企业融资。当运输服务费用较低时，若直销渠道市场份额也较低，则制造商倾向于向零售商融资；若直销渠道市场份额较高，则制造商倾向于向 3PL 企业融资。邵怀鹏和于文成（2023）在上述研究的基础上，进一步考虑直销渠道接受度、市场竞争激烈度以及融资利率等因素，建立了 3PL 融资以及零售商融资两种融资策略下的 Stackelberg 博弈模型。研究指出，3PL 企业提供金融服务可以有效缓解制造商资金压力，并且制造商选择 3PL 融资的利润高于选择零售商融资的利润，3PL 企业也可以从提供金融服务中获益。赵琳等（2023）对比、分析了银行借贷与电商保理融资两种不同融资模式下双渠道制造商的最佳融资策略。研究指出，电商保理融资有利于开发和拓宽制造商的离线直销渠道，而银行借贷融资会引导消费者向线上零售渠道迁移。杨丽芳等（2023）构建了公平关切行为下的双渠道供应链中制造商融资策略模型，研究指出，制造商在公平关切参数较低时选择第三方平台融资要更好，而在公平关切参数较高时可能会选择银行融资。赵亮等（2018）针对制造商存在资金约束的双渠道供应链构建了供应链预付款融资策略模型，并设计改进收益共享与回购联合契约，使得供应链达到协调。

1.2.3 双渠道供应链"搭便车"行为研究

双渠道销售环境下，实体和网络渠道共存，"线下体验，线上购买"已成为众多消费者的购物常态，涉及的产品种类也正由家电向服装、家具等多个延伸。因服务体验的公共化，实体店正沦为网上商城的免费"展示厅"，对实体店服务动机和收益产生了巨大影响。因此，服务"搭便车"行为下的双渠道供应链运作决策与协调问题成为研究者关注的重点。

在双渠道销售环境下，泰斯勒（Telser，1960）指出消费者在服务提供商处体验服务，但却转移到价格较低的商家购买产品的行为就是"搭便车"。随后，很多学者对消费者服务"搭便车"行为下企业运作决策问题进行了研究。辛格利和威廉姆斯（Singley & Williams，1995）、安提亚等（Antia et al.，2004）通过研究指出，消费者服务"搭便车"行为主要是由不同渠道间产品价格差异导致的，它削弱了实体零售商提供服务的动机，造成市场消费者需求的下降。卡尔顿和柴福利亚（Carlton & Chevalier，2001）进一步研究指出，制造商可以通过提高网络渠道定价以及分摊零售商实体店部分服务成本，减弱"搭便车"行为对零售商服务水平的消极影响。但斌等（Dan et al.，2014）、周建亭和赵瑞娟（2016）、李建斌等（2016）则基于消费者服务"搭便车"行为，进一步研究了双渠道供应链最优定价和服务策略。针对顾客传统零售渠道服务"搭便车"现象，田巍等（2018）利用 Hotelling 模型建立了四种供应链结构下双渠道供应链多阶段博弈，分析顾客"搭便车"对制造商创新投入与传统零售渠道服务水平的影响及各方博弈的均衡结果。研究指出，随着顾客"搭便车"获得服务折扣的增加，传统渠道零售商零售价和利润减少，顾客服务水平降低，同时制造商创新投入减少、利润下降。计国君等（2018）基于消费者效用理论，构建制造商主导的分散决策和集中决策下的 Stackelberg 博弈模型，研究网络直销渠道和传统零售渠道均提供渠道服务的情况下，消费者

"搭便车"因子和渠道服务水平对渠道定价、需求以及供应链利润的影响。唐坤和张玉林（2018）分别在收取产品体验费和不收取产品体验费的两种情形下，对比分析了消费者"搭便车"行为对双渠道供应链各主体运营决策的影响。研究指出，实体零售商收取"搭便车"消费者产品体验费会损害制造商的利益，加剧了制造商和零售商之间的竞争。以中性税收和低碳经济为背景，杨满等（2018）针对碳税补贴给零售商和碳税共同分担两种碳税模式，研究了消费者的"搭便车"行为对双渠道供应链的定价和企业碳减排努力程度的影响。研究指出，采取碳税返还零售商的补贴方式既可以加强对环境的保护，还可以减少"搭便车"行为对供应链造成的利益损失。曹裕等（2019）研究了随机需求下"搭便车"行为和渠道间缺货替代行为对双渠道供应链库存竞争与促销决策的影响。研究指出，在分散式决策下，零售商最优订购量随"搭便车"行为的增加而减少，而制造商网络渠道最优库存量随"搭便车"行为的增加先增加后减少。王倩等（2021）基于消费者效用理论，以存在"搭便车"现象的差异化定价策略为基准，分别设计了能够消除"搭便车"现象的一致性定价策略和限价策略。研究指出，相比差异化定价策略，一致性定价策略可以减弱传统渠道与电子渠道的价格竞争，并总是对零售商有利，但当顾客觉得传统渠道麻烦，且成本较高和批发价格较低时，也有利于制造商。而双渠道供应链成员是否选择限价策略，取决于传统渠道与电子渠道的差价。曹裕等（2021）研究了消费者"搭便车"行为和网络渠道偏好对制造商渠道选择和定价决策的影响，指出制造商在消费者偏好网络渠道程度比较低时应选择网络分销双渠道模式，而当消费者网络渠道偏好和"搭便车"行为程度都比较高时，制造商应选择网络直销双渠道模式。许明星和李雪琴（2022）针对由制造商经营线上渠道和零售商经营线下渠道且实施统一定价的双渠道供应链，研究线上、线下双向"搭便车"行为的最优统一定价和服务决策，并深入探讨"搭便车"行为对价格、服务水平和收益的影响。

针对服务"搭便车"行为下供应链契约协调机制设计问题，博伊卡（Boya-ci，2005）基于制造商和零售商均持有库存的多渠道供应链的情况，研究了传统契约对多渠道供应链的协调效果，指出大多数常见传统契约无法实现多渠道供应链协调，并设计了一个两步补偿委托契约（TPCC）来协调供应链。艾兴政等（2011）通过识别价格竞争效应和服务"搭便车"行为对供应链绩效的影响，设计了一个三步定价契约来协调供应链。浦徐进等（Pu et al.，2017）基于确定性需求环境，设计了服务成本分摊契约，以实现供应链的协调，并进一步通过数值分析指出该契约在随机需求环境下仍然可以有效提升供应链运营绩效。而在随机需求环境下，周义廷和刘丽文（2017）则分别研究了两步定价合同和收益共享合同对供应链的协调作用，并指出在两步定价合同中，零售商可以利用补偿额来激励制造商涨价以减少"搭便车"的行为，而在收益共享合同中，零售商可以获得更低的批发价。池方圆等（2018）基于两层优化理论，研究了服务"搭便车"行为的变化对双渠道供应链成员定价及服务水平决策、双渠道需求和利润的影响，并基于"搭便车"行为的负面影响，建立了收益共享的协调机制模型，该研究指出，收益共享契约的有效设计能增加制造商和零售商利润。上述研究没有考虑多渠道产品相同定价的情形，周永务等（Zhou et al.，2018）分别基于线上线下同价和线上线下不同价两种价格模式，研究了"搭便车"行为下服务成本分摊契约对供应链的协调作用。在消费者需求受价格和产品绿色度影响的背景下，余娜娜等（2022）构建了"搭便车"行为下双渠道供应链集中决策和分散决策博弈模型，并设计了收益共享和成本共担的联合契约协调供应链。王威昊和胡劲松（2022）针对双渠道供应链中的"搭便车"行为和延时现象，分析了制造商和零售商在集中、分散以及成本分担决策模式下的最优策略和最优利润，指出当服务策略延时时间满足一定条件时，成本分担模式下供应链总利润高于集中模式下供应链总利润。

1.2.4 文献研究评述和问题提出

尽管现在关于双渠道供应链运作和协调机制的研究已有较多的成果，但由于不同学者所针对的市场环境以及研究的视角不同，导致双渠道供应链运作和协调机制研究仍然存在很多不足、还不深入，主要表现在以下几个方面。

首先，双渠道环境下的一个很重要特征是消费者服务"搭便车"行为，尽管现有研究对消费者"搭便车"行为也进行了初步的探讨，但大多数的研究是基于信息对称，较少考虑企业信息谎报行为对供应链的影响。而在实践中，企业通过谎报部分服务等信息可能获取更多收益，并对供应链运营决策产生重要影响。进一步地，相关研究较少对比分析不同市场条件下供应链协调契约对"搭便车"行为供应链的协调作用，存在较大的研究空间。

其次，相关研究主要集中在分析制造商和零售商组成的双渠道供应链结构，其中，制造商控制网络直销渠道并与传统零售商展开竞争。采用的模型通常为形式化的需求模型或消费者效用模型，采用的分析方法是非合作博弈理论。然而在实践中，为了缓和渠道冲突，上、下游企业往往通过股权联盟的形式进行合作，以提升自身及供应链的竞争力。因此，对双渠道制造商和双渠道零售商组成的混合渠道供应链结构开展纵向持股行为的研究也很重要，而现有相关研究还很少，且研究尚不够深入。

再次，除了双渠道销售模式外，上游制造商通常也存在生产规模不经济的情况，而目前相关研究还很少，有待进一步深入研究。

最后，目前大多数研究都假设供应链的企业不存在资金约束情况，只有少量研究考虑了供应链中仅上游或下游单边企业存在资金约束问题。而供应链运作实践中，上、下游企业同时存在资金约束的情况也十分普遍，并成为影响供应链整体竞争力的重要制约因素。因而，对双边资金约束背景下的双渠道供应链结构开展不同融资模式下企业运营决策的研究也很重要，而现有相关研究还较少，且研究尚不够深入。与此同时，因企业的决策主体是人，而人往往又不是绝对理性的，通常具有各种行为偏好（如风险厌恶、公平关切）。那么，不同行为偏好下双渠道供应链运营决策会有什么样的变化，这些研究将更具有理论和现实意义，而这方面的研究还很少，也有待进一步深入研究。

综上所述，本书针对双渠道供应链企业运营过程中面临的实际问题，构建不同市场条件下双渠道供应链运作策略模型，探讨供应链企业最优运营决策和融资策略方法等，为双渠道供应链的有效实施和推广提供理论的指导和支持，进一步推动我国双渠道供应链管理水平的提高。因此，本书的研究及相关成果不仅具有重要的理论价值，而且具有重要的现实意义。

1.3 研究思路和研究内容

1.3.1 研究思路

随着电子商务的迅猛发展，供应链中企业双渠道销售模式也随之越来越普遍。当消费者存在服务"搭便车"行为时，双渠道供应链各主体运作策略会有什么样的变化，什么样的契约协调作用更好？企业服务信息谎报行为又会对运作策略和收益产生什么影响？同时，为提升企业及其供应链的竞争力，现实中双渠道企业纵向持股模式也变得很普遍。例如，波司登持有其下游零售商大商集团的股份，电器经销商持有其上游制造商的股份，而金枫酒业与永辉超市则交叉持股等。那么，企业间不同的纵向持股模式会对混合渠道供应链运营策略及绩效产生什么样的影响呢？进一步地，生产规模不经济现象是大多数企业面临的现实问题。例如，宝洁、长虹和海信等企业都出现过因未按最佳生产规模安排生产，造成其平均成本增加的规模不经济情况发生。那么，规模不经济下企业运营决策又会发生什么变化？首先，本书针对服务"搭便车"行为的双渠道环境，探讨消费者"搭便车"行为下各渠道定价和服务策略，并分析不同契约对供应链的协调效果。进一步地，将上述研究拓展到零售商存在信息谎报行为时，探讨此时双渠道供应链各主体的运作策略。其次，本书还分别探讨了企业纵向持股、规模不经济等对供应链各主体运营决策的影响。同时，在随机需求环境下探讨了双渠道供应链上、下游企业不同契约竞争机制设计问题。而企业运营实践中也常常面临资金约束，甚至上、下游企业同时存在资金约束的情况也时有发生。最后，进一步以存在双边资金约束的双渠道供应链为研究对象，分析上、下游企业同时存在资金困境时，企业融资模式的选择策略，并进一步探讨了企业风险偏好、公平偏好等行为特性对企业融资模式选择的影响。

1.3.2 研究内容

本书以双渠道供应链为研究对象，基于博弈论、行为学理论、金融学理论等对双渠道供应链运作策略和融资方法等问题进行研究。研究内容不断深化：首先，基于无资金约束环境，探讨双渠道供应链定价、服务等运作策略设计；其次，将上述研究拓展到双边资金约束环境，探讨当上、下游企业均存在资金约束时，各主体运作策略的变化及融资方式方法的选择等。研究视角不断拓展：不仅考虑了企业无行为偏好特征下双渠道供应链运作策略及融资方法，也探讨了企业风险厌恶、公平关切等行为特征对供应链运作策略及融资方式选择偏好的影响。具体研究内容主要由以下 11 个章组成。

第 1 章（绪论）对本书的研究背景及意义进行了综述，并在此基础上详细综述了目前双渠道供应链管理领域的研究现状，并指出现有研究的不足，进而提出了本书的研究思路和内容，指出了本书的研究特色和创新之处，搭建了本书的研究逻辑框架。

第2章至第6章，探讨了无资金约束下双渠道供应链运营决策的问题。第2章针对一个传统零售商和一个双渠道制造商组成的供应链系统，构建零售商实体店售前服务存在"展厅效应"的情况下，制造商服务成本分摊与网络渠道收益共享契约选择策略模型。第3章进一步在"展厅效应"下，分析了零售商信息谎报行为对双渠道制造商服务成本补贴策略及各主体需求和收益的影响。第4章针对一个双渠道制造商和一个双渠道零售商组成的混合渠道供应链系统，分别构建了无纵向持股、零售商持股制造商、制造商持股零售商以及上、下游企业交叉持股模式下供应链运营决策的模型，分析了不同持股模式下各主体最优运作策略和收益。第5章在制造商存在规模不经济的环境下，分别针对集中决策模式和分散决策契约模式建立了基于一致定价和促销努力的双渠道供应链协调策略模型，给出了不同运作模式下供应链各主体最优决策和最大利润，并进一步分析了规模不经济系数和服务负溢出效应对供应链各主体运作决策、需求和收益的影响。第6章则在随机需求的环境下，构建了四种不同情形下零售商和双渠道制造商利用契约机制进行竞争的供应链决策模型，并给出了各情形下供应链成员最优决策和最大利润。

第7章至第10章探讨了存在资金约束下双渠道供应链融资决策的问题。第7章针对上、下游企业均存在资金约束的双渠道供应链，构建了"制造商金融机构借贷＋延期支付""零售商金融机构借贷＋提前支付""双边金融机构借贷＋提前支付"三种不同组合融资模式下的供应链融资决策模型，分析了企业自有资金规模、借贷利率等因素对各成员决策和利润的影响，并探讨了各企业对不同组合融资模式的选择偏好。第8章基于双边资金约束的双渠道供应链系统，研究了顾客存在退货风险情境下双渠道制造商与传统零售商运营决策和融资策略。分别构建了"制造商金融机构借贷＋延期支付""零售商金融机构借贷＋提前支付"两种不同组合融资模式下的供应链融资决策模型，分析了顾客退货率、消费者转移程度、企业自有资金规模等对供应链各主体运营决策和利润的影响，并探讨了各企业对不同组合融资模式的选择偏好。第9章针对双边资金约束的双渠道供应链，基于零售商风险厌恶特性，构建了"银行借贷＋贸易信贷"以及"双边银行借贷"两种不同融资组合模式下的企业融资决策模型，分析了企业初始资金规模、零售商风险厌恶特性等因素对各成员运作策略和利润的影响，并探讨了各企业对不同组合融资模式的选择偏好。第 10 章针对上、下游企业均存在资金约束且制造商具有公平偏好特性的双渠道供应链，构建了"双边银行借贷"以及"银行借贷 + 贸易信贷"两种不同融资组合模式的供应链融资决策模型，分析了企业初始资金规模、制造商公平偏好特性以及延期支付批发价敏感性等对各成员决策及收益的影响，并探讨了各企业对不同组合融资模式的选择偏好。

第 11 章为结论和展望。对本书的主要结论进行了归纳，阐述本书研究的一些局限性，并提出未来进一步的研究方向。

针对上述研究内容，本书的技术路线如图 1-1 所示。

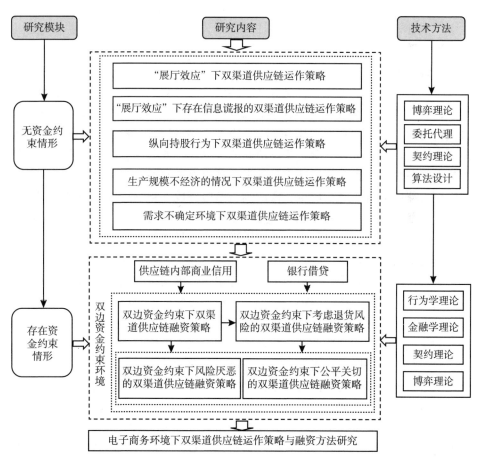

图 1-1 本书的技术路线

1.4　研究特色和创新之处

本书的研究特色和创新之处主要体现在以下几个方面。

首先，现有关于双渠道供应链服务协调问题的研究较少考虑"展厅效应"对企业运营决策的影响，且一般假设供应链契约协调合同是外生给定的，而实际上制造商可根据竞争环境的变化，有效设计契约合同参数，以更有效地刺激零售商服务动机，并最大化自身及供应链收益。本书针对双渠道供应链环境，考虑"展厅效应"下，制造商分别提供不同契约策略时，双渠道供应链各主体最优运作策略和收益，并进一步详细分析服务成本因子以及"展厅效应"对供应链各主体收益及契约选择偏好的影响。目前信息不对称情况下，关于信息谎报行为的研究主要基于单渠道供应链模式，对双渠道供应链问题的研究还较少，且未考虑双渠道环境下出现的服务"搭便车"行为及其服务成本信息谎报行为问题。而在企业双渠道销售实践中，消费者服务"搭便车"行为普遍存在，且加剧了上、下游企业渠道间的冲突，一方面制造商有动机通过分摊零售商服务成本来激励其提升服务水平，减缓渠道间的冲突；另一方面又面临零售商可能谎报服务成本信息，攫取制造商服务成本补贴，损害制造商利益的困境。因此，本书针对双渠道供应链结构，考虑"搭便车"行为下零售商可能存在服务成本信息谎报行为时，双渠道制造商最优服务成本补贴策略以及供应链运营决策和收益。

其次，尽管现有研究考虑到了供应链中企业纵向持股问题，但是大多数研究都是基于传统单渠道供应链展开的，少数涉足双渠道供应链的研究则主要针对制造商拥有双渠道的简单供应链结构，分析单独一种纵向持股模式对供应链运营的影响，未考虑制造商和零售商同时拥有双渠道的复杂供应链结构，更鲜有探讨三种不同持股模式对双渠道供应链运营绩效的影响。而实践中，上、下游企业进行不同形式的纵向持股联盟（上游持股下游、下游持股上游、上下游交叉持股）同时又分别开辟线上渠道进行竞争的双渠道销售模式已经普遍存在，并对企业间的竞合关系及运营策略产生十分复杂的影响，成为企业亟待解决的难题。因此，本书基于上述研究背景，针对一个由双渠道制造商与一个双渠道零售商组成的供应链系统，分别研究不同纵向持股模式下（零售商持股制造商、制造商持股零售商、交叉持股）双渠道供应链各主体的最优运作策略和收益，并进一步对比分析上、下游企业对不同持股模式的选择偏好。尽管目前关于规模不经济环境下供应链运作和协调策略问题已有较丰富的研究，然而大多数研究还是基于单渠道供应链来展开的，少数研究尽管探讨了双渠道供应链运作和协调策略问题，但主要基于双渠道间独立定价（价格不一致）情形，没有考虑制造商制定统一零售价格（一致定价）情形下双渠道供应链运作和协调策略问题，也并未考虑零售商实体店提供售前销售努力情形，而实体店售前销售努力可以有效增加零售商对产品的需求，这是实体零售商区别于网络直销渠道的一个主要特征，也是其主要竞争优势。因此，本书基于上述研究背景，考虑规模不经济的环境下，当制造商提供一致定价策略而零售商提供售前销售服务努力时双渠道供应链运作和协调策略，并进一步详细分析规模不经济系数和服务负溢出效应对供应链各主体运营决策和收益的影响。

再次，在随机需求的环境下，构建了四种不同情形的零售商和双渠道制造商利用契约机制进行竞争的供应链决策模型，并给出了各情形下供应链成员最优决策和最大利润。研究发现，相对于供应链无任何契约情形，双渠道供应链中各主体均提供契约来增加自身需求和利润的策略并非始终有效，一定条件下的供应链各主体利润均受损。当供应链中仅零售商为下游顾客提供提前订货折扣契约，而制造商不提供任何契约时，供应链各主体利润均达到最大化。

最后，将双渠道供应链研究环境拓展到资金约束的情形，考虑上、下游企业同时存在资金约束时，供应链融资组合模式的选择策略，并给出不同情形下零售商（制造商）对各融资模式的选择偏好。与此同时，进一步探讨了企业行为偏好对上述决策的影响。研究结论为现实中双渠道供应链中企业融资模式的选择策略提供了理论指导与借鉴。

综上所述，本书针对上述实际背景和问题，以双渠道供应链为研究对象，基于博弈论、行为学理论、金融学理论等对双渠道供应链运作策略和融资方法等问题进行研究。研究内容不断深化：首先，基于无资金约束环境，探讨双渠道供应链定价、服务等运作策略设计；其次，将上述研究拓展到双边资金约束环境，探讨当上、下游企业均存在资金约束时，各主体运作策略的变化及融资方式方法的选择等。研究视角不断拓展：不仅考虑了企业无行为偏好特征下双渠道供应链运作策略及融资方法，也探讨了企业风险厌恶、公平关切等行为特征对供应链运作策略及融资方式选择偏好的影响。

第 2 章

"展厅效应"下双渠道供应链运作策略

随着电子商务技术的快速发展，企业渠道销售模式也随之发生了巨大变革，越来越多的制造商开始选择双渠道模式（实体零售渠道＋网络直销渠道）销售产品。因零售商实体店售前服务具有公共性，导致很多消费者先到实体店免费体验产品（如产品试穿或试用等），然后到制造商网络渠道进行购买，此时零售商实体店沦为消费者的免费"展厅"，且随着网络支付及物流配送技术的发展和完善，消费者的这种服务"搭便车"行为变得更加普遍，"展厅效应"对双渠道供应链运营决策和收益的影响因此更加突出。"展厅效应"加剧了渠道间的冲突，也削弱了零售商的服务动机，对供应链产生了消极影响，为了减少"展厅效应"对零售商服务动机的消极影响，并缓和双渠道间冲突，在实践中，制造商可以采用下述措施来改进。一是制造商为实体渠道零售商提供服务成本分摊合同，分摊零售商的部分服务成本，以刺激零售商服务水平的提高，例如三星通过分摊国美实体店的部分服务成本支出，有效激励了国美实体店更好地提供售前服务。二是制造商为零售商提供网络渠道收益共享合同，将部分网络渠道收益分享给零售商，从而激励零售商提高其实体渠道的服务水平，例如家具制造商 Ethan Allen 以配送佣金的形式将部分网络渠道收益分享给零售商，进而更有效地提升下游零售商的服务水平。那么"展厅效应"下，这两种契约是否能够有效增强零售商服务动机？制造商能否通过契约的有效设计获得更多的收益？零售商是否会接受制造商提供的契约合同？在不同的市场环境下，双渠道各主体对两种不同契约会有什么样的选择偏好，哪种契约能为各主体带来更多的收益？这些问题都成为企业十分关注并且亟待解决的问题。

然而，尽管关于服务努力协调问题的研究已经比较丰富，但大多的研究主要集中在单渠道供应链领域，只有少数关于双渠道供应链服务协调问题的研究较少考虑"展厅效应"对企业运营决策的影响，且一般假设供应链契约协调合同是外生给定的，而实际上制造商可根据竞争环境，有效设计契约合同参数以更有效地刺激零售商服务动机，并最大化自身及供应链收益。因此，本章基于上述研究背景，针对双渠道供应链环境，考虑"展厅效应"下制造商分别提供不同契约策略时，双渠道供应链各主体最优运作策略和收益，并进一步详细分析服务成本因子以及"展厅效应"对供应链各主体收益及契约选择偏好的影响。

2.1 模 型 设 定

在双渠道供应链中，零售商实体渠道为增加产品销量为顾客提供了各种免费售前服务，例如实体店产品展示，销售人员产品功能用法讲解，服装、鞋子试穿试用等，而网络渠道则无法提供此类服务。因实体店服务具有公共性，部分消费者可能会在实体店免费体验这种服务，选到适合自己的产品后到制造商线上渠道购买。此时，零售商提供的服务不仅促进其实体店需求的增加，同时对制造商线上需求也产生了"展厅效应"，部分需求转移到制造商线上渠道，增加了制造商线上渠道的消费需求。

借鉴周永务等（2018）的研究，构建实体渠道和网络渠道的需求函数。
零售商实体渠道的需求：

$$Q_r = a_1 - p_r + \theta_1 p_d + (k_r - k_d)S \tag{2.1}$$

制造商网络渠道的需求：

$$Q_d = a_2 - p_d + \theta_2 p_r + k_d S \tag{2.2}$$

其中，a_i（$i=1$，2）分别为实体渠道和网络渠道的市场潜在需求规模，p_r 和 p_d 分别为实体渠道和网络渠道的产品售价，$\theta_i < 1$（$i=1$，2）分别为各渠道关于对方渠道价格的敏感性系数。S 为零售商实体渠道售前的服务水平，零售商售前服务水平产生的服务成本为 $c_s = \eta S^2/2$，$\eta > 0$ 为零售商售前服务成本因子。$k_r > 0$ 表示无"展厅效应"时零售商实体店服务对实体渠道需求的增加效应系数，k_d 表示零售商实体店服务的"展厅效应"对制造商网络渠道需求的增加效应系数，且现实中，因零售商实体店服务对实体渠道需求总的增加效应系数 $(k_r - k_d)$ 一般要高于其服务的"展厅效应"对制造商网络渠道需求的增加效应系数 k_d，因此有 $0 < k_d < k_r/2$。不失一般性，本章假设制造商单位产品的制造成本为零。进一步地，为了方便计算，参考周永务等（2018）的研究，令 $a_1 = a_2 = a$，$\theta_1 = \theta_2 = \theta$。

"展厅效应"下，制造商网络渠道需求会因零售商实体店服务水平的提高而增加，因此，制造商有足够强的动机通过设计相应契约机制来进一步提升零售商服务的动机和水平，从而提高供应链运营效率和各主体收益。下面，将分别探讨制造商提供服务成本分摊与收益共享两种不同契约下供应链各主体运作策略和收益的变化，并对比分析各主体对两种不同契约模式的选择偏好。

2.2　服务成本分摊契约模式

在服务成本分摊契约模式下，制造商为零售商提供服务成本分摊合同，通过分摊零售商实体渠道的部分服务成本来进一步提升零售商服务努力动机和服务水平。由式（2.1）和式（2.2）的需求函数我们可得制造商提供服务成本分摊契约模式下，零售商和双渠道制造商的收益函数分别为：

零售商的收益函数为：

$$\pi_r = (p_r - w)\left[a - p_r + \theta p_d + (k_r - k_d)S\right] - \frac{(1-\tau)\eta S^2}{2} \tag{2.3}$$

制造商的收益函数为：

$$\pi_m = w\left[a - p_r + \theta p_d + (k_r - k_d)S\right] + p_d(a - p_d + \theta p_r + k_d S) - \frac{\tau \eta S^2}{2} \tag{2.4}$$

其中，w 为制造商产品的批发价格，τ（$0 \leq \tau \leq 1$）为制造商为零售商分摊的服务成本比例，τ 越大表示制造商分摊的服务成本比例越高，当 $\tau = 1$ 时，制造商承担零售商的所有服务成本。

在上述情形下，制造商服务成本分摊比例将直接影响零售商服务成本以及其服务水平，并进一步影响各渠道产品定价策略。因此，本部分博弈顺序如下：（1）制造商给出对零售商售前服务成本的分摊比例 τ；（2）零售商决定其实体渠道售前服务水平 S；（3）制造商观察到零售商实体渠道售前服务水平后，决定其网络渠道价格 p_d 和批发价格 w；（4）零售商决定自身实体渠道产品价格 p_r。采用逆推法，考虑当制造商决策给定时，零售商的最优定价决策给定。

2.2.1　零售商最优定价决策

由式（2.3）易得，零售商收益函数是关于 p_r 的凹函数，因此可得：

$$p_r^0 = \frac{a + \theta p_d + (k_r - k_d)S + w}{2} \qquad (2.5)$$

2.2.2　制造商最优定价决策

将式（2.5）代入式（2.4），易得制造商的收益函数为：

$$\pi_m = \frac{\begin{aligned} w\left[\, a + (k_r - k_d)S + 2\theta p_d - w \,\right] + p_d S\left[\, \theta(k_r - k_d) + 2k_d \,\right] \\ + \theta p_d (a + \theta p_d) + 2a p_d - 2p_d^2 - \eta \tau S^2 \end{aligned}}{2} \qquad (2.6)$$

由式（2.6）易得，制造商收益函数 π_m 是关于 $(p_d,\ w)$ 的联合凹函数，因此可得：

$$p_d^0 = \frac{a(1 + \theta) + k_d S + \theta S(k_r - k_d)}{2(1 - \theta^2)},\qquad w^0 = \frac{a(1 + \theta) + S(k_r - k_d) + \theta k_d S}{2(1 - \theta^2)}$$

$$(2.7)$$

2.2.3　零售商最优售前服务水平决策

将式（2.5）和式（2.7）代入式（2.3），易得零售商收益函数关于其售前服务水平 S 的二阶导数为：$\dfrac{\partial^2 \pi_r}{\partial S^2} = -\eta(1 - \tau) + \dfrac{(k_r - k_d)^2}{8}$。根据肖条军和杨丹琴（Xiao & Yang，2008）的研究，可得零售商实体渠道售前服务成本因子不能太低。从而易得，当 $\eta > \dfrac{(k_r - k_d)^2}{8(1 - \tau)} = \eta^{\#}$ 时，恒有 $\dfrac{\partial^2 \pi_r}{\partial S^2} < 0$。因此，本部分

内容假设售前服务成本因子始终满足 $\eta > \eta^{\#}$。

从而可得，零售商实体渠道最优售前服务水平为：

$$S^0 = \frac{a(k_r - k_d)}{8\eta - 8\eta\tau - (k_r - k_d)^2} \tag{2.8}$$

将式（2.8）分别代入式（2.5）和式（2.7），可得定理2.1。

定理2.1：对任意给定的售前服务成本分摊比例系数 τ，双渠道供应链各主体的最优决策分别为：

$$\begin{cases} p_r^0(\tau) = \dfrac{a\left[\theta(k_r - k_d)(2k_d - k_r) + 4\eta(1-\tau)(3+2\theta-\theta^2)\right]}{2(1-\theta^2)\left[8\eta - 8\eta\tau - (k_r - k_d)^2\right]} \\[4mm] S^0(\tau) = \dfrac{a(k_r - k_d)}{8\eta - 8\eta\tau - (k_r - k_d)^2} \\[4mm] p_d^0(\tau) = \dfrac{a\left[(k_r - k_d)(2k_d - k_r) + 8\eta(1-\tau)(1+\theta)\right]}{2(1-\theta^2)\left[8\eta - 8\eta\tau - (k_r - k_d)^2\right]} \\[4mm] w^0(\tau) = \dfrac{a\left[\theta(k_r - k_d)(2k_d - k_r) + 8\eta(1-\tau)(1+\theta)\right]}{2(1-\theta^2)\left[8\eta - 8\eta\tau - (k_r - k_d)^2\right]} \end{cases} \tag{2.9}$$

进一步地，易得零售商和双渠道制造商需求和收益分别为：

$$\begin{cases} Q_r^0(\tau) = \dfrac{2a\eta(1-\tau)}{8\eta - 8\eta\tau - (k_r - k_d)^2} \\[4mm] Q_d^0(\tau) = \dfrac{a(\theta+2)}{4} + \dfrac{a(k_r - k_d)(2k_d + \theta k_r - \theta k_d)}{4\left[8\eta - 8\eta\tau - (k_r - k_d)^2\right]} \\[4mm] \pi_r^0(\tau) = \dfrac{a^2\eta(1-\tau)}{2\left[8\eta - 8\eta\tau - (k_r - k_d)^2\right]} \\[4mm] \pi_m^0(\tau) = \dfrac{a^2\{32\eta^2(1+\theta)(3+\theta)(1-\tau)^2 + 2\eta(k_r - k_d)(1+\theta)\left[(k_r - k_d)(\theta\tau+7\tau-8) + 8k_d(1-\tau)\right] + (k_r - k_d)^2(k_r - 2k_d)^2\}}{4(1-\theta^2)\left[8\eta - 8\eta\tau - (k_r - k_d)^2\right]^2} \end{cases} \tag{2.10}$$

下面，进一步分析制造商提供服务成本分摊契约模式下服务成本分摊系数 τ 和服务成本因子 η 对各主体运作策略、需求和收益的影响，可得性质2.1和性质2.2。

性质2.1：（i）$\dfrac{\partial S^0}{\partial \tau} > 0$，$\dfrac{\partial w^0}{\partial \tau} > 0$，$\dfrac{\partial p_r^0}{\partial \tau} > 0$，$\dfrac{\partial p_d^0}{\partial \tau} > 0$；

（ⅱ）$\frac{\partial Q_r^0}{\partial \tau} > 0$，$\frac{\partial Q_d^0}{\partial \tau} > 0$，$\frac{\partial (Q_r^0 + Q_d^0)}{\partial \tau} > 0$；

（ⅲ）$\frac{\partial \pi_r^0}{\partial \tau} > 0$。

由性质 2.1（ⅰ）可得，制造商通过提供服务成本分摊契约能够有效提高零售商实体渠道售前服务水平。随着制造商服务成本分摊比例系数 τ 的不断增大，制造商分摊的服务成本比例不断增加，零售商实体渠道服务水平也不断提高。然而，"天下没有免费的午餐"，随着零售商服务水平的提高，制造商产品批发价格提升，即制造商通过提高批发价格将分摊的服务成本再次转嫁给零售商。与此同时，服务水平的提升导致总服务成本的增加最终转嫁到消费者身上，双渠道产品销售价格均增加，即总的服务成本的增加最终通过双渠道产品销售价格的提升转由消费者买单。进一步地，由性质 2.1 可得，双渠道价格增加引起渠道需求减少的负效应被服务水平提升引起的渠道需求增加的正效应抵消，最终随着制造商服务成本分摊比例系数 τ 的不断增大，双渠道需求均不断增加，零售商的收益也不断增加。因制造商的收益表达式十分复杂，我们将在定理 2.2 部分进一步详细分析服务成本分摊比例系数 τ 对制造商最优收益的影响。

性质 2.2：（ⅰ）$\frac{\partial S^0}{\partial \eta} < 0$，$\frac{\partial w^0}{\partial \eta} < 0$，$\frac{\partial p_r^0}{\partial \eta} < 0$，$\frac{\partial p_d^0}{\partial \eta} < 0$；

（ⅱ）$\frac{\partial Q_r^0}{\partial \eta} < 0$，$\frac{\partial Q_d^0}{\partial \eta} < 0$，$\frac{\partial (Q_r^0 + Q_d^0)}{\partial \eta} < 0$；

（ⅲ）$\frac{\partial \pi_r^0}{\partial \eta} < 0$。

由性质 2.2（ⅰ）可得，制造商提供服务成本分摊契约模式下，零售商服务成本因子 η 对各主体运作策略和需求均产生消极的影响。随着服务成本因子 η 的增大，单位服务水平的提高导致更多服务成本的增加，从而降低了零售商服务动机，进而导致零售商服务水平不断下降。进一步地，为了减弱因零售商实体渠道服务水平下降对各渠道需求造成的消极影响，双渠道产品销售价格以及制造商产品批发价格均下降。进一步地，由性质 2.2 可得，双渠道产品定价下降引起渠道需求增加的正效应被服务水平降低导致的渠道需求减少的负效应抵消，最终随着零售商服务成本因子 η 的不断增大，双渠道需求均不断减少，进而导致零售商收益也不断下降。因制造商的收益表达式十分复杂，难以直接

得出服务成本因子 η 对其收益的影响,我们将在数值例子部分对其进行进一步分析。

2.2.4　制造商最优服务成本分摊决策

通过对式(2.10)中制造商收益函数的分析,可知制造商最优服务成本分摊比例满足定理 2.2。

定理 2.2:制造商最优服务成本分摊比例满足下面条件:

(1)当 $\Phi > 0$ 时,如果服务成本因子满足 $\eta \geqslant \eta^{\#\#}$,制造商最优服务成本分摊比例为 $\tau^* = \tau^{\#}$;否则,制造商最优服务成本分摊比例为 $\tau^* = 1$。

(2)当 $\Phi \leqslant 0$ 时,如果服务成本因子满足 $\eta > \eta^{\#\#\#}$,制造商最优服务成本分摊比例为 $\tau^* = \tau^{\#}$;否则,制造商最优服务成本分摊比例为 $\tau^* = 0$。

由定理 2.2 可得,在不同的市场条件下,制造商将为零售商提供不同的服务成本分摊策略。进一步地,将制造商最优的服务成本分摊比例系数 τ^* 分别代入式(2.9)和式(2.10),可得双渠道供应链中不同主体最优运作策略、需求和收益。

2.3　网络渠道收益共享契约模式

本部分进一步考虑双渠道制造商为零售商提供网络渠道收益共享合同,将部分网络渠道收益分享给零售商以提升零售商服务努力动机和服务水平。假设制造商分享其网络渠道订单收益的比例为 φ,剩下 $1 - \varphi$ 的网络渠道订单收益由零售商分享。由式(2.1)和式(2.2)的需求函数我们可得此模式下,零售商和双渠道制造商的收益函数分别如下。

零售商的收益函数为:

$$\pi_r = (p_r - w)\left[a - p_r + \theta p_d + (k_r - k_d)S\right]$$
$$+ p_d(1 - \varphi)(a - p_d + \theta p_r + k_d S) - \frac{\eta S^2}{2} \tag{2.11}$$

制造商的收益函数为:

$$\pi_m = w\left[a - p_r + \theta p_d + (k_r - k_d)S\right] + \varphi p_d(a - p_d + \theta p_r + k_d S) \tag{2.12}$$

其中，φ（$0 \leq \varphi \leq 1$）为制造商分享其网络渠道订单收益的比例，φ 越小，表示制造商分享其网络渠道订单收益的比例越低，更多的网络渠道收益分享给了零售商。当 $\varphi = 0$ 时，制造商分享其网络渠道订单收益的比例为 0，即此时制造商网络渠道收益完全分享给零售商。

在上述情形下，制造商网络渠道订单收益分享比例将直接影响零售商服务动机以及其服务水平，并进一步影响各渠道产品的定价策略。因此，本部分博弈顺序如下：（1）制造商给出零售商的网络渠道收益共享比例 φ；（2）零售商决定其实体渠道售前服务水平 S；（3）制造商观察到零售商实体渠道售前服务水平后，决定其网络渠道价格 p_d 和批发价格 w；（4）零售商决定自身实体渠道产品价格 p_r。本部分仍采用逆序法来分析求解各主体的最优决策。

2.3.1　零售商最优定价决策

由式（2.11）易得，零售商收益函数是关于 p_r 的凹函数，因此可得：

$$p_r^1 = \frac{a + w + \theta p_d(2 - \varphi) + S(k_r - k_d)}{2} \tag{2.13}$$

2.3.2　制造商最优定价决策

将式（2.13）代入式（2.12）易得制造商的收益函数为：

$$\pi_m = \frac{w(a + k_r S - k_d S + \theta \varphi p_d - w) + \varphi p_d \big[a(2 + \theta) - 2p_d(1 - \theta^2) + S(\theta k_r - \theta k_d + 2k_d) + \theta w - \varphi p_d \theta^2 \big]}{2} \tag{2.14}$$

由式（2.14）易得，制造商收益函数 π_m 是关于（p_d，w）的联合凹函数，因此可得：

$$p_d^1 = \frac{a(1 + \theta) + k_d S(1 - \theta) + \theta k_r S}{2(1 - \theta^2)},$$

$$w^1 = \frac{(a + k_r S - k_d S)(1 - \theta^2) + a\theta\varphi(1 + \theta) + S\theta\varphi(k_d + \theta k_r - \theta k_d)}{2(1 - \theta^2)}$$

$$\tag{2.15}$$

2.3.3　零售商最优售前服务水平决策

将式（2.13）和式（2.15）代入式（2.11），易得零售商收益函数关于售

前服务水平 S 的二阶导数为：$\dfrac{\partial^2 \pi_r}{\partial S^2} = -\eta + \dfrac{4k_d(1-\varphi)(2\theta k_r - 2\theta k_d + k_d) + (k_r - k_d)^2(1+3\theta^2 - 4\varphi\theta^2)}{8(1-\theta^2)}$。

根据肖条军和杨丹琴（2008）的研究可得，零售商实体渠道售前服务成

本因子不能太低。从而易得，当 $\eta > \dfrac{4k_d(1-\varphi)(2\theta k_r - 2\theta k_d + k_d) + (k_r - k_d)^2(1+3\theta^2 - 4\varphi\theta^2)}{8(1-\theta^2)} = \hat{\eta}$ 时，恒

有 $\dfrac{\partial^2 \pi_r}{\partial S^2} < 0$。因此，本部分内容假设服务成本因子始终满足 $\eta > \hat{\eta}$。

从而可得，零售商实体渠道最优售前服务水平为：

$$S^1 = \frac{a(1+\theta)\left[4k_d(1-\varphi) + (k_r - k_d)(1+3\theta - 4\theta\varphi)\right]}{8\eta(1-\theta^2) - 4k_d(1-\varphi)(k_d + 2k_r\theta - 2k_2\theta) - (k_r - k_d)^2(1+3\theta^2 - 4\theta^2\varphi)}$$

（2.16）

将式（2.16）分别代入式（2.13）和式（2.15）可得定理2.3。

定理 2.3：对任意给定的网络渠道收益共享比例系数 φ，双渠道供应链各
主体的最优决策分别为：

$$
\begin{cases}
p_r^1(\varphi) = \dfrac{4\eta a(3 + 2\theta - \theta^2) - a(2k_d - k_r)\left[6k_d(1-\varphi) + \theta(k_r - k_d)(5 - 6\varphi)\right]}{2\left[8\eta(1-\theta^2) - 4k_d(1-\varphi)(k_d + 2k_r\theta - 2k_d\theta) - (k_r - k_d)^2(1+3\theta^2 - 4\theta^2\varphi)\right]}, \\[4mm]
S^1(\varphi) = \dfrac{a(1+\theta)\left[4k_d(1-\varphi) + (k_r - k_d)(1+3\theta - 4\theta\varphi)\right]}{8\eta(1-\theta^2) - 4k_d(1-\varphi)(k_d + 2k_r\theta - 2k_d\theta) - (k_r - k_d)^2(1+3\theta^2 - 4\theta^2\varphi)}, \\[4mm]
p_d^1(\varphi) = \dfrac{a\left[(k_r - k_d)(2k_d - k_r) + 8\eta(1+\theta)\right]}{2\left[8\eta(1-\theta^2) - 4k_d(1-\varphi)(k_d + 2k_r\theta - 2k_d\theta) - (k_r - k_d)^2(1+3\theta^2 - 4\theta^2\varphi)\right]}, \\[4mm]
w^1(\varphi) = \dfrac{8\eta a(1+\theta)(1-\theta+\theta\varphi) + a(2k_d - k_r)\left[\theta\varphi(k_r - k_d) - 4(1-\varphi)(k_d + \theta k_r - \theta k_d)\right]}{2\left[8\eta(1-\theta^2) - 4k_d(1-\varphi)(k_d + 2k_r\theta - 2k_d\theta) - (k_r - k_d)^2(1+3\theta^2 - 4\theta^2\varphi)\right]}
\end{cases}
$$

（2.17）

进一步地，易得零售商和双渠道制造商需求和收益分别为：

$$\begin{cases} Q_r^1(\varphi) = \dfrac{2\eta a(1-\theta^2) + a(1-\varphi)(k_r - 2k_d)(k_r\theta - k_2\theta + k_d)}{8\eta(1-\theta^2) - 4k_d(1-\varphi)(k_d + 2k_r\theta - 2k_d\theta) - (k_r - k_d)^2(1+3\theta^2 - 4\theta^2\varphi)}, \\[2mm] Q_d^1(\varphi) = \dfrac{4\eta a(2+\theta)(1-\theta^2) + a(k_r - 2k_d)[2\theta\varphi(k_r\theta - k_d\theta + k_d) - (k_r - k_d)(1+\theta^2) - 2\theta k_d]}{2[8\eta(1-\theta^2) - 4k_d(1-\varphi)(k_d + 2k_r\theta - 2k_d\theta) - (k_r - k_d)^2(1+3\theta^2 - 4\theta^2\varphi)]}, \\[2mm] \pi_r^1(\varphi) = \dfrac{2\eta a^2(1+\theta)(5+3\theta - 4\varphi - 4\theta\varphi) - a^2(1-\varphi)(k_r - 2k_d)^2}{4[8\eta(1-\theta^2) - 4k_d(1-\varphi)(k_d + 2k_r\theta - 2k_d\theta) - (k_r - k_d)^2(1+3\theta^2 - 4\theta^2\varphi)]}, \\[2mm] \pi_m^1(\varphi) = \dfrac{a^2\{8\varphi^2(k_r - 2k_d)^2(k_d + \theta k_r - \theta k_d)^2 + \varphi\zeta_1 + 8[(k_r - 2k_d)(k_d + \theta k_r - \theta k_d) + 2\eta - 2\eta\theta^2]^2\}}{4[8\eta(1-\theta^2) - 4k_d(1-\varphi)(k_d + 2k_r\theta - 2k_d\theta) - (k_r - k_d)^2(1+3\theta^2 - 4\theta^2\varphi)]^2} \end{cases}$$

$$(2.18)$$

其中，$\zeta_1 = 64\eta^2(1-\theta)(1+\theta)^3 - 16\eta(1-\theta^2)(k_r - 2k_d)(k_r + k_d + 3\theta k_r - 3\theta k_d) - (k_r - 2k_d)^2[(17\theta^2 - 1)(k_r - k_d)^2 + 32\theta(k_r - k_d)k_d + 16k_d^2]$。

下面，我们进一步分析制造商网络渠道收益共享契约模式下收益共享比例系数 φ 和服务成本因子 η 对各主体运作策略、需求和收益的影响，可得性质 2.3 和性质 2.4。

性质 2.3：（ⅰ）$\dfrac{\partial S^1}{\partial\varphi} < 0$，$\dfrac{\partial p_r^1}{\partial\varphi} < 0$，$\dfrac{\partial p_d^1}{\partial\varphi} < 0$；当 $\eta < \eta^\$ $ 时，$\dfrac{\partial w^1}{\partial\varphi} < 0$，否则，$\dfrac{\partial w^1}{\partial\varphi} > 0$；

（ⅱ）$\dfrac{\partial Q_r^1}{\partial\varphi} < 0$，$\dfrac{\partial Q_d^1}{\partial\varphi} < 0$，$\dfrac{\partial(Q_r^1 + Q_d^1)}{\partial\varphi} < 0$；

（ⅲ）$\dfrac{\partial\pi_r^1}{\partial\varphi} < 0$。其中，$\eta^\$ = \dfrac{4k_d(k_r - k_d)(1+\theta^2) + 4\theta k_d^2 + \theta(k_r - k_d)^2(5-\theta^2)}{8\theta(1-\theta^2)}$。

由性质 2.3（ⅰ）可得，制造商提供网络渠道收益共享契约能够有效提高零售商售前服务水平。随着网络渠道收益共享契约比例系数 φ 的不断减小，零售商可以分享更多的网络渠道收益，有效刺激了零售商实体渠道服务水平的提高。与性质 2.1 同理，"天下没有免费的午餐"，随着零售商实体渠道服务水平的提升，双渠道产品销售价格均不断增加，服务总成本的增加最终通过双渠道产品销售价格的增加转由消费者买单。进一步地，由性质 2.3 可得，双渠道价格增加引起渠道需求减少的负效应被服务水平提升引起的渠道需求增加的正效应抵消，最终随着制造商网络渠道收益共享契约比例系数 φ 的不断减小，双渠道的需求均不断增加，零售商收益也不断增加。因制造商的收益表达式十分复杂，我们将在定理 2.4 部分进一步详细分析收益共享比例系数 φ 对制造商最优收益的影响。

性质 2.4：（ⅰ）$\dfrac{\partial p_r^1}{\partial \eta}<0$，$\dfrac{\partial p_d^1}{\partial \eta}<0$，$\dfrac{\partial S^1}{\partial \eta}<0$，$\dfrac{\partial w^1}{\partial \eta}<0$；

（ⅱ）$\dfrac{\partial Q_r^1}{\partial \eta}<0$，$\dfrac{\partial Q_d^1}{\partial \eta}<0$，$\dfrac{\partial(Q_r^1+Q_d^1)}{\partial \eta}<0$；

（ⅲ）$\dfrac{\partial \pi_r^1}{\partial \eta}<0$。

由性质 2.4 可得，制造商网络渠道收益共享契约模式下零售商服务成本因子 η 对供应链各主体运作策略、需求以及零售商收益均产生消极的影响，其变化规律与制造商服务成本分摊契约一致，这里就不再进一步详细论述。因制造商的收益表达式十分复杂，难以直接得出服务成本因子 η 对其收益的影响，因此，我们将在数值例子部分对其进行进一步分析。

2.3.4　制造商最优网络渠道收益共享决策

通过对式（2.18）制造商收益函数的分析，可得制造商最优网络渠道收益共享系数满足定理 2.4。

定理 2.4：制造商的最优网络渠道收益共享比例满足下列条件。

（1）当 $\eta>\widetilde{\eta}$ 时，如果 $\Gamma>\Gamma^{\#}$，制造商最优网络渠道收益共享比例为 $\varphi^*=0$；如果 $\Gamma^{\wedge}<\Gamma<\Gamma^{\#}$，制造商最优网络渠道收益共享比例为 $\varphi^*=\hat{\varphi}$；如果 $\Gamma<\Gamma^{\wedge}$，制造商最优网络渠道收益共享比例为 $\varphi^*=1$。

（2）当 $\eta\leqslant\widetilde{\eta}$ 时，如果 $\Gamma<\Gamma^{\#}$，制造商最优网络渠道收益共享比例为 $\varphi^*=1$；如果 $\Gamma^{\#}<\Gamma<\Gamma^{\wedge}$，制造商最优网络渠道收益共享比例为 $\varphi^*=\arg\max\{\pi_m(0),\ \pi_m(1)\}$；如果 $\Gamma>\Gamma^{\wedge}$，制造商最优网络渠道收益共享比例为 $\varphi^*=0$。

由定理 2.4 可得，在不同的市场条件下，制造商为零售商提供不同的网络渠道收益共享策略。进一步地，将最优的网络渠道收益共享比例系数 φ^* 分别代入式（2.17）和式（2.18），可得双渠道供应链中不同主体最优运作策略、需求和收益。

2.4　数 值 仿 真 及 分 析

例 2.1：在制造商分别提供服务成本分摊契约以及网络渠道收益共享契约

的情况下，因制造商收益函数表达式非常复杂，难以直接得出服务成本因子 η 对双渠道制造商收益的影响。因而，下面将通过数值例子进一步展开分析。模型参数设置如下：$a = 50$，$\theta = 0.2$，$k_r = 1$，$k_d = 0.3$，$\tau = \tau^*$，$\varphi = \varphi^*$。从而可得图 2-1 和图 2-2。

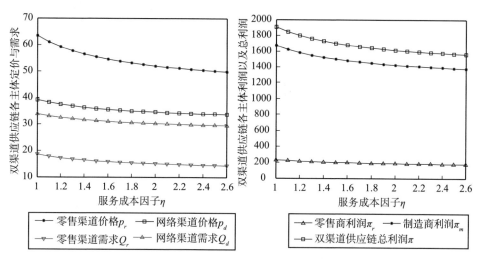

图2-1 制造商服务成本分摊契约情况下，服务成本因子 η
对各主体运作策略和收益的影响

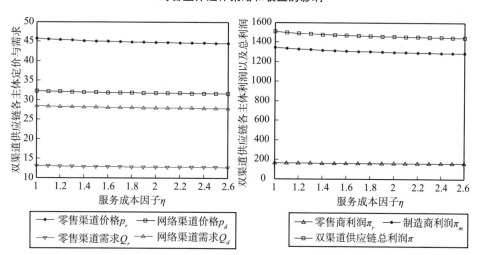

图2-2 制造商网络渠道收益共享契约情况下，服务成本因子 η
对各主体运作策略和收益的影响

由图 2-1 和图 2-2 可以看出，在两种不同的契约模式下，随着零售商服务成本因子的增大，零售商实体渠道产品定价和需求、制造商网络渠道产品定价和需求均不断下降，零售商收益也随之不断下降，其变化规律分别与性质 2.2 和性质 2.4 的结论一致。进一步地，随着零售商售前服务成本因子的增大，在两种不同的模式下，制造商收益也随之不断下降。因此，零售商通过各种方式，如广告宣传、提高服务效率等降低服务成本因子，不仅对零售商有益，同时对制造商以及整个供应链收益也是有益的。

例 2.2：下面，我们进一步分析在不同契约模式下，随着"展厅效应"的不断变化，各主体运作策略、需求和收益的变化，以及它们对不同契约模式的选择偏好。模型参数设置如下：$a = 50$，$\theta = 0.2$，$k_r = 1$，$\eta = 1$，可得表 2-1。

表 2-1 　　　　　　　不同契约模式下双渠道各主体收益以及供应链总收益

参数		制造商提供服务成本分摊契约模式			制造商提供网络渠道收益共享契约模式		
		零售商收益 π_r	制造商收益 π_m	供应链总收益 π	零售商收益 π_r	制造商收益 π_m	供应链总收益 π
k_d	0.01	267.6823	1645.6	1913.3	178.0652	1389.7	1567.8
	0.11	252.8120	1647.6	1900.5	173.4208	1378.8	1552.3
	0.21	240.8945	1658.8	1899.7	169.4708	1367.7	1537.2
	0.31	230.7826	1678.3	1909.1	166.1372	1356.1	1522.2
	0.41	221.7220	1706.6	1928.4	163.3581	1343.8	1507.1

对比两种不同契约模式，易得无论"展厅效应"系数 k_d 的高低怎样，制造商提供服务成本分摊契约模式下，供应链各主体收益以及供应链总收益均高于制造商提供网络渠道收益共享契约模式下的收益，即制造商和零售商比较偏爱制造商提供服务成本分摊契约模式。

2.5　本章小结

本章针对一个传统零售商和一个双渠道制造商组成的供应链系统，探讨了存在"展厅效应"下，制造商服务成本分摊契约以及网络渠道收益共享契约选择策略。通过分析指出，制造商通过上述两种契约都能有效刺激零售商的服务动机，提高其服务水平，并进一步增加供应链各主体渠道需求和收益。在不同的市场条件下，制造商为零售商提供不同的契约策略。对比两种不同的契约模式，无论"展厅效应"如何，制造商和零售商一般都比较偏爱服务成本分摊契约。本章的结论可以给相关企业决策者提供理论指导。

第3章

"展厅效应"下存在信息谎报的
双渠道供应链运作策略

随着电子商务技术的迅猛发展，制造商在通过零售商分销产品的同时，也开辟了线上销售渠道，制造企业双渠道销售变得越来越普遍。然而，制造商线上渠道的引入在扩大销量的同时，也导致了零售商实体渠道与制造商线上渠道间的冲突问题，尤其是部分消费者在零售商实体渠道体验服务后，又转到制造商线上渠道完成购买的服务"搭便车"行为，进一步加剧了双渠道的冲突，并削弱了零售商的服务动机。为刺激零售商的服务动机，提高其实体店服务水平，上游双渠道制造商往往会考虑分摊零售商的部分服务成本。制造商分摊零售商的部分服务成本虽然能增强零售商服务动机，但制造商较难掌握零售商服务成本的准确信息，只能根据零售商申报的服务成本进行分摊。虽然供应链中关于零售商服务成本分摊的研究大多基于制造商完全了解零售商服务成本信息，但在供应链管理实践中，上、下游企业属于独立的经济主体，往往不会将自己运营信息公开，因此信息不对称情形普遍存在。而在信息不对称的情况下，零售商可能为了谋取更多利益而向制造商谎报服务成本信息，进而损害制造商的利益。那么，与对称信息情形相比，信息不对称的情况下，双渠道制造商是否一定会分摊零售商服务成本？零售商是否一定会进行服务成本信息谎报？其谎报行为能否为它带来更多收益？制造商应采用什么契约机制来激励零售商披露真实信息？在相应契约机制下，制造商和零售商收益又会有什么变化？这些均成为企业十分关注并亟待解决的难题，同时也是本章研究的重点。

目前，信息不对称情况下关于信息谎报行为的研究主要针对碳信息谎报、生产/库存成本信息谎报、生鲜鲜活度信息谎报、需求信息谎报等方面，且主要基于单渠道供应链模式，对双渠道供应链问题的研究还较少。而在企业双渠道销售实践中，消费者服务"搭便车"行为普遍存在，并加剧了上、下游企业渠道间冲突，一方面制造商有动机通过分摊零售商的服务成本来激励其提升服务水平，减缓渠道间冲突；另一方面又面临零售商可能会谎报服务成本信息，攫取制造商服务成本补贴，损害制造商利益的困境。因此，本章基于上述研究背景，针对双渠道供应链结构，考虑"搭便车"行为下零售商可能存在服务成本信息谎报行为时，双渠道制造商最优服务成本补贴策略以及供应链运营决策和收益。

3.1 模 型 设 定

一个制造商 M1 与一个实体零售商 R 组成供应链，其中，制造商 M1 不仅通过零售商 R 销售产品，还开辟了线上直销渠道（例如自己网上商城或者第三方电商平台）。与此同时，考虑零售商 R 还有一个备选制造商 M2，当两者信息不对称时，零售商 R 可能在制造商 M1 不知情的情况下通过其备选制造商 M2 来订购部分同质性货物。为了刺激进店消费者多购物，零售商 R 在自己实体店提供各种形式的售前服务（产品试用、试穿、试吃等），但因售前服务具有公共属性，部分消费者在零售商 R 实体店体验服务后却转到制造商 M1 的线上渠道进行购买，即消费者存在售前服务"搭便车"行为。而"搭便车"行为会削弱零售商提供售前服务的动机，且缩小零售商售前服务成本投入规模，进而影响下游消费者需求。因此，双渠道制造商 M1 考虑为零售商 R 提供服务成本补贴契约，通过分摊零售商 R 的部分售前服务成本来增强其服务动机。而制造商 M2 为零售商 R 的备选制造商，零售商 R 并非经常向其订购产品，且其也不通过线上渠道销售产品，无消费者服务"搭便车"行为发生，因此，制造商 M2 不为零售商 R 提供服务成本补贴。

基于以上分析，提出如下假设。

假设 1：上、下游企业均为风险中性且是完全理性的，均以自身利润最大化目标来决策。

假设 2：制造商生产成本固定，且无生产能力约束。

假设 3：市场需求量等于订货量，需求依赖价格、服务水平和消费者服务"搭便车"程度。

假设 4：双渠道制造商处于核心地位，为供应链领导者，与零售商进行 stackelberg 博弈。

根据上述模型描述和假设，并参考浦徐进等（2017）的研究，可得如下需求函数：

零售商 R 实体渠道的需求：

$$D_r = \varphi a - p_r + \theta_1 p_d + (\alpha - \beta)S \tag{3.1}$$

制造商 M1 网络渠道的需求：

$$D_d = (1 - \varphi)a - p_d + \theta_2 p_r + \beta S \tag{3.2}$$

其中，a 为市场潜在需求规模，零售商 R 实体渠道和制造商 M1 网络渠道的产品市场占有率分别为 φ 和 $1 - \varphi$，其对应的渠道产品售价分别为 p_r 和 p_d，$\theta_i < 1$（$i = 1, 2$）分别为由于对方渠道价格所引起的消费者转移程度。S 为零售商 R 实体店提供的售前服务水平，α 为售前服务对零售商 R 实体店需求的增加效应，β 为消费者服务"搭便车"效应，且"搭便车"效应不能超过服务对需求增加的总效应，即 $\alpha > \beta > 0$。设制造商 M1 的产品生产成本为 c_1，网络渠道单位产品销售净利润为 Δ_d，易得网络渠道产品单位售价为 $p_d = c_1 + \Delta_d$。制造商 M1 的产品批发价应不高于其网络渠道产品售价，否则零售商 R 可能直接从制造商 M1 网络渠道批发（购买）产品销售，即制造商 M1 的单位产品批发价为 $w_1 = c_1 + \lambda \Delta_d$，其中，$0 < \lambda \leqslant 1$ 为批发收益率参数，λ 越大，制造商批发价越高。进一步地，备选制造商 M2 的单位产品生产成本和批发价分别设为 c_2 和 w_2。为简化分析，且不失一般性，设制造商 M1 和 M2 的单位产品生产成本以及批发价相同，为 $c_1 = c_2 = c$，$w_1 = w_2 = w$。设零售商 R 实体渠道单位产品销售净利润为 Δ_r，易得其单位产品售价为 $p_r = w + \Delta_r = c + \lambda \Delta_d + \Delta_r$。设零售商实体店售前服务水平和服务成本投入分别为 S 和 c_s，根据周永务等（2018）的研究，服务水平与服务成本投入成正比关系，零售商实体店服务水平函数可以表示为 $S = \sqrt{\dfrac{2c_s}{\eta}}$，其中，$\eta > 0$ 表示服务水平随服务成本变化而变化的弹性系数。

本章首先考虑信息对称的情形下，首先分析零售商 R 无信息谎报动机和条件时，双渠道供应链中制造商 M1 服务成本补贴策略及供应链各主体运作决策和收益的情况。接着，进一步分析信息不对称的情形下，零售商存在服务信息谎报动机以及条件时，供应链各主体运作决策和收益的变化。

3.2 信息对称情形

在信息对称的情形下，零售商 R 不存在信息谎报条件，将如实公开与自身运营决策相关的信息，包括其服务成本投入对消费者需求增加的影响因子 α，此时，零售商 R 实际需求信息对双渠道制造商 M1 来说属于公开信息。因消费者服务"搭便车"行为会削弱零售商 R 实体店的服务成本投入动机，双渠道制造商 M1 会考虑为零售商 R 提供服务成本补贴契约，分摊其 τ 比例的服务成本支出，其中 $0 \leqslant \tau \leqslant 1$。零售商 R 也将优先考虑通过双渠道制造商 M1 来满足其全部订单需求，即 $D_r = Q_{r1}$。为了方便计算，根据周永务等（2018）的研究，令 $\theta_1 = \theta_2 = \theta$。从而由式（3.1）和式（3.2）可得，双渠道需求函数分别转化如下。

零售商 R 实体渠道需求为：

$$D_r = Q_{r1} = \varphi a - p_r + \theta p_d + (\alpha - \beta) S$$

$$= \varphi a - (c + \lambda \Delta_d + \Delta_r) + \theta (c + \Delta_d) + (\alpha - \beta) \sqrt{\frac{2c_s}{\eta}} \tag{3.3}$$

制造商 M1 网络渠道需求为：

$$D_d = (1 - \varphi) a - p_d + \theta p_r + \beta S$$

$$= (1 - \varphi) a - (c + \Delta_d) + \theta (c + \lambda \Delta_d + \Delta_r) + \beta \sqrt{\frac{2c_s}{\eta}} \tag{3.4}$$

从而易得，零售商 R 的收益函数为：

$$\pi_r = (p_r - w) D_r - (1 - \tau) c_s$$

$$= \Delta_r \left[\varphi a - (c + \lambda \Delta_d + \Delta_r) + \theta (c + \Delta_d) + (\alpha - \beta) \sqrt{\frac{2c_s}{\eta}} \right] - (1 - \tau) c_s \tag{3.5}$$

双渠道制造商 M1 的收益函数为：

$$\pi_{m1} = \lambda\Delta_d \left[\varphi a - (c + \lambda\Delta_d + \Delta_r) + \theta(c + \Delta_d) + (\alpha - \beta)\sqrt{\frac{2c_s}{\eta}} \right]$$

$$+ \Delta_d \left[(1 - \varphi)a - (c + \Delta_d) + \theta(c + \lambda\Delta_d + \Delta_r) + \beta\sqrt{\frac{2c_s}{\eta}} \right] - \tau c_s \tag{3.6}$$

假设供应链中双渠道制造商 M1 处于核心地位,属于供应链领导者,与零售商进行 stackelberg 博弈。博弈顺序如下:首先,制造商 M1 确定给零售商 R 的售前服务成本补贴比例为 τ。然后,零售商 R 根据制造商 M1 的服务成本补贴比例来确定其实体店服务成本投入为 c_s。采用逆推法进行分析。

3.2.1 传统零售商 R 的最优决策

由式 (3.5) 易得,零售商 R 的收益函数 π_r 是关于其实体店服务成本投入 c_s 的凹函数,从而易得:

$$c_s(\tau) = \frac{\Delta_r^2(\alpha - \beta)^2}{2\eta(1 - \tau)^2} \tag{3.7}$$

3.2.2 双渠道制造商 M1 的最优决策

将式 (3.7) 代入式 (3.6),易得双渠道制造商 M1 的收益函数转化为:

$$\pi_{m1} = \Delta_d \left[a(1 - \varphi + \lambda\varphi) - c(1 - \theta)(\lambda + 1) + (2\lambda\theta - \lambda^2 - 1)\Delta_d \right.$$

$$\left. + (\theta - \lambda)\Delta_r + \frac{(\alpha - \beta)(\beta + \lambda\alpha - \lambda\beta)\Delta_r}{\eta(1 - \tau)} \right] - \frac{\tau\Delta_r^2(\alpha - \beta)^2}{2\eta(1 - \tau)^2} \tag{3.8}$$

对式 (3.8) 中双渠道制造商 M1 的收益函数进行分析,可得定理 3.1。

定理 3.1:当双渠道制造商 M1 线上渠道产品利润率以及消费者服务"搭便车"比例均较低时($\Delta_d < \hat{\Delta_d}$,$\beta < \hat{\beta}$),其最优服务成本分摊比例为 $\tau^* = 0$,而零售商 R 最优服务成本投入为 $c_s^* = c_{s1}$;否则,双渠道制造商 M1 最优服务成本分摊比例为 $\tau^* = \tau_1$,而零售商 R 最优服务成本投入为 $c_s^* = c_{s2}$。其中,$\hat{\Delta_d} = \frac{\Delta_r}{2\lambda}$,

$$\hat{\beta} = \frac{\alpha(\Delta_r - 2\lambda\Delta_d)}{2\Delta_d(1 - \lambda) + \Delta_r}, \quad c_{s1} = \frac{\Delta_r^2(\alpha - \beta)^2}{2\eta}, \quad \tau_1 = \frac{2\Delta_d(\beta + \alpha\lambda - \beta\lambda) - \Delta_r(\alpha - \beta)}{2\Delta_d(\beta + \alpha\lambda - \beta\lambda) + \Delta_r(\alpha - \beta)},$$

$$c_{s2} = \frac{\left[2\Delta_d(\beta + \alpha\lambda - \beta\lambda) + \Delta_r(\alpha - \beta)\right]^2}{8\eta}。$$

由定理 3.1 可得，双渠道制造商 M1 为零售商分摊服务成本情况与其线上渠道产品利润率以及消费者"搭便车"行为程度密切相关。当制造商 M1 线上渠道产品收益率不高，且只有少量消费者体验零售商实体店服务后转到其线上渠道上来时，此时"搭便车"行为扩大制造商 M1 线上渠道需求和收益的作用有限，制造商 M1 将不会为零售商分摊服务成本（$\tau^* = 0$）。反之，制造商 M1 能够从线上渠道销售以及消费者"搭便车"行为中获得较大利益，为缓和双渠道间的冲突，其将有充分动机为零售商分摊部分售前服务成本（$\tau^* = \tau_1$）。

对比双渠道制造商 M1 不提供服务成本补贴（$\tau^* = 0$）以及提供服务成本补贴（$\tau^* = \tau_1$）的情况下零售商 R 实体店服务成本投入规模，可得性质 3.1。

性质 3.1：当 $\Delta_d < \hat{\Delta}_d$ 且 $\beta < \hat{\beta}$ 时，始终有 $c_{s1} > c_{s2}$；否则，始终有 $c_{s1} \leqslant c_{s2}$。

由性质 3.1 可得，当制造商 M1 线上渠道产品收益率不高（$\Delta_d < \hat{\Delta}_d$），且只有少量消费者体验零售商实体店服务后转到其线上渠道上来时（$\beta < \hat{\beta}$），无成本补贴下零售商 R 投入的服务成本规模会大于有成本补贴下其投入的服务成本规模（$c_{s1} > c_{s2}$），因而，此时制造商 M1 不会为零售商 R 提供服务成本补贴（$\tau^* = 0$）。否则，其将为零售商 R 提供服务成本补贴（$\tau^* = \tau_1$）以刺激零售商 R 投入更大规模的服务成本（$c_{s1} < c_{s2}$）。

结论 3.1：双渠道制造商服务成本补贴策略并不一定始终保障零售商能投入更多的服务成本，一定条件下，无成本补贴下零售商投入的服务成本可能更多。

由性质 3.1 和结论 3.1 可知，在信息对称的情形下，双渠道制造商 M1 并非始终为零售商 R 提供服务成本补贴。因此，我们分两种情形来讨论，并分别用 A1 和 A2 表示无成本补贴与有成本补贴两种不同情形。

情形一：双渠道制造商 M1 不为零售商 R 提供商服务成本补贴的 A1 情形（$\Delta_d < \hat{\Delta}_d$ 且 $\beta < \hat{\beta}$）

在情形一下，将定理 3.1 中的 $\tau^* = 0$ 和 $c_s^* = c_{s1}$ 代入式（3.3）~式（3.6），可得供应链各主体需求和收益分别为：

$$
\begin{cases}
D_r^{A1} = \varphi a - (1-\theta)c + \Delta_d(\theta - \lambda) - \Delta_r + \dfrac{\Delta_r(\alpha - \beta)^2}{\eta} \\[3mm]
D_d^{A1} = (1-\varphi)a - (1-\theta)c - (1-\theta\lambda)\Delta_d + \theta\Delta_r + \dfrac{\Delta_r\beta(\alpha-\beta)}{\eta} \\[3mm]
\pi_r^{A1} = \dfrac{\Delta_r^2(\alpha-\beta)^2}{2\eta} + \Delta_r(\varphi a - c + c\theta - \Delta_r - \lambda\Delta_d + \theta\Delta_d) \\[3mm]
\pi_{m1}^{A1} = \Delta_d\big[a(1-\varphi+\lambda\varphi) - c(1-\theta)(1+\lambda) - \Delta_d(1+\lambda^2 - 2\lambda\theta) + (\theta-\lambda)\Delta_r \big] \\[3mm]
\qquad\quad + \dfrac{\Delta_r\Delta_d(\alpha-\beta)(\beta+\lambda\alpha-\lambda\beta)}{\eta}
\end{cases}
$$

$$(3.9)$$

下面，进一步分析在情形一下，"搭便车"行为对供应链各主体运作策略、需求和收益的影响，可得性质 3.2。

性质 3.2：（ⅰ） $\dfrac{\partial c_{s1}}{\partial\beta} < 0$；$\dfrac{\partial D_r^{A1}}{\partial\beta} < 0$；当 $\beta < \dfrac{\alpha}{2}$ 时，$\dfrac{\partial D_d^{A1}}{\partial\beta} > 0$，否则，$\dfrac{\partial D_d^{A1}}{\partial\beta} \leqslant 0$；$\dfrac{\partial(D_r^{A1} + D_d^{A1})}{\partial\beta} < 0$；

（ⅱ） $\dfrac{\partial\pi_r^{A1}}{\partial\beta} < 0$；当 $\lambda < \dfrac{1}{2}$ 且 $\beta < \beta_1$ 时，$\dfrac{\partial\pi_{m1}^{A1}}{\partial\beta} > 0$，否则，$\dfrac{\partial\pi_{m1}^{A1}}{\partial\beta} \leqslant 0$。其中，$\beta_1 = \dfrac{\alpha(1-2\lambda)}{2(1-\lambda)}$。

由性质 3.2 可得，随着消费者"搭便车"行为程度的增大，零售商 R 投入的服务成本会减少，零售商渠道需求下降，其收益也不断减少。而对双渠道制造商 M1 来说，当消费者"搭便车"行为程度相对较低时（$\beta < \alpha/2$），随着"搭便车"行为程度的增大，其线上渠道需求也不断增加。但当"搭便车"行为程度较高时（$\beta \geqslant \alpha/2$），随着"搭便车"行为程度的增大，尽管更大比例的消费者线下体验服务后转到制造商线上渠道购买，但此时因零售商 R 服务成本投入以及实体店需求的减少，制造商线上渠道需求逐渐下降。因此，服务"搭便车"行为对制造商 M1 线上渠道需求并非始终是有益的。进一步地，随着"搭便车"行为程度的增大，零售商服务成本投入减少，双渠道总需求不断减少，消费者"搭便车"行为对供应链总需求产生消极影响。

制造商 M1 的收益不仅受"搭便车"行为程度的影响，还受其批发收益率

参数 λ 的影响。当批发收益率 λ 以及"搭便车"行为程度均较低时，双渠道间的冲突相对较弱。此时，随着"搭便车"行为程度的增大，制造商收益逐渐增加，其可以从"搭便车"行为中获得更多收益。否则，双渠道间的冲突激化，制造商不再能从"搭便车"行为中获益，其收益会随着"搭便车"行为程度的增大而不断减少。

结论 3.2：消费者服务"搭便车"行为对零售商不利，但也不一定对双渠道制造商有利，一定条件下也会损害制造商的收益。

情形二：双渠道制造商 M1 为零售商 R 提供服务成本补贴的 A2 情形

在情形二下，将定理 3.1 中的 $\tau^* = \tau_1$ 和 $c_s^* = c_{s2}$ 代入式（3.3）~式（3.6），可得供应链各主体需求和收益分别为：

$$
\begin{cases}
D_r^{A2} = \varphi a - (1-\theta)c + \Delta_d(\theta - \lambda) - \Delta_r + \dfrac{\Delta_r(\alpha-\beta)^2 + 2\Delta_d(\beta+\alpha\lambda-\beta\lambda)(\alpha-\beta)}{2\eta} \\[2mm]
D_d^{A2} = (1-\varphi)a - (1-\theta)c - (1-\theta\lambda)\Delta_d + \theta\Delta_r + \dfrac{2\beta\Delta_d(\beta+\alpha\lambda-\beta\lambda) + \beta\Delta_r(\alpha-\beta)}{2\eta} \\[2mm]
\pi_r^{A2} = \dfrac{\Delta_r(\alpha-\beta)\left[(\alpha-\beta)(\Delta_r+2\lambda\Delta_d)+2\beta\Delta_d\right]}{4\eta} + \Delta_r(\varphi a - c + c\theta - \Delta_r - \lambda\Delta_d + \theta\Delta_d) \\[2mm]
\pi_{m1}^{A2} = \Delta_d\left[a(1-\varphi+\lambda\varphi) - c(1-\theta)(1+\lambda) - \Delta_d(1+\lambda^2-2\lambda\theta) + (\theta-\lambda)\Delta_r\right] \\[2mm]
\qquad\quad + \dfrac{\left[(\Delta_r+2\lambda\Delta_d)(\alpha-\beta)+2\beta\Delta_d\right]^2}{8\eta}
\end{cases}
$$

$$(3.10)$$

下面，分析此情形下"搭便车"行为对供应链各主体运作策略、需求和收益的影响，可得性质 3.3。

性质 3.3：（ⅰ）$\dfrac{\partial\tau_1}{\partial\beta}>0$；当 $\lambda>\lambda_1$ 时，$\dfrac{\partial c_{s2}}{\partial\beta}<0$，否则，$\dfrac{\partial c_{s2}}{\partial\beta}\geq 0$。

（ⅱ）$\dfrac{\partial D_r^{A2}}{\partial\beta}<0$；当 $\lambda>\lambda_1$ 且 $\beta>\beta_2$ 时，$\dfrac{\partial D_d^{A2}}{\partial\beta}<0$，否则，$\dfrac{\partial D_d^{A2}}{\partial\beta}\geq 0$；当 $\lambda<\lambda_1$ 时，$\dfrac{\partial(D_r^{A2}+D_d^{A2})}{\partial\beta}>0$，否则，$\dfrac{\partial(D_r^{A2}+D_d^{A2})}{\partial\beta}\leq 0$。

（ⅲ）$\dfrac{\partial\pi_r^{A2}}{\partial\beta}<0$；当 $\lambda<\lambda_1$ 时，$\dfrac{\partial\pi_{m1}^{A2}}{\partial\beta}>0$，否则，$\dfrac{\partial\pi_{m1}^{A2}}{\partial\beta}\leq 0$。其中，$\lambda_1 = 1 - \dfrac{\Delta_r}{2\Delta_d}$，$\beta_2 = \dfrac{\alpha(\Delta_r+2\lambda\Delta_d)}{2(\Delta_r-2\Delta_d+2\lambda\Delta_d)}$。

由性质 3.3 易得，在制造商 M1 提供服务成本补贴的情形下，随着"搭便车"行为程度的增大，制造商分摊零售商服务成本比例会提高。而与无服务成本补贴情形中的性质 3.1 不同，此时，零售商服务成本投入规模不仅与"搭便车"行为程度有关，还与制造商 M1 的批发收益率相关。当批发收益率较高时（$\lambda > \lambda_1$），制造商批发价也相对较高，此时随着"搭便车"行为程度增大，零售商服务成本投入逐渐减少。否则，当批发收益率较低时（$\lambda \leqslant \lambda_1$），零售商服务成本投入随着"搭便车"行为程度的增大而增加，此时制造商 M1 通过批发价让利以及服务成本补贴策略有效刺激了零售商 R 服务成本投入动机。进一步地，"搭便车"行为对零售商 R 实体渠道需求始终产生消极影响，但对制造商 M1 线上渠道需求的影响还受批发收益率的影响。当批发收益率和"搭便车"行为程度均较高时，双渠道间的冲突变得尤为激烈，此时，随着"搭便车"行为程度的增大，制造商 M1 线上渠道需求减少。

进一步地，与无服务成本补贴情形的性质 3.1 不同，"搭便车"行为对供应链总需求并非始终产生消极影响。当批发收益率较低时（$\lambda < \lambda_1$），随着"搭便车"行为程度的增大，供应链总需求逐步增加，双渠道制造商 M1 的收益也逐渐提高，即制造商 M1 可以通过批发价让利以及服务成本补贴的双机制设计来有效提高供应链总需求以及自身双渠道总收益。

结论 3.3：在成本补贴策略下，消费者服务"搭便车"行为仍然对零售商不利，且也不一定对双渠道制造商有利，一定条件下也会损害制造商的收益。

3.3　信息不对称情形

在信息不对称的情形下，投入一定的服务成本对零售商 R 实体渠道需求的增大效应 α 为其私有信息，即零售商 R 清楚地了解服务成本投入对其实体渠道销售量的影响，但考虑到自身利益，其往往不会将此私有信息对外公开，甚至为了最大化自身收益而谎报信息。因此，在信息不对称的情况下，假设零售商 R 存在信息谎报行为，会将售前服务对自身实体店需求的增加效应系数

由 α 谎报为 α_1，即此时零售商实体店真实需求与其公开（申报）给制造商 M1 的需求可能不一致。零售商 R 在向制造商 M1 订货的同时也有可能会选用其备选制造商 M2 来订购部分货物，以最大化其收益。因而，在信息不对称的情形下，零售商 R 的需求为 $D_r = Q_{r1} + Q_{r2} \geqslant Q_{r1}$，$Q_{r1}$ 和 Q_{r2} 分别为零售商向上游制造商 M1 和制造商 M2 的实际订货量。从而可得：

零售商 R 实体店的真实需求函数为：

$$D_r = \varphi a - p_r + \theta p_d + (\alpha - \beta) S$$

$$= \varphi a - (c + \lambda \Delta_d + \Delta_r) + \theta(c + \Delta_d) + (\alpha - \beta)\sqrt{\frac{2c_s}{\eta}} \tag{3.11}$$

零售商 R 在制造商 M1 处的实际订货量为：

$$Q_{r1} = \varphi a - p_r + \theta p_d + (\alpha_1 - \beta) S$$

$$= \varphi a - (c + \lambda \Delta_d + \Delta_r) + \theta(c + \Delta_d) + (\alpha_1 - \beta)\sqrt{\frac{2c_s}{\eta}} \tag{3.12}$$

零售商 R 在制造商 M2 处的实际订货量为：

$$Q_{r2} = D_r - Q_{r1} = (\alpha - \alpha_1)\sqrt{\frac{2c_s}{\eta}} \tag{3.13}$$

双渠道制造商 M1 的网络渠道需求为：

$$D_d = (1 - \varphi)a - p_d + \theta p_r + \beta S$$

$$= (1 - \varphi)a - (c + \Delta_d) + \theta(c + \lambda \Delta_d + \Delta_r) + \beta \sqrt{\frac{2c_s}{\eta}} \tag{3.14}$$

易得，在信息不对称的情况下，零售商 R 的真实收益函数为：

$$\pi_r = (p_r - w)D_r - (1 - \tau)c_s$$

$$= \Delta_r \left[\varphi a - (c + \lambda \Delta_d + \Delta_r) + \theta(c + \Delta_d) + (\alpha - \beta)\sqrt{\frac{2c_s}{\eta}} \right] - (1 - \tau)c_s \tag{3.15}$$

零售商 R 公开（谎报）给制造商 M1 的收益函数为：

$$\pi_r^H = (p_r - w)Q_{r1} - (1 - \tau)c_s$$

$$= \Delta_r \left[\varphi a - (c + \lambda \Delta_d + \Delta_r) + \theta(c + \Delta_d) + (\alpha_1 - \beta)\sqrt{\frac{2c_s}{\eta}} \right] - (1 - \tau)c_s \tag{3.16}$$

在信息不对称的情况下，双渠道制造商 M1 的收益函数为：

$$\pi_{m1} = \lambda \Delta_d \left[\varphi a - (c + \lambda \Delta_d + \Delta_r) + \theta(c + \Delta_d) + (\alpha_1 - \beta)\sqrt{\frac{2c_s}{\eta}} \right]$$

$$+ \Delta_d \left[(1 - \varphi)a - (c + \Delta_d) + \theta(c + \lambda \Delta_d + \Delta_r) + \beta \sqrt{\frac{2c_s}{\eta}} \right] - \tau c_s$$

$$(3.17)$$

制造商 M2 的实际收益函数为：

$$\pi_{m2} = (w - c)Q_{r2} = \lambda \Delta_d (\alpha - \alpha_1)\sqrt{\frac{2c_s}{\eta}} \qquad (3.18)$$

为使决策行为与和谎报信息吻合，由式（3.16）可得，零售商 R 的最优服务成本投入决策为：

$$c_s(\alpha_1) = \frac{\Delta_r^2(\alpha_1 - \beta)^2}{2\eta(1 - \tau)^2} \qquad (3.19)$$

将式（3.19）代入双渠道制造商 M1 的实际收益函数式（3.17），可得

$$\pi_{m1} = \Delta_d \left[a(1 - \varphi + \lambda \varphi) - c(1 - \theta)(\lambda + 1) + (2\lambda\theta - \lambda^2 - 1)\Delta_d + (\theta - \lambda)\Delta_r \right.$$

$$\left. + \frac{(\alpha_1 - \beta)(\beta + \lambda\alpha_1 - \lambda\beta)\Delta_r}{\eta(1 - \tau)} \right] - \frac{\tau \Delta_r^2(\alpha_1 - \beta)^2}{2\eta(1 - \tau)^2} \qquad (3.20)$$

对式（3.20）进行分析，可得定理 3.2。

定理 3.2：当双渠道制造商 M1 线上渠道产品利润率以及消费者服务"搭便车"比例均较低时（$\Delta_d < \hat{\Delta_d}$，$\beta < \beta^{\#}$），其最优服务成本分摊比例为 $\tau^* = 0$，而零售商 R 最优服务成本投入为 $c_s^* = c_{s3}$；否则，双渠道制造商 M1 最优服务成本分摊比例为 $\tau^* = \tau_2$，而零售商 R 最优服务成本投入为 $c_s^* = c_{s4}$。其中，$\beta^{\#} = \dfrac{\alpha_1(\Delta_r - 2\lambda\Delta_d)}{2\Delta_d(1 - \lambda) + \Delta_r}$，$c_{s3} = \dfrac{\Delta_r^2(\alpha_1 - \beta)^2}{2\eta}$，$\tau_2 = \dfrac{2\Delta_d(\beta + \alpha_1\lambda - \beta\lambda) - \Delta_r(\alpha_1 - \beta)}{2\Delta_d(\beta + \alpha_1\lambda - \beta\lambda) + \Delta_r(\alpha_1 - \beta)}$，$c_{s4} = \dfrac{[2\Delta_d(\beta + \alpha_1\lambda - \beta\lambda) + \Delta_r(\alpha_1 - \beta)]^2}{8\eta}$。

由定理 3.2 可得，在信息不对称的情形下，制造商 M1 是否为零售商 R 分摊服务成本与信息对称情形下类似，即仍然与制造商 M1 线上渠道产品利润率以及消费者服务"搭便车"行为程度密切相关，这里就不再赘述。

分别在制造商 M1 不提供服务成本补贴以及提供服务成本补贴情形下对比零售商 R 的服务成本投入规模，可得性质 3.4。

性质 3.4：当 $\Delta_d < \hat{\Delta_d}$ 且 $\beta < \beta^{\#}$ 时，有 $c_{s3} > c_{s4}$；否则，始终有 $c_{s3} \leq c_{s4}$。

性质 3.4 与信息对称下的性质 3.1 的结论类似。因而，这里就不再赘述。进一步地，由性质 3.4 可得结论 3.4。

结论 3.4：在信息不对称的情形下，双渠道制造商服务成本补贴策略并不一定始终保障零售商能投入更多的服务成本，在一定条件下，无成本补贴下零售商投入的服务成本规模可能更大。

由性质 3.4 和结论 3.4 可知，在信息不对称的情形下，双渠道制造商 M1 仍并非始终为零售商 R 提供服务成本补贴。因此，我们分两种情形来讨论，并分别用 B1 和 B2 表示无成本补贴与有成本补贴两种不同情形。

情形一：制造商 M1 不为零售商提供服务成本补贴的 B1 情形（$\Delta_d < \hat{\Delta}_d$ 且 $\beta < \beta^\#$）

在信息不对称的情形下，零售商 R 进行信息谎报的目的是最大化自己的真实收益。因此，将定理 3.2 中的 $\tau^* = 0$ 和 $c_s^* = c_{s3}$ 代入零售商 R 的真实收益函数式（3.15），可得零售商 R 的真实收益函数为：

$$
\begin{aligned}
\pi_r &= (p_r - w)D_r - (1 - \tau^*)c_{s3} \\
&= \Delta_r \big[\varphi a - (c + \lambda\Delta_d + \Delta_r) + \theta(c + \Delta_d) \big] \\
&\quad + \frac{\Delta_r^2(\alpha_1 - \beta)(2\alpha - \alpha_1 - \beta)}{2\eta}
\end{aligned} \tag{3.21}
$$

由式（3.21）易得，$\dfrac{\partial^2 \pi_r}{\partial \alpha_1^2} = -\dfrac{\Delta_r^2}{\eta} < 0$，零售商 R 的真实收益函数 π_r 是关于其信息谎报系数 α_1 的凹函数。令 $\dfrac{\partial \pi_r}{\partial \alpha_1} = \dfrac{\Delta_r^2(\alpha - \alpha_1)}{\eta} = 0$，可得零售商 R 的最优信息谎报因子 $\alpha_1^* = \alpha$。从而易得，$\tau^* = 0$，$c_s^* = c_{s3} = c_{s1} = \dfrac{\Delta_r^2(\alpha - \beta)^2}{2\eta}$。

结论 3.5：在信息不对称的情形下，当双渠道制造商 M1 线上渠道产品利润率以及消费者服务"搭便车"比例均较低时（$\Delta_d < \hat{\Delta}_d$ 且 $\beta < \beta^\#$），零售商 R 不会进行信息谎报，其会向制造商 M1 如实公开售前服务对自己实体店需求的增加效应。

由结论 3.5 可得，在信息不对称的情形下，信息谎报行为对零售商 R 来说并非始终是最优的，在一定条件下，零售商 R 会向上游双渠道制造商 M1 如实公开（申报）自身运营信息。

在情形一下，将 $\tau^* = 0$，$c_s^* = c_{s3}$ 代入式（3.11）~式（3.18），可得供应链各主体运营决策和收益分别为：

$$\begin{cases} D_r^{B1} = \varphi a - (1-\theta)c + \Delta_d(\theta-\lambda) - \Delta_r + \dfrac{\Delta_r(\alpha-\beta)^2}{\eta} \\[2mm] D_d^{B1} = (1-\varphi)a - (1-\theta)c - (1-\theta\lambda)\Delta_d + \theta\Delta_r + \dfrac{\Delta_r\beta(\alpha-\beta)}{\eta} \\[2mm] Q_{r1}^{B1} = \varphi a - (1-\theta)c + \Delta_d(\theta-\lambda) - \Delta_r + \dfrac{\Delta_r(\alpha-\beta)^2}{\eta} \quad Q_{r2}^{B1} = 0 \quad \pi_{m2}^{B1} = 0 \\[2mm] \pi_r^{B1} = \dfrac{\Delta_r^2(\alpha-\beta)^2}{2\eta} + \Delta_r(\varphi a - c + c\theta - \Delta_r - \lambda\Delta_d + \theta\Delta_d) \\[2mm] \pi_{m1}^{B1} = \Delta_d\big[a(1-\varphi+\lambda\varphi) - c(1-\theta)(1+\lambda) - \Delta_d(1+\lambda^2-2\lambda\theta) \\[2mm] \qquad\qquad + (\theta-\lambda)\Delta_r\big] + \dfrac{\Delta_r\Delta_d(\alpha-\beta)(\beta+\lambda\alpha-\lambda\beta)}{\eta} \end{cases}$$

$$(3.22)$$

对式（3.22）进行分析，可得结论3.6。

结论 3.6：$D_r^{B1} = Q_{r1}^{B1} = D_r^{A1}$，$Q_{r2}^{B1} = 0$，$D_d^{B1} = D_d^{A1}$，$\pi_r^{B1} = \pi_r^{A1}$，$\pi_{m1}^{B1} = \pi_{m1}^{A1}$，$\pi_{m2}^{B1} = 0$。

由结论3.6可得，当双渠道制造商 M1 线上渠道产品利润率以及消费者服务"搭便车"比例均较低时（$\Delta_d < \hat{\Delta_d}$ 且 $\beta < \beta^{\#}$），零售商 R 不会进行信息谎报，也不会从备选制造商 M2 处订货。此时，零售商 R 和双渠道制造商 M1 的最优决策、需求和收益与信息对称情形下的完全相同。进一步地，此情形下可得的相关性质、结论等也与信息对称情形下一致，因而这里就不再赘述。

情形二：制造商 M1 为零售商提供服务成本补贴的 B2 情形

在情形二下，将定理3.2中的 $\tau^* = \tau_2$ 和 $c_s^* = c_{s4}$ 代入零售商 R 的真实收益函数式（3.15），可得信息谎报行为下零售商 R 的真实收益函数为：

$$\pi_r = \Delta_r\Bigg\{\varphi a - (c + \lambda\Delta_d + \Delta_r) + \theta(c + \Delta_d) \\ + \frac{(2\alpha-\alpha_1-\beta)\big[2\Delta_d(\beta+\alpha_1\lambda-\beta\lambda) + \Delta_r(\alpha_1-\beta)\big]}{4\eta}\Bigg\} \qquad (3.23)$$

由式（3.23）易得，$\dfrac{\partial^2\pi_r}{\partial\alpha_1^2} = -\dfrac{\Delta_r^2 + 2\lambda\Delta_r\Delta_d}{2\eta} < 0$，零售商 R 的真实收益函数 π_r 是关于其信息谎报系数 α_1 的凹函数。令 $\dfrac{\partial\pi_r}{\partial\alpha_1} = \dfrac{\Delta_r\big[(\alpha-\alpha_1)(\Delta_r+2\lambda\Delta_d) - \beta\Delta_d\big]}{2\eta} = 0$，可得零售商 R 的最优信息谎报因子 $\alpha_1^* = \alpha - \dfrac{\beta\Delta_d}{\Delta_r+2\lambda\Delta_d} < \alpha$。从而易得：

$$\tau^* = \tau_{2H} = \frac{(4\lambda^2\Delta_d^2 - \Delta_r^2)(\alpha - \beta) + 2\beta\lambda\Delta_d^2 + 3\beta\Delta_r\Delta_d}{[\beta\Delta_d + 2\alpha\lambda\Delta_d - 2\beta\lambda\Delta_d + \Delta_r(\alpha - \beta)](\Delta_r + 2\lambda\Delta_d)}$$

$$c_s^* = c_{s4H} = \frac{[(\alpha - \beta)(\Delta_r + 2\lambda\Delta_d) + \beta\Delta_d]^2}{8\eta}$$

结论 3.7： 在信息不对称的情况下，当双渠道制造商 M1 为零售商 R 提供服务成本补贴时，零售商 R 会低报售前服务对自己实体店需求的增加效应（$\alpha_1 < \alpha$）。此时，制造商服务成本分摊比例高于信息对称下其分摊比例（$\tau_{2H} > \tau_1$），但零售商服务成本投入规模小于信息对称下其投入规模（$c_{s4H} < c_{s2}$）。

在情形二下，将 $\tau^* = \tau_{2H}$，$c_s^* = c_{s4H}$ 代入式（3.11）~式（3.18），可得供应链中零售商 R 与双渠道制造商 M1 的运营决策和收益分别为：

$$\begin{cases}
D_r^{B2} = \varphi a - (1-\theta)c + \Delta_d(\theta - \lambda) - \Delta_r + \dfrac{(\alpha - \beta)[\beta\Delta_d + (\alpha - \beta)(\Delta_r + 2\lambda\Delta_d)]}{2\eta} \\[2mm]
D_d^{B2} = (1-\varphi)a - (1-\theta)c - (1-\theta\lambda)\Delta_d + \theta\Delta_r + \dfrac{\beta^2\Delta_d + \beta(\alpha - \beta)(\Delta_r + 2\lambda\Delta_d)}{2\eta} \\[2mm]
Q_{r1}^{B2} = \varphi a - (1-\theta)c + \Delta_d(\theta - \lambda) - \Delta_r - \dfrac{\beta^2\Delta_d^2 - (\alpha - \beta)^2(\Delta_r + 2\lambda\Delta_d)^2}{2\eta(\Delta_r + 2\lambda\Delta_d)} \\[2mm]
\pi_r^{B2} = \dfrac{\Delta_r[\beta^2\Delta_d^2 + (\alpha - \beta)^2(\Delta_r + 2\lambda\Delta_d)^2 + 2\beta\Delta_d(\alpha - \beta)(\Delta_r + 2\lambda\Delta_d)]}{4\eta(\Delta_r + 2\lambda\Delta_d)} \\[2mm]
\quad + \Delta_r(\varphi a - c + \theta c - \Delta_r - \lambda\Delta_d + \theta\Delta_d) \\[2mm]
\pi_{m1}^{B2} = \Delta_d[a(1-\varphi+\lambda\varphi) - c(1-\theta)(1+\lambda) - \Delta_d(1+\lambda^2 - 2\lambda\theta) + (\theta - \lambda)\Delta_r] \\[2mm]
\quad + \dfrac{[(\alpha - \beta)(\Delta_r + 2\lambda\Delta_d) + \beta\Delta_d]^2}{8\eta}
\end{cases}$$

$$(3.24)$$

对式（3.24）分析易得，在零售商信息谎报的情况下，始终有 $D_r^{B2} > Q_{r1}^{B2}$，从而可得结论 3.8。

结论 3.8： 当零售商 R 进行信息谎报时，其在制造商 M1 处的订货量少于其实际需求量，零售商 R 会在其备选制造商 M2 处订购部分货物以满足下游消费者的需求。

由结论 3.8 可得，在信息谎报的情况下，零售商 R 会选用备选制造商 M2。从而由式（3.13）和式（3.18）易得，制造商 M2 的订货量和收益分别为：

$$\begin{cases} Q_{r2}^{B2} = \dfrac{\beta\Delta_d(\alpha-\beta)(\Delta_r+2\lambda\Delta_d)+\beta^2\Delta_d^2}{2\eta(\Delta_r+2\lambda\Delta_d)} \\[4mm] \pi_{m2}^{B2} = \dfrac{\lambda\beta\Delta_d^2\big[(\alpha-\beta)(\Delta_r+2\lambda\Delta_d)+\beta\Delta_d\big]}{2\eta(\Delta_r+2\lambda\Delta_d)} \end{cases}$$

(3.25)

进一步地，由式（3.16）可得，在信息谎报的情况下，零售商的公开（谎报）收益函数为：

$$\pi_r^{HB2} = \Delta_r(\varphi a - c + c\theta - \Delta_r - \lambda\Delta_d + \theta\Delta_d) + \frac{\Delta_r\big[(\alpha-\beta)^2(\Delta_r+2\lambda\Delta_d)^2-\beta^2\Delta_d^2\big]}{4\eta(\Delta_r+2\lambda\Delta_d)}$$

(3.26)

对比式（3.24）和式（3.26）中零售商 R 的真实收益和谎报收益，可得零售商 R 的真实收益高于其公开（谎报）的收益（$\pi_r^{B2} > \pi_r^{HB2}$），零售商会通过信息谎报行为赚取更多的利润。

对比信息对称与不对称情形，当制造商 M1 提供服务成本补贴时，供应链各主体需求和收益，可得结论 3.9。

结论 3.9： $D_r^{A2} > D_r^{B2} > Q_{r1}^{B2}$，$D_d^{A2} > D_d^{B2}$，$\pi_r^{A2} < \pi_r^{B2}$，$\pi_{m1}^{A2} > \pi_{m1}^{B2}$，$\pi_r^{A2} + \pi_{m1}^{A2} + \pi_{m2}^{A2} > \pi_r^{B2} + \pi_{m1}^{B2} + \pi_{m2}^{B2}$。

由结论 3.9 可得，当制造商 M1 提供服务成本补贴时，信息对称情况下的零售商 R 实体渠道需求以及制造商 M1 线上渠道需求均高于信息不对称情况下的各渠道需求（$D_r^{A2} > D_r^{B2}$，$D_d^{A2} > D_d^{B2}$），而信息不对称情况下的零售商 R 实体渠道真实需求又高于其公开（谎报）给制造商 M1 的需求（$D_r^{B2} > Q_{r1}^{B2}$）。进一步地，信息不对称情况下的零售商服务成本投入规模小于信息对称下的投入规模（结论 3.7），但制造商服务成本分摊比例高于信息对称下的分摊比例（结论 3.7），即信息不对称的情况下，零售商节约了较多的服务成本，有效弥补了实体渠道需求减少产生的收益降低的消极影响，并赚取了高于信息对称时其所得的收益（$\pi_r^{A2} < \pi_r^{B2}$）。在服务成本补贴下，零售商信息谎报行为对制造商 M1 和供应链收益产生消极影响，此时，制造商 M1 的部分收益被替补制造商 M2 分割，制造商 M1 以及供应链总收益均低于信息对称情形下的收益。

由结论 3.9 可得，在信息不对称的情况下，一方面，双渠道制造商 M1 担心零售商 R 的信息谎报行为会减少对自身的订货量；另一方面，担心零售商 R 发生信息谎报行为时会通过自己的竞争对手制造商 M2 订货。此时，零售商 R 不仅骗取了自己的服务成本补贴资金，而且让竞争对手的产品分割了自己在零售商 R 处的产品份额。因此，制造商 M1 有充分动机通过合同或契约等形式来拟制零售商 R 的信息谎报行为。下面,将进一步分析制造商 M1 通过转移支付契约的设计来拟制零售商 R 的信息谎报行为,并对供应链进行协调。

在信息不对称的情形下,双渠道制造商 M1 考虑采用转移支付契约来拟制零售商 R 的信息谎报行为。设转移支付价格为 T,则零售商 R 和制造商 M1 的理性约束条件分别为:$\pi_r^{A2} + T > \pi_r^{B2}$,$\pi_{m1}^{A2} - T > \pi_{m1}^{B2}$,联立两式,可得制造商 M1 和零售商 R 的理性约束应满足:$\pi_r^{B2} - \pi_r^{A2} < T < \pi_{m1}^{A2} - \pi_{m1}^{A2}$。从而可得定理 3.3。

定理 3.3: 当制造商 M1 的转移支付契约满足 $T \in [T_1, T_2]$ 时,零售商 R 和制造商 M1 均获得高于零售商信息谎报时的收益,制造商转移支付契约可有效拟制零售商信息谎报行为,并激励其如实公开自己的运营信息。

其中,$T_1 = \dfrac{\Delta_r \beta^2 \Delta_d^2}{4\eta(\Delta_r + 2\lambda\Delta_d)}$,$T_2 = \dfrac{\beta\Delta_d [2(\alpha - \beta)(\Delta_r + 2\lambda\Delta_d) + 3\beta\Delta_d]}{8\eta}$。

由定理 3.3 可得,制造商 M1 可以通过转移 T 单位的收益给零售商 R 以激励零售商共享信息,提高供应链的运营效率。与此同时,为了防止零售商签订价格转移合同后仍然进行信息谎报,制造商 M1 还应该制定一个足够严厉的惩罚机制,以减少零售商的道德风险行为。

3.4 数值仿真及分析

本部分通过数值例子分析消费者服务"搭便车"行为对制造商服务成本补贴策略及各主体收益的影响,并进一步验证制造商转移支付契约对零售商信息谎报行为的及供应链的协调效果。具体模型参数设置如下:$a = 100$,$c = 15$,$\theta = 0.5$,$\Delta_d = 5$,$\Delta_r = 20$,$\lambda = 0.3$,$\eta = 0.4$,$\alpha = 1.5$,$\varphi = 0.7$,$T = (T_1 + T_2)/2$。

由表 3-1 可得,在信息对称和不对称的情形下,双渠道制造商 M1 均可能不给零售商 R 提供服务成本补贴,尤其是当"搭便车"行为程度相对较低时($\beta \leq 0.8$)。随着"搭便车"行为程度的增加,零售商收益也随之减少,即"搭便车"行为对零售商收益产生消极影响,而双渠道制造商的收益先增加后减少,即"搭便车"行为对双渠道制造商并非始终是有益的,当"搭便车"行为程度相对较高时,渠道冲突也变得更加激烈,"搭便车"行为会对制造商收益产生消极影响。进一步地,在信息不对称的情形下,当双渠道制造商 M1

表 3-1　消费者服务"搭便车"形式行为对对供应链运营决策和收益的影响

参数		信息对称					信息不对称											
							无转移支付契约						有转移支付契约					
β	τ	c_s	$\pi_r(10^3)$	π_{m1}	$\pi(10^3)$		τ	c_s	$\pi_r(10^3)$	π_{m1}	π_{m2}	$\pi(10^3)$		c_s	T	$\pi_r(10^3)$	π_{m1}	$\pi(10^3)$
0.2	0	845	1.7150	398.25	2.1132		0	845	1.7150	398.25	0	2.1132		845	0	1.7150	398.25	2.1132
0.4	0	605	1.4750	407.25	1.8823		0	605	1.4750	407.25	0	1.8823		605	0	1.4750	407.25	1.8823
0.6	0	405	1.2750	402.25	1.6772		0	405	1.2750	402.25	0	1.6772		405	0	1.2750	402.25	1.6772
0.8	0	245	1.1150	383.25	1.4983		0	245	1.1150	383.25	0	1.4983		245	0	1.1150	383.25	1.4983
1.0	0.0698	144	1.0044	350.95	1.3553		0.0698	85	1.0180	291.58	6.73	1.3136		144	36.48	1.0409	314.47	1.3553
1.2	0.3651	112	0.9409	318.13	1.2590		0.3651	52	0.9604	258.50	6.31	1.2253		112	39.60	0.9805	278.53	1.2590

提供服务成本补贴（$\beta \geq 1$），且采用转移支付契约时，零售商 R 和制造商 M1 收益均高于无转移支付契约时其所得收益，且此时供应链总收益等于信息对称下供应链所得总收益，供应链实现有效协调。但此时供应链协调对双渠道制造商 M1 来说是有代价的，且其收益低于信息对称下其所得收益。

3.5　本 章 小 结

本章基于双渠道供应链环境，研究了零售商信息谎报行为对双渠道制造商服务成本补贴策略及各主体需求和收益的影响。研究指出，无论是信息对称还是不对称的环境，上游双渠道制造商并非始终会为零售商提供服务成本补贴。消费者服务"搭便车"行为对零售商的收益产生消极影响，但对双渠道制造商收益也并非始终是有益的，当"搭便车"行为程度较高时，随着"搭便车"行为程度的增加，制造商的收益会减少。在信息不对称的情况下，当制造商提供服务成本补贴时，零售商会通过谎报服务信息来获得更多的收益，此时零售商收益高于信息对称下其所得收益，而制造商收益则低于信息对称下其所得收益。当制造商在服务成本补贴策略下进一步增加转移支付合同时，其通过转移支付合同的设计可以有效拟制零售商的信息谎报行为，零售商和制造商收益均高于信息谎报情况下其所得收益，供应链总收益与信息对称下的收益一致，但转移支付合同对双渠道制造商是有代价的，制造商收益低于信息对称下其所得的收益。

第4章

纵向持股行为下双渠道供应链运作策略

随着工业经济的发展，市场竞争也变得愈加激烈，为了提升企业及其供应链的竞争力，不同企业之间结成了形式各异的战略联盟，而股权战略联盟就是供应链中企业普遍采用的一种联盟形式。根据上、下游企业间持股关系的不同，可以将供应链分为三种类型：（1）上游企业持股下游企业的供应链，例如，上游制造企业波司登持有其下游零售商的股份；（2）下游企业持股上游企业供应链，例如，下游电器经销商持有其上游制造商的股份；（3）上、下游企业交叉持股供应链，例如，金枫酒业与永辉超市交叉持股。而随着电子商务与物流技术的快速发展，线上销售也变得越来越普遍，制造商不仅通过零售商销售产品，自己也开辟网络直销渠道来销售，例如 IBM、华为和联想等。而零售商也采用"线上＋线下"双渠道联合模式进行销售，例如国美和苏宁等。此时，企业间纵向持股联盟与各销售渠道间的冲突使其竞合关系也变得尤其复杂，混合渠道供应链运营管理也变得更加困难，更具挑战性。

尽管现有研究已经考虑了供应链中企业纵向持股问题，但是大多数的研究都是基于传统单渠道供应链展开的，只有少数涉足双渠道供应链的研究主要针对制造商拥有双渠道的简单供应链结构，分析单独一种纵向持股模式对供应链运营的影响，并未考虑制造商和零售商同时拥有双渠道的复杂供应链结构，更鲜有探讨三种不同持股模式对混合渠道供应链运营绩效的影响的研究。而实践中，上、下游企业进行不同形式的纵向持股联盟（上游持股下游、下游持股上游、上下游交叉持股），同时又分别开辟线上渠道进行竞争的混合渠道销售模式已经普遍存在，并对企业间竞合关系及运营策略产生十分复杂的影响，成为企业亟待解决的难题。因此，本章基于上述研究背景，基于一个由双渠道制造商与一个双渠道零售商组成的混合渠道供应链系统，分别研究在不同纵向持股模式下（零售商持股制造商、制造商持股零售商、交叉持股）混合渠道供应链各主体的最优运作策略和收益，并进一步对比分析上、下游企业对不同持股模式的选择偏好。

4.1 模型设定

本章基于一个制造商和一个零售商组成的供应链系统，其中，制造商通过自身网络直销渠道以及下游零售商销售产品，而零售商则分别通过自身线上和线下渠道同时销售产品，混合渠道供应链模型结构如图 4-1 所示。

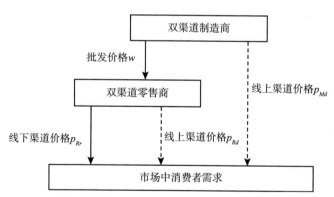

图 4-1　混合渠道供应链分销系统结构

参考库拉塔（Kurata，2007）和赵静（2018）等的研究，可得如下需求函数：

零售商线下渠道的需求：

$$Q_{Rr} = (1 - \varphi)a - p_{Rr} + \theta_1(p_{Md} - p_{Rr}) + \theta_1(p_{Rd} - p_{Rr}) \qquad (4.1)$$

零售商线上渠道的需求：

$$Q_{Rd} = (1 - \lambda)\varphi a - p_{Rd} + \theta_1(p_{Rr} - p_{Rd}) + \theta_2(p_{Md} - p_{Rd}) \qquad (4.2)$$

制造商线上渠道的需求：

$$Q_{Md} = \lambda \varphi a - p_{Md} + \theta_1(p_{Rr} - p_{Md}) + \theta_2(p_{Rd} - p_{Md}) \qquad (4.3)$$

其中，Q_{Rr}、Q_{Rd} 和 Q_{Md} 分别为零售商线下渠道和线上渠道以及制造商线上渠道产品的需求；a 为总市场的潜在需求规模；因线上渠道和线下渠道性质不同，假设线上渠道和线下渠道需求占总市场需求规模的比例分别为 φ 和 $1-\varphi$，则线上渠道和线下渠道的总需求分别为 φa 和 $(1-\varphi)a$。进一步地，线上渠道需求分别由零售商线上和制造商线上两个渠道需求组成，设制造商线上渠道需求占线上渠道总需求规模的比例为 λ，则制造商线上渠道需求规模为 $\lambda \varphi a$，零售商线上渠道需求规模为 $(1-\lambda)\varphi a$。p_{Rr}、p_{Rd} 和 p_{Md} 分别为零售商线下渠道、线上渠道以及制造商线上渠道的产品销售价格；$\theta_i < 1$（$i = 1, 2$）分别为线上渠道与线下/线上渠道间的价格替代效用系数，制造商产品批发价格为 w。为不失一般性，设制造商产品生产成本 $c = 0$。

而随着新零售模式的日趋发展，越来越多的双渠道零售商加强了自身线上渠道与线下渠道的融合发展，并采用线上、线下渠道产品统一定价模式（$p_{Rr} = p_{Rd}$），例如，优衣库和 ZARA 等。此时，由式（4.1）~式（4.3）可得，在新零售模式下，零售商线上、线下渠道产品统一定价时，供应链各主体渠道需求函数分别为：

零售商线下渠道需求：

$$\begin{aligned} Q_{Rr} &= (1 - \varphi)a - p_{Rr} + \theta_1(p_{Md} - p_{Rr}) + \theta_1(p_{Rr} - p_{Rr}) \\ &= (1 - \varphi)a - p_{Rr} + \theta_1(p_{Md} - p_{Rr}) \end{aligned} \qquad (4.4)$$

零售商线上渠道需求：

$$\begin{aligned} Q_{Rd} &= (1 - \lambda)\varphi a - p_{Rr} + \theta_1(p_{Rr} - p_{Rr}) + \theta_2(p_{Md} - p_{Rr}) \\ &= (1 - \lambda)\varphi a - p_{Rr} + \theta_2(p_{Md} - p_{Rr}) \end{aligned} \qquad (4.5)$$

制造商线上渠道需求：

$$\begin{aligned} Q_{Md} &= \lambda \varphi a - p_{Md} + \theta_1(p_{Rr} - p_{Md}) + \theta_2(p_{Rr} - p_{Md}) \\ &= \lambda \varphi a - p_{Md} + (\theta_1 + \theta_2)(p_{Rr} - p_{Md}) \end{aligned} \qquad (4.6)$$

易得，混合渠道供应链中企业在无纵向持股的情形下，零售商和制造商的收益函数分别为：

零售商的收益函数：

$$\pi_R^N = (p_{Rr} - w) Q_{Rr} + (p_{Rd} - w) Q_{Rd} \tag{4.7}$$

制造商的收益函数：

$$\pi_M^N = w(Q_{Rr} + Q_{Rd}) + p_{Md} Q_{Md} \tag{4.8}$$

假设制造商为混合渠道供应链领导者，零售商为跟随者，其博弈顺序如下：首先，制造商确定自身产品批发价 w 和自身线上渠道产品售价 p_{Md}；其次，零售商观察到制造商价格策略后再决定线上渠道与线下渠道产品的统一零售价 p_{Rr}（$p_{Rr} = p_{Rd}$）。采用逆推法分析可得定理 4.1。

定理 4.1： 在无纵向持股的情形下，混合渠道供应链各主体的最优定价决策分别为：

$$\begin{cases} p_{Rr}^N = p_{Rd}^N = \dfrac{a}{12}\Big[2 + \dfrac{3(1 - \lambda\varphi)}{\theta_1 + \theta_2 + 2} + \dfrac{2(1 - 3\lambda\varphi)}{3\theta_1 + 3\theta_2 + 2} \Big] \\[3mm] p_{Md}^N = \dfrac{a(\theta_1 + \theta_2 + 2\lambda\varphi)}{2(3\theta_1 + 3\theta_2 + 2)} \\[3mm] w^N = \dfrac{a}{2(\theta_1 + \theta_2 + 2)}\Big[1 - \lambda\varphi + \dfrac{(\theta_1 + \theta_2)(\theta_1 + \theta_2 + 2\lambda\varphi)}{3\theta_1 + 3\theta_2 + 2} \Big] \end{cases} \tag{4.9}$$

从而可得，零售商和制造商的渠道需求和收益分别为：

$$\begin{cases} Q_{Rr}^N = \dfrac{a}{12}\Big[5 + 9\lambda\varphi - 12\varphi + \dfrac{3(1 - \lambda\varphi)(\theta_2 + 1)}{\theta_1 + \theta_2 + 2} + \dfrac{2(1 - 3\lambda\varphi)(3\theta_2 + 1)}{3\theta_1 + 3\theta_2 + 2} \Big] \\[3mm] Q_{Rd}^N = \dfrac{a}{12}\Big[\dfrac{3(\lambda\varphi - 1)(\theta_2 + 1)}{\theta_1 + \theta_2 + 2} + \dfrac{2(3\theta_2 + 1)(3\lambda\varphi - 1)}{3\theta_1 + 3\theta_2 + 2} - 2(6\lambda\varphi - 6\varphi + 1) \Big] \\[3mm] Q_{Md}^N = \dfrac{a}{4}\Big[1 + \lambda\varphi - \dfrac{2(1 - \lambda\varphi)}{\theta_1 + \theta_2 + 2} \Big], \quad \pi_R^N = \dfrac{a^2(1 - \lambda\varphi)^2}{16(\theta_1 + \theta_2 + 2)} \\[3mm] \pi_M^N = \dfrac{a^2}{24}\Big[2 + \dfrac{2(1 - 3\lambda\varphi)^2}{3\theta_1 + 3\theta_2 + 2} - \dfrac{3(1 - \lambda\varphi)^2}{\theta_1 + \theta_2 + 2} \Big] \end{cases}$$

$$\tag{4.10}$$

对比混合渠道供应链各主体渠道产品定价，可得性质 4.1。

性质 4.1：（ⅰ）当 $\lambda\varphi < \Delta_0$ 时，有 $p_{Rr}^N = p_{Rd}^N > p_{Md}^N$；

（ⅱ）当 $\lambda\varphi = \Delta_0$ 时，有 $p_{Rr}^N = p_{Rd}^N = p_{Md}^N$；

（ⅲ）当 $\lambda\varphi > \Delta_0$ 时，有 $p_{Rr}^N = p_{Rd}^N < p_{Md}^N$。其中，$\Delta_0 = \dfrac{5\theta_1 + 5\theta_2 + 6}{9\theta_1 + 9\theta_2 + 14}$。

由性质 4.1 可得，供应链中各渠道产品定价与制造商线上渠道产品市场占有率 $\lambda\varphi$ 密切相关。当 $\lambda\varphi$ 较小时，制造商线上渠道产品市场占有率较低，零售商双渠道则占有更大的市场份额。此时，制造商为了增加自身线上渠道的竞争优势，扩大自身线上渠道市场份额，其产品定价往往会低于零售商双渠道统一零售价。反之，制造商线上渠道定价则会高于零售商双渠道统一零售价。

实践中，为加强供应链上、下游企业的合作，企业间纵向持股变得越来越普遍。例如，波司登持有其下游零售商的股份，电器经销商持有其上游制造商的股份，而金枫酒业与永辉超市交叉持股等。那么，企业间不同的纵向持股模式会对混合渠道供应链运营策略及绩效会产生什么样的影响？下面，将分别讨论在不同的纵向持股模式下（零售商持股制造商、制造商持股零售商、上下游企业交叉持股），混合渠道供应链各主体运作策略和收益，并对比分析各主体对不同持股模式的选择偏好。

4.2 零售商持股制造商情形

本部分针对混合渠道供应链中的下游零售商持股上游制造商时，研究供应链各主体运营决策和收益情况。根据夏良杰（2021）等的研究，可得零售商持股制造商下各主体收益函数分别为：

零售商的收益函数：

$$\pi_R^{Y1} = \pi_R^N + \gamma \pi_M^N = (p_{Rr} - w) Q_{Rr} + (p_{Rd} - w) Q_{Rd} + \gamma \left[w (Q_{Rr} + Q_{Rd}) + p_{Md} Q_{Md} \right]$$

$$(4.11)$$

制造商的收益函数：

$$\pi_M^{Y1} = (1 - \gamma) \pi_M^N = (1 - \gamma) \left[w (Q_{Rr} + Q_{Rd}) + p_{Md} Q_{Md} \right] \quad (4.12)$$

其中，$\gamma < 50\%$ 为零售商持有制造商的股份比例，且零售商持股制造商的比例不能超过 50%，否则零售商会对制造商实现控制，制造商则不再具有自主决策权。仍采用逆推法分析，可得定理 4.2。

定理 4.2：在零售商持股制造商的情形下，混合渠道供应链各主体的最优决策为：

$$\begin{cases} p_{Rr}^{Y1} = p_{Rd}^{Y1} = \dfrac{a}{12}\left[2 + \dfrac{3(1-\lambda\varphi)}{\theta_1+\theta_2+2} + \dfrac{2(1-3\lambda\varphi)}{3\theta_1+3\theta_2+2} \right] \quad p_{Md}^{Y1} = \dfrac{a(\theta_1+\theta_2+2\lambda\varphi)}{2(3\theta_1+3\theta_2+2)} \\[4mm] w^{Y1} = \dfrac{a}{2(\theta_1+\theta_2+2)}\left[\dfrac{1-\lambda\varphi}{1-\gamma} + \dfrac{(\theta_1+\theta_2)(\theta_1+\theta_2+2\lambda\varphi)}{3\theta_1+3\theta_2+2} \right] \end{cases}$$

$$(4.13)$$

从而可得，零售商和制造商的渠道需求和收益分别为：

$$\begin{cases} Q_{Rr}^{Y1} = \dfrac{a}{12}\left[5 + 9\lambda\varphi - 12\varphi + \dfrac{3(1-\lambda\varphi)(\theta_2+1)}{\theta_1+\theta_2+2} + \dfrac{2(1-3\lambda\varphi)(3\theta_2+1)}{3\theta_1+3\theta_2+2} \right] \\[4mm] Q_{Rd}^{Y1} = \dfrac{a}{12}\left[\dfrac{3(\lambda\varphi-1)(\theta_2+1)}{\theta_1+\theta_2+2} + \dfrac{2(3\theta_2+1)(3\lambda\varphi-1)}{3\theta_1+3\theta_2+2} - 2(6\lambda\varphi-6\varphi+1) \right] \\[4mm] Q_{Md}^{Y1} = \dfrac{a}{4}\left[1 + \lambda\varphi - \dfrac{2(1-\lambda\varphi)}{\theta_1+\theta_2+2} \right] \\[4mm] \pi_R^{Y1} = \dfrac{a^2}{48}\left[4\gamma + \dfrac{4\gamma(1-3\lambda\varphi)^2}{3\theta_1+3\theta_2+2} + \dfrac{3(1-\lambda\varphi)^2(1-4\gamma)}{\theta_1+\theta_2+2} \right] \\[4mm] \pi_M^{Y1} = \dfrac{a^2}{24}\left[2 - 2\gamma + \dfrac{2(1-\gamma)(1-3\lambda\varphi)^2}{3\theta_1+3\theta_2+2} - \dfrac{3(1-2\gamma)(1-\lambda\varphi)^2}{\theta_1+\theta_2+2} \right] \end{cases}$$

$$(4.14)$$

对比此模式下各主体渠道产品定价，可得性质 4.2。

性质 4.2：（ⅰ）当 $\lambda\varphi < \Delta_0$ 时，有 $p_{Rr}^{Y1} = p_{Rd}^{Y1} > p_{Md}^{Y1}$；

（ⅱ）当 $\lambda\varphi = \Delta_0$ 时，有 $p_{Rr}^{Y1} = p_{Rd}^{Y1} = p_{Md}^{Y1}$；

（ⅲ）当 $\lambda\varphi > \Delta_0$ 时，有 $p_{Rr}^{Y1} = p_{Rd}^{Y1} < p_{Md}^{Y1}$。其中，$\Delta_0 = \dfrac{5\theta_1+5\theta_2+6}{9\theta_1+9\theta_2+14}$。

由性质 4.2 可得，在零售商持股制造商的模式下，各主体渠道产品定价的变化规律与无纵向持股模式下一致，这里就不再赘述。

下面，进一步分析零售商持股制造商的比例对供应链运作策略、需求和收益的影响，可得性质 4.3。

性质 4.3：（ⅰ）$\dfrac{\partial p_{Rr}^{Y1}}{\partial \gamma} = \dfrac{\partial p_{Rd}^{Y1}}{\partial \gamma} = \dfrac{\partial p_{Md}^{Y1}}{\partial \gamma} = 0,\ \dfrac{\partial w^{Y1}}{\partial \gamma} > 0$；

（ⅱ）$\dfrac{\partial Q_{Rr}^{Y1}}{\partial \gamma} = \dfrac{\partial Q_{Rd}^{Y1}}{\partial \gamma} = \dfrac{\partial Q_{Md}^{Y1}}{\partial \gamma} = 0$；

（ⅲ）$\dfrac{\partial \pi_R^{Y1}}{\partial \gamma} > 0,\ \dfrac{\partial \pi_M^{Y1}}{\partial \gamma} < 0,\ \dfrac{\partial(\pi_R^{Y1}+\pi_M^{Y1})}{\partial \gamma} = 0$。

由性质 4.3 可得，零售商持股制造商比例对各渠道产品售价、需求以及供应链总收益不产生影响，但影响各主体对总收益的分配。随着零售商持股制造商比例的增加，零售商的收益逐渐提高，而制造商的收益逐渐下降，即零售商持股制造商，对混合渠道供应链总体运营绩效不产生影响，但可以对供应链收益进行二次分割，提高零售商收益水平。

4.3 制造商持股零售商情形

本部分进一步针对混合渠道供应链的上游制造商持股下游零售商时，供应链各主体运营决策和收益情况。根据夏良杰（2021）等的研究，可得零售商持股制造商下各主体收益函数分别为：

零售商的收益函数：

$$\pi_R^{Y2} = (1-\beta)\pi_R^N = (1-\beta)\left[(p_{Rr}-w)Q_{Rr}+(p_{Rr}-w)Q_{Rd}\right] \tag{4.15}$$

制造商的收益函数：

$$\pi_M^{Y2} = \pi_M^N + \beta\pi_R^N = w(Q_{Rr}+Q_{Rd})+p_{Md}Q_{Md}+\beta\left[(p_{Rr}-w)Q_{Rr}+(p_{Rr}-w)Q_{Rd}\right] \tag{4.16}$$

其中，$\beta<50\%$ 为制造商持有零售商的股份比例，即制造商对零售商的持股比例不能超过 50%，否则制造商会对零售商实现控制，零售商则不再具有自主决策权。采用逆推法分析，可得定理 4.3。

定理 4.3：在制造商持股零售商的情形下，混合渠道供应链各主体的最优决策为：

$$\begin{cases} p_{Rr}^{Y2} = p_{Rd}^{Y2} = \dfrac{a\left[2(\theta_1+\theta_2)(3-2\lambda\varphi)+(\theta_1+\theta_2)^2+4(1-\lambda\varphi)\right]}{2(\theta_1+\theta_2+2)(3\theta_1+3\theta_2+2)} \\ \qquad\qquad - \dfrac{a(1-\lambda\varphi)}{2(2-\beta)(\theta_1+\theta_2+2)} \\[2ex] p_{Md}^{Y2} = \dfrac{a(\theta_1+\theta_2+2\lambda\varphi)}{2(3\theta_1+3\theta_2+2)} \\[2ex] w^{Y2} = \dfrac{a\left[2(\theta_1+\theta_2)(3-2\lambda\varphi)+(\theta_1+\theta_2)^2+4(1-\lambda\varphi)\right]}{2(\theta_1+\theta_2+2)(3\theta_1+3\theta_2+2)} - \dfrac{a(1-\lambda\varphi)}{(2-\beta)(\theta_1+\theta_2+2)} \end{cases}$$

$$\tag{4.17}$$

从而可得，零售商和制造商的渠道需求和收益分别为：

$$
\begin{cases}
Q_{Rr}^{Y2} = \dfrac{a\big[4(1+\lambda\varphi)(\theta_2+1)+(\theta_1+\theta_2)(\theta_1+5\theta_2+6\\ -16\varphi)+6\lambda\varphi\theta_1(\theta_1+\theta_2+2)-6\varphi(\theta_1+\theta_2)^2-8\varphi\big]}{2(3\theta_1+3\theta_2+2)(\theta_1+\theta_2+2)}+\dfrac{a(1-\lambda\varphi)(\theta_1+1)}{2(2-\beta)(\theta_1+\theta_2+2)} \\[4mm]
Q_{Rd}^{Y2} = \dfrac{a(1-\lambda\varphi)(\theta_2+1)}{2(2-\beta)(\theta_1+\theta_2+2)}-\dfrac{a\big[4(1+\lambda\varphi)(\theta_2+1)+(\theta_1+\theta_2)(\theta_1+5\theta_2+6-\\ 16\varphi)+6\lambda\varphi\theta_1(\theta_1+\theta_2+2)-6\varphi(\theta_1+\theta_2)^2-8\varphi\big]}{2(3\theta_1+3\theta_2+2)(\theta_1+\theta_2+2)} \\[4mm]
Q_{Md}^{Y2} = \dfrac{a\big[(1-\beta+\lambda\varphi)(\theta_1+\theta_2)+2\lambda\varphi(2-\beta)\big]}{2(2-\beta)(\theta_1+\theta_2+2)},\quad \pi_R^{Y2}=\dfrac{a^2(1-\lambda\varphi)^2(1-\beta)}{4(2-\beta)^2(\theta_1+\theta_2+2)} \\[4mm]
\pi_M^{Y2} = \dfrac{a^2\big[3(\theta_1+\theta_2)(1+\lambda\varphi)^2-4\lambda\varphi(\theta_1+\theta_2)(1+\beta)+2\lambda^2\varphi^2(5-2\beta)+\\ (\theta_1+\theta_2)^2(2-\beta)+2-4\lambda\varphi\big]}{4(2-\beta)(\theta_1+\theta_2+2)(3\theta_1+3\theta_2+2)}
\end{cases}
$$

$$(4.18)$$

对比此模式下各主体渠道产品定价，可得性质 4.4。

性质 4.4：（ⅰ）当 $\lambda\varphi<\Delta_1$ 时，有 $p_{Rr}^{Y2}=p_{Rd}^{Y2}>p_{Md}^{Y2}$；

（ⅱ）当 $\lambda\varphi=\Delta_1$ 时，有 $p_{Rr}^{Y2}=p_{Rd}^{Y2}=p_{Md}^{Y2}$；

（ⅲ）当 $\lambda\varphi>\Delta_1$ 时，有 $p_{Rr}^{Y2}=p_{Rd}^{Y2}<p_{Md}^{Y2}$。其中，$\Delta_1=\dfrac{6-4\beta+(\theta_1+\theta_2)(5-4\beta)}{14-8\beta+3(\theta_1+\theta_2)(3-2\beta)}$。

下面，进一步分析制造商占股零售商的比例对供应链运作策略、需求和收益的影响。可得性质 4.5。

性质 4.5：（ⅰ）$\dfrac{\partial p_{Rr}^{Y2}}{\partial\beta}=\dfrac{\partial p_{Rd}^{Y2}}{\partial\beta}<0,\ \dfrac{\partial p_{Md}^{Y2}}{\partial\beta}=0,\ \dfrac{\partial w^{Y2}}{\partial\beta}<0$；

（ⅱ）$\dfrac{\partial Q_{Rr}^{Y2}}{\partial\beta}>0,\ \dfrac{\partial Q_{Rd}^{Y2}}{\partial\beta}>0,\ \dfrac{\partial Q_{Md}^{Y2}}{\partial\beta}<0,\ \dfrac{\partial(Q_{Rr}^{Y2}+Q_{Rd}^{Y2}+Q_{Md}^{Y2})}{\partial\beta}>0$；

（ⅲ）$\dfrac{\partial\pi_R^{Y2}}{\partial\beta}<0,\ \dfrac{\partial\pi_M^{Y2}}{\partial\beta}>0,\ \dfrac{\partial(\pi_R^{Y2}+\pi_M^{Y2})}{\partial\beta}>0$。

由性质 4.5 可得，随着制造商持股零售商比例的增加，制造商线上渠道产品定价不变，但批发价降低，零售商双渠道产品售价也随着下降，并导致制造商线上渠道的部分需求转移到零售商渠道，零售商双渠道的需求增加，制造商线上渠道的需求就减少。与此同时，因供应链中产品整体定价相对降低（制造商线上渠道定价不变而零售商双渠道产品定价下降）导致下游消费者整体需求增加，供应链中产品整体需求增大。进一步地，制造商持股零售商不仅对制造商收益产生积极影响，使制造商收益增加，同时也改善了供应链整体运营绩效，使供应链总收益增加。

4.4 制造商和零售商交叉持股情形

本部分进一步针对混合渠道供应链的上游制造商与下游零售商交叉持股时，分析供应链各主体运营决策和收益情况。可得零售商持股制造商情况下的各主体收益函数分别为：

$$
\begin{aligned}
\pi_R^{Y3} &= (1-\beta)\pi_R^N + \gamma\pi_M^N \\
&= (1-\beta)\big[\,(p_{Rr}-w)Q_{Rr} + (p_{Rr}-w)Q_{Rd}\,\big] \\
&\quad + \gamma\big[\,w(Q_{Rr}+Q_{Rd}) + p_{Md}Q_{Md}\,\big]
\end{aligned} \tag{4.19}
$$

$$
\begin{aligned}
\pi_M^{Y3} &= (1-\gamma)\pi_M^N + \beta\pi_R^N \\
&= (1-\gamma)\big[\,w(Q_{Rr}+Q_{Rd}) + p_{Md}Q_{Md}\,\big] \\
&\quad + \beta\big[\,(p_{Rr}-w)Q_{Rr} + (p_{Rr}-w)Q_{Rd}\,\big]
\end{aligned} \tag{4.20}
$$

其中，零售商持股制造的比例为 $\gamma < 50\%$，制造商持股零售商的比例为 $\beta < 50\%$。仍然采用逆推法，可得定理4.4。

定理4.4：在交叉持股的情形下，混合渠道供应链各主体的最优决策为：

$$
\left\{
\begin{aligned}
p_{Rr}^{Y3} = p_{Rd}^{Y3} &= \frac{a\big[2(\theta_1+\theta_2)(3-2\lambda\varphi)+(\theta_1+\theta_2)^2+4(1-\lambda\varphi)\big]}{2(\theta_1+\theta_2+2)(3\theta_1+3\theta_2+2)} \\
&\quad - \frac{a(1-\lambda\varphi)}{2(2-\beta)(\theta_1+\theta_2+2)} \\
p_{Md}^{Y3} &= \frac{a(\theta_1+\theta_2+2\lambda\varphi)}{2(3\theta_1+3\theta_2+2)} \\
w^{Y3} &= \frac{a\big[2(\theta_1+\theta_2)(3-2\lambda\varphi)+(\theta_1+\theta_2)^2+4(1-\lambda\varphi)\big]}{2(\theta_1+\theta_2+2)(3\theta_1+3\theta_2+2)} \\
&\quad - \frac{a(1-\lambda\varphi)(\beta-\beta\gamma+2\gamma-1)}{(2-\beta)(\beta+\gamma-1)(\theta_1+\theta_2+2)}
\end{aligned}
\right. \tag{4.21}
$$

从而可得，零售商和制造商的渠道需求和收益分别为：

$$\begin{cases} Q_{Rr}^{Y3} = \dfrac{a\zeta_1}{2(3\theta_1 + 3\theta_2 + 2)(\theta_1 + \theta_2 + 2)} + \dfrac{a(1-\lambda\varphi)(\theta_1 + 1)}{2(2-\beta)(\theta_1 + \theta_2 + 2)} \\[2mm] Q_{Rd}^{Y3} = \dfrac{a(1-\lambda\varphi)(\theta_2 + 1)}{2(2-\beta)(\theta_1 + \theta_2 + 2)} - \dfrac{a\zeta_1}{2(3\theta_1 + 3\theta_2 + 2)(\theta_1 + \theta_2 + 2)} \\[2mm] Q_{Md}^{Y3} = \dfrac{a[(1-\beta+\lambda\varphi)(\theta_1 + \theta_2) + 2\lambda\varphi(2-\beta)]}{2(2-\beta)(\theta_1 + \theta_2 + 2)} \\[2mm] \pi_R^{Y3} = \dfrac{a^2(1-\lambda\varphi)^2(1-\beta)}{4(2-\beta)^2(\theta_1 + \theta_2 + 2)} + \dfrac{a^2\gamma(\theta_1 + \theta_2 + 2\lambda\varphi)^2}{4(\theta_1 + \theta_2 + 2)(3\theta_1 + 3\theta_2 + 2)} \\[2mm] \pi_M^{Y3} = \dfrac{a^2\zeta_2}{4(2-\beta)(\theta_1 + \theta_2 + 2)(3\theta_1 + 3\theta_2 + 2)} - \dfrac{a^2\gamma(\theta_1 + \theta_2 + 2\lambda\varphi)^2}{4(\theta_1 + \theta_2 + 2)(3\theta_1 + 3\theta_2 + 2)} \end{cases}$$

$$(4.22)$$

其中，$\zeta_1 = 4(1+\lambda\varphi)(\theta_2 + 1) + (\theta_1 + \theta_2)(\theta_1 + 5\theta_2 + 6 - 16\varphi) + 6\lambda\varphi\theta_1(\theta_1 + \theta_2 + 2) - 6\varphi(\theta_1 + \theta_2)^2 - 8\varphi$，$\zeta_2 = 3(\theta_1 + \theta_2)(1+\lambda\varphi)^2 - 4\lambda\varphi(\theta_1 + \theta_2)(1+\beta) + 2\lambda^2\varphi^2(5-2\beta) + (\theta_1 + \theta_2)^2(2-\beta) + 2 - 4\lambda\varphi$。

对比此模式下各主体渠道产品的定价，可得性质 4.6。

性质 4.6：（ⅰ）当 $\lambda\varphi < \Delta_1$ 时，有 $p_{Rr}^{Y3} = p_{Rd}^{Y3} > p_{Md}^{Y3}$；

（ⅱ）当 $\lambda\varphi = \Delta_1$ 时，有 $p_{Rr}^{Y3} = p_{Rd}^{Y3} = p_{Md}^{Y3}$；

（ⅲ）当 $\lambda\varphi > \Delta_1$ 时，有 $p_{Rr}^{Y3} = p_{Rd}^{Y3} < p_{Md}^{Y3}$。其中，$\Delta_1 = \dfrac{6 - 4\beta + (\theta_1 + \theta_2)(5 - 4\beta)}{14 - 8\beta + 3(\theta_1 + \theta_2)(3 - 2\beta)}$。

下面，进一步分析企业交叉持股比例对供应链运作策略、需求和收益的影响，可得性质 4.7。

性质 4.7：（ⅰ）$\dfrac{\partial p_{Rr}^{Y3}}{\partial\gamma} = \dfrac{\partial p_{Rd}^{Y3}}{\partial\gamma} = \dfrac{\partial p_{Md}^{Y3}}{\partial\gamma} = 0$，$\dfrac{\partial w^{Y3}}{\partial\gamma} > 0$；$\dfrac{\partial Q_{Rr}^{Y3}}{\partial\gamma} = \dfrac{\partial Q_{Rd}^{Y3}}{\partial\gamma} = \dfrac{\partial Q_{Md}^{Y3}}{\partial\gamma} = 0$；$\dfrac{\partial\pi_R^{Y3}}{\partial\gamma} > 0$，$\dfrac{\partial\pi_M^{Y3}}{\partial\gamma} < 0$，$\dfrac{\partial(\pi_R^{Y3} + \pi_M^{Y3})}{\partial\gamma} = 0$。

（ⅱ）$\dfrac{\partial p_{Rr}^{Y3}}{\partial\beta} = \dfrac{\partial p_{Rd}^{Y3}}{\partial\beta} < 0$，$\dfrac{\partial p_{Md}^{Y3}}{\partial\beta} = 0$，当 $\beta < \dfrac{1-3\gamma}{1-\gamma}$ 时，$\dfrac{\partial w^{Y3}}{\partial\beta} < 0$，否则 $\dfrac{\partial w^{Y3}}{\partial\beta} \geqslant 0$；$\dfrac{\partial Q_{Rr}^{Y3}}{\partial\beta} > 0$，$\dfrac{\partial Q_{Rd}^{Y3}}{\partial\beta} > 0$，$\dfrac{\partial Q_{Md}^{Y3}}{\partial\beta} < 0$，$\dfrac{\partial(Q_{Rr}^{Y3} + Q_{Rd}^{Y3} + Q_{Md}^{Y3})}{\partial\beta} > 0$；$\dfrac{\partial\pi_R^{Y3}}{\partial\beta} < 0$，$\dfrac{\partial\pi_M^{Y3}}{\partial\beta} > 0$，$\dfrac{\partial(\pi_R^{Y3} + \pi_M^{Y3})}{\partial\beta} > 0$。

由性质 4.7 可得，在上、下游企业交叉持股的情形下，持股比例对各主体渠道产品售价、需求与收益的影响规律与性质 4.3（零售商持股制造商）和性质 4.5（制造商持股零售商）一致，这里就不再赘述。

4.5 不同纵向持股情形下企业最优决策与收益对比分析

本部分在对无纵向持股、零售商持股制造商、制造商持股零售商、零售商和制造商交叉持股的四种情形下，对混合渠道供应链各主体运营决策和收益进行对比分析，探讨不同持股模式下各主体运营决策和收益的变化。

定理 4.5：（ⅰ）$p_{Rr}^N = p_{Rr}^{Y1} > p_{Rr}^{Y2} = p_{Rr}^{Y3}$，$p_{Rd}^N = p_{Rd}^{Y1} > p_{Rd}^{Y2} = p_{Rd}^{Y3}$，$p_{Md}^N = p_{Md}^{Y1} = p_{Md}^{Y2} = p_{Md}^{Y3}$；当 $\gamma < \gamma_2$ 时，有 $w^{Y1} > w^N > w^{Y3} > w^{Y2}$；当 $\gamma_2 < \gamma < \gamma_1$ 时，$w^{Y1} > w^{Y3} > w^N > w^{Y2}$；当 $\gamma > \gamma_1$ 时，$w^{Y3} > w^{Y1} > w^N > w^{Y2}$。

（ⅱ）$Q_{Rr}^N = Q_{Rr}^{Y1} < Q_{Rr}^{Y2} = Q_{Rr}^{Y3}$，$Q_{Rd}^N = Q_{Rd}^{Y1} < Q_{Rd}^{Y2} = Q_{Rd}^{Y3}$，$Q_{Md}^N = Q_{Md}^{Y1} > Q_{Md}^{Y2} = Q_{Md}^{Y3}$；

（ⅲ）当 $\gamma < \tau_1$ 时，有 $\pi_R^{Y1} > \pi_R^N > \pi_R^{Y3} > \pi_R^{Y2}$，$\pi_M^{Y2} > \pi_M^{Y3} > \pi_M^N > \pi_M^{Y1}$；当 $\tau_1 < \gamma < \tau_2$ 时，有 $\pi_R^{Y1} > \pi_R^{Y3} > \pi_R^N > \pi_R^{Y2}$，$\pi_M^{Y2} > \pi_M^{Y3} > \pi_M^N > \pi_M^{Y1}$；当 $\gamma > \tau_2$ 时，有 $\pi_R^{Y1} > \pi_R^{Y3} > \pi_R^N > \pi_R^{Y2}$，$\pi_M^{Y2} > \pi_M^N > \pi_M^{Y3} > \pi_M^{Y1}$。$\pi_R^{Y3} + \pi_M^{Y3} = \pi_R^{Y2} + \pi_M^{Y2} > \pi_R^{Y1} + \pi_M^{Y1} = \pi_R^N + \pi_M^N$。

其中，$\gamma_1 = \dfrac{1-\beta}{3-2\beta}$，$\gamma_2 = \dfrac{\beta(1-\beta)}{2-\beta}$，$\tau_1 = \dfrac{\beta^2(1-\lambda\varphi)^2(3\theta_1+3\theta_2+2)}{4(2-\beta)^2(\theta_1+\theta_2+2\lambda\varphi)^2}$，$\tau_2 = \dfrac{(1-\lambda\varphi)^2(3\theta_1+3\theta_2+2)\beta}{2(\theta_1+\theta_2+2\lambda\varphi)^2(2-\beta)}$。

由定理 4.5 可得，在混合渠道供应链中，企业纵向持股对制造商线上渠道产品售价不产生影响，制造商线上渠道产品售价始终与无持股情形下的产品售价相同。而在零售商持股制造商的情形下，零售商双渠道产品售价不变，始终与无持股情形相同。但当制造商持有零售商股份时（制造商持股零售商或交叉持股），零售商双渠道定价始终低于无持股/零售商持股制造商情形，并导致零售商双渠道需求均高于无持股/零售商持股制造商情形。

比较不同持股情形下的各主体收益，可得企业单独持股时其收益最高，始终高于无持股模式下其所得收益，但对方收益最低，始终低于无持股模式的收益。进一步地，易得零售商持股制造商仅增加了零售商自身收益，对供应链总收益不产生影响。而制造商持有零售商股份时（制造商持股零售商或交叉持股），不仅增加了自身收益，也增加了整个供应链的收益，因此供应链总收益高于无持股以及仅零售商持股下的收益。最后，在交叉持股模式下，当零售商持股比例适中时（$\tau_1 < \gamma < \tau_2$），不仅供应链总收益高于无持股模式下的收益，且制造商和零售商的收益也均高于无持股情形下其所得收益，上、下游企业的绩效以及供应链总绩效都实现了提升。

4.6　数值仿真及分析

混合渠道供应链中各渠道存在替代效应并引发渠道间的冲突，因而不同类型渠道间（线上与线下渠道、线上与线上渠道）的价格替代强度会对供应链各主体运作策略和收益产生重要影响。下面，分别探讨当不同类型渠道间的价格替代强度不断变化时，混合渠道供应链各主体运作策略和收益的变化，详见例 4.1。

例 4.1：本部分分析当制造商线上渠道价格低于零售商双渠道定价时，即 $\lambda\varphi < \Delta_i$（$i = 0$，$1$），线上与线下渠道间价格替代系数 θ_1 对混合渠道供应链各主体运作策略和收益的影响。模型参数设置如下：$a = 100$，$\theta_2 = 0.5$，$\varphi = 0.5$，$\lambda = 0.2$，$\gamma = 0.2$，$\beta = 0.2$。

由图 4 - 2 到图 4 - 5 可得，在不同持股的情形下，线上与线下渠道价格替代效应对各主体运营决策和收益的影响一致。当制造商线上渠道价格低于零售商双渠道定价时，即 $\lambda\varphi < \Delta_i$（$i = 0$，$1$），随着线上与线下渠道价格替代效应的增强，更多的消费者会选择到制造商线上渠道来购买，提升了制造商线上渠道竞争优势以及产品定价，而零售商只能通过持续降低其双渠道价格来提升自身竞争力。因更多的消费者会到线上渠道购买，因此线上渠道需求逐渐增加，线下渠道需求减少。进一步地，线上与线下渠道价格替代效应的增强，导致供应链企业渠道间的冲突加剧，零售商以及供应链的总收益不断减少，但对开辟有线上渠道的制造商可能产生积极影响，制造商的收益逐渐增加。这也一定程度上解释了随着电子商务的发展，线上渠道对线下渠道替代性的增加，越来越多的制造商开辟线上渠道来销售这一普遍的经济现象。

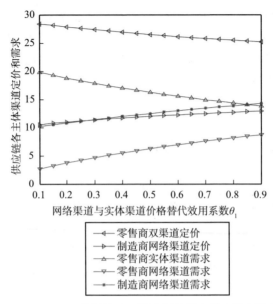

图4-2-a 无持股情形下混合渠道供应链定价和需求

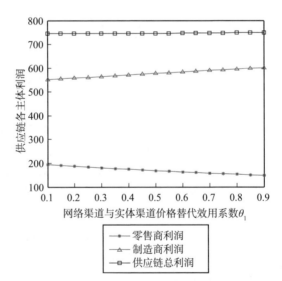

图4-2-b 无持股情形下混合渠道供应链收益

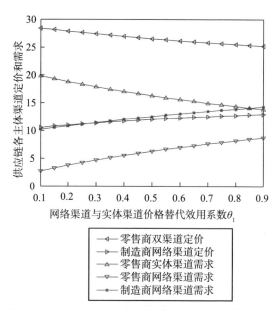

图 4 - 3 - a　零售商持股制造商下供应链定价和需求

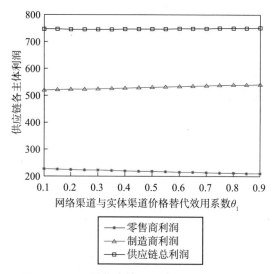

图 4 - 3 - b　零售商持股制造商下供应链收益

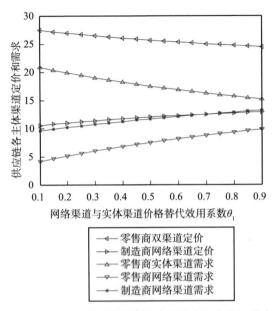

图 4 - 4 - a　制造商持股零售商下供应链定价和需求

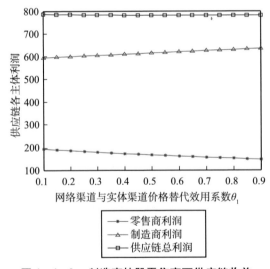

图 4 - 4 - b　制造商持股零售商下供应链收益

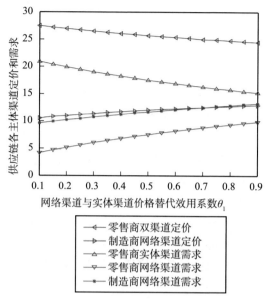

图 4 – 5 – a　制造商和零售商交叉持股下供应链定价和需求

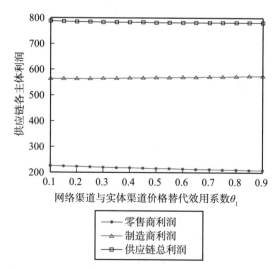

图 4 – 5 – b　制造商和零售商交叉持股下供应链收益

例 4.2： 本部分分析当制造商线上渠道价格高于零售商双渠道定价时，即 $\lambda\varphi > \Delta_i$（$i = 0,1$），线上与线下渠道间价格替代系数 θ_1 对混合渠道供应链各主体运作策略和收益的影响。各模型参数设置如下：$a = 100$，$\theta_2 = 0.5$，$\varphi = 0.8$，$\lambda = 0.7$，$\gamma = 0.2$，$\beta = 0.2$。

由图 4 - 6 到图 4 - 9 可得，在不同持股的情形下，线上与线下渠道价格替代效应对各主体运营决策和收益的影响一致。当制造商线上渠道价格高于零售商双渠道定价时，即 $\lambda\varphi > \Delta_i$（$i = 0,1$），随着线上与线下渠道价格替代效应的增强，更多的消费者会选择到零售商线下渠道来购买，提升了零售商渠道竞争优势以及产品定价，而制造商只能通过持续降低其线上渠道产品定价来提升自身竞争力。因更多的消费者会到线下渠道购买，零售商线下渠道需求增加，因此线上渠道需求逐渐下降。有意思的是，制造商线上渠道需求也在增加，此时因为制造商线上渠道价格下降导致需求增加的增效益弥补替代效应引起需求转移到线下的负效应，最终制造商线上渠道需求也在增加。进一步地，线上与线下渠道价格替代效应的增强导致供应链企业渠道间冲突加剧，双渠道各主体以及供应链总收益均不断减少。

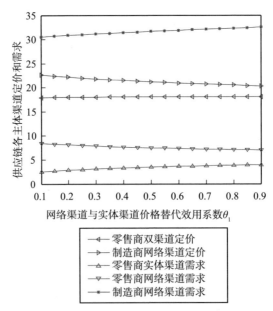

图 4 - 6 - a　无持股情形下混合渠道供应链定价和需求

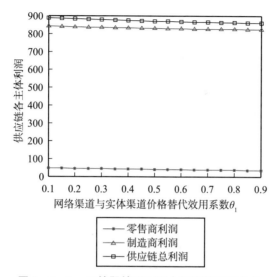

图 4 - 6 - b 无持股情形下混合渠道供应链收益

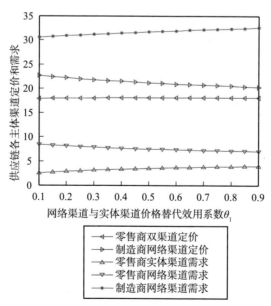

图 4 - 7 - a 零售商持股下制造商供应链定价和需求

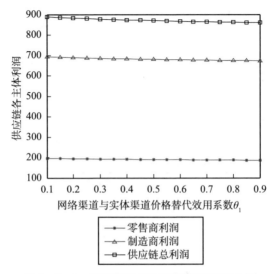

图 4 – 7 – b　零售商持股下制造商供应链收益

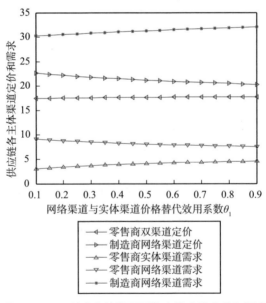

图 4 – 8 – a　制造商持股下零售商供应链定价和需求

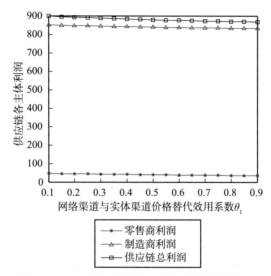

图 4 - 8 - b　制造商持股下零售商供应链收益

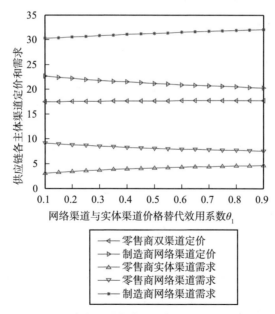

图 4 - 9 - a　制造商和零售商交叉持股下供应链定价和需求

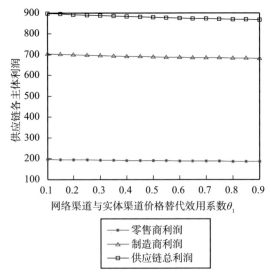

图 4 – 9 – b　制造商和零售商交叉持股下供应链收益

　　同样地，当线上与线上渠道间价格替代系数 θ_2 不断变化时，可以得到与例 4.1 类似的结论，这里就不再赘述。

4.7　本 章 小 结

　　本章基于一个双渠道制造商和一个双渠道零售商组成的混合渠道供应链系统，分别研究了无纵向持股、零售商持股制造商、制造商持股零售商以及上下游企业交叉持股模式下供应链各主体的最优策略和收益，并对比分析了持股比例对各主体运营策略和收益的影响，并指出在交叉持股模式下，当企业持股比例满足一定条件时，不仅供应链总收益高于无持股模式下的收益，且制造商和零售商的收益也均高于无持股情形下其所得收益，上、下游企业的绩效以及供应链总绩效都实现了提升。本章如果进一步研究，可以拓展到信息不对称框架以及上、下游企业可能存在资金约束情况。

第5章

生产规模不经济下双渠道供应链运作策略

进入 21 世纪，随着电商及物流的迅猛发展，人们的生活和消费方式也随之发生了巨大变化，线上购物受到消费者的青睐。与此同时，企业销售模式也发生了巨大的变革，越来越多的制造商开始选择双渠道销售模式来销售产品，即不仅通过实体零售商渠道销售，也通过网络直销渠道销售。然而，尽管制造商双渠道销售模式有效扩大了产品销售的范围，增加了消费者对产品的需求，但双渠道间的渠道冲突却不可避免，尤其是当双渠道间产品定价不一致时，渠道冲突变得更加激烈，越来越多的消费者出现服务"搭便车"行为，即在实体渠道进行产品的服务体验，却转到产品定价相对较低的网络渠道购买产品，从而削弱了实体零售商服务努力动机。因而，现实中大约有三分之二的双渠道制造商开始倾向于针对其产品制定一个统一的（或建议的）零售价格（一致定价策略），以实现双渠道线上线下产品同价，从而减少服务"搭便车"行为对零售商促销努力造成的消极影响。因而，研究一致定价和促销努力下的双渠道供应链运作和协调策略具有十分现实的意义。进一步地，生产规模不经济现象是大多数企业面临的现实问题。例如，宝洁、长虹和海信等企业都出现过因未按最佳生产规模安排生产，导致其平均成本提高的规模不经济情况发生。因此，研究规模不经济下基于一致定价和促销努力的双渠道供应链运作和协调策略具有更加现实的意义。

尽管目前关于规模不经济环境下供应链运作和协调策略问题已有较丰富的

研究，然而大多数的研究还是基于单渠道供应链来展开的，只有少数研究尽管探讨了双渠道供应链运作和协调策略问题，但也主要是基于双渠道间独立定价（价格不一致）情形，没有考虑当制造商制定统一零售价格（一致定价）情形下双渠道供应链运作和协调策略问题，且并未考虑零售商实体店提供售前销售努力的情形，而实体店售前销售努力可以有效增加零售商产品需求，是实体零售商区别于网络直销渠道的一个主要特征，也是其竞争优势的主要来源。因此，本章基于上述研究背景，考虑规模不经济环境下，当制造商提供一致定价策略而零售商提供售前销售服务努力时双渠道供应链的运作和协调策略，并进一步详细分析规模不经济系数和服务负溢出效应对供应链各主体运营决策和收益的影响。

5.1　模 型 设 定

基于一个双渠道制造商和一个零售商组成的供应链系统，其中，制造商具有生产规模不经济特性，并通过其双渠道（自身网络直销渠道以及零售商渠道）销售产品。零售商通过实体渠道销售产品，并依托其实体店提供各种售前服务（促销努力）来增加产品的销售量，而制造商网络渠道则无法提供这种售前服务。制造商为了缓和渠道间冲突，也为了避免消费者服务"搭便车"行为对零售商销售努力产生消极影响，针对其产品制定一个统一的零售价格（一致定价），以实现双渠道线上线下产品同价。

根据阎瑞梁（2010）的研究，可得如下需求函数：

零售商实体渠道需求：

$$d_r = \varphi a - p_r + \theta_1(p_m - p_r) + S \tag{5.1}$$

制造商网络渠道需求：

$$d_m = (1 - \varphi)a - p_m + \theta_2(p_r - p_m) - rS \tag{5.2}$$

其中，a 为市场潜在需求规模，φ 为零售商渠道占有的市场潜在需求规模比例，$1 - \varphi$ 为制造商网络渠道占有的市场潜在需求规模比例，p_r 和 p_m 分别为零售商和制造商各自渠道的产品销售价格，$\theta_i < 1$（$i = 1, 2$）分别为由于对方渠道价格导致的消费者转移程度。S 为零售商实体渠道提供的售前服务水平，零售商售前服务水平引起的服务成本为 $c_s = S^2/2$，随着服务水平的提升，服务成

本呈二次方的形式增加。$0 < r < 1$ 表示传统渠道零售商售前服务对网络渠道产品需求的减少效应（服务的负溢出效应），r 越大，服务的负溢出效应越强，对网络直销渠道的影响越不利。本章考虑双渠道制造商具有生产规模不经济特性，即在一定生产水平下每增加 1 单位产出，需要投入更多的生产成本，可得制造商生产成本为：$c = bd^2/2$，其中，c 为制造商的总生产成本，$b > 0$ 为规模不经济的弹性系数，它描述了生产不经济的程度，d 为制造商生产产品的总数量，制造商产品批发价格为 w。

由式（5.1）和式（5.2）易得，当制造商制定一个统一的零售价格（一致定价），实现双渠道线上线下产品同价时，则有 $p_r = p_m = p$，此时双渠道需求函数分别为：

零售商实体渠道需求：

$$d_r = \varphi a - p + S \tag{5.3}$$

制造商网络渠道需求：

$$d_m = (1 - \varphi) a - p - rS \tag{5.4}$$

可得零售商的收益函数为：

$$\pi_r = (p - w)(\varphi a - p + S) - \frac{S^2}{2} \tag{5.5}$$

双渠道制造商的收益函数为：

$$\pi_m = w(\varphi a - p + S) + p\left[(1 - \varphi) a - p - rS\right] - \frac{b(d_r + d_m)^2}{2} \tag{5.6}$$

为了研究规模不经济环境下双渠道供应链中不同契约的协调特性，首先分析集中决策情形下供应链的最优运作策略，其次分别研究分散决策情形下批发价契约以及收益共享契约对供应链的协调作用。

5.2　集中决策模式

在集中决策模式下，制造商和零售商可以看作一个整体，站在供应链利润最大化的角度做决策。因此，由式（5.5）和式（5.6）易得，集中决策模式下双渠道供应链的总利润函数为：

$$\pi = p(\varphi a - p + S) + p\left[(1 - \varphi) a - p - rS\right] - \frac{S^2}{2} - \frac{b(d_r + d_m)^2}{2} \tag{5.7}$$

在集中决策模式下，供应链决策变量为双渠道统一零售价格 p 和实体渠道售前服务水平 S。由式（5.7）易得，双渠道供应链的总利润函数 π 关于决策变量 (p, S) 的海塞矩阵为：

$$H = \begin{bmatrix} -4-4b & 1-r+2b(1-r) \\ 1-r+2b(1-r) & -1-b(1-r)^2 \end{bmatrix}$$。其中，$|H| = 4(1+b) - (1-r)^2 > 0$。

由此易得，双渠道供应链的总利润函数 π 关于 (p, S) 的海塞矩阵是负定，即 π 是关于 (p, S) 的联合凹函数。从而，可得定理5.1。

定理5.1：在集中决策模式下，双渠道供应链中最优产品统一零售价格和零售渠道服务水平分别为：

$$p^0 = \frac{a(1+2b)}{4(1+b)-(1-r)^2} \qquad S^0 = \frac{a(1-r)}{4(1+b)-(1-r)^2} \qquad (5.8)$$

将式（5.8）分别代入式（5.3）、式（5.4）和式（5.7），易得双渠道供应链最优渠道需求以及供应链的总利润分别为：

$$\begin{cases} d_r^0 = a\left[\varphi - \dfrac{r+2b}{4(1+b)-(1-r)^2} \right] \quad d_m^0 = (1-\varphi)a - \dfrac{a[r(1-r)+(1+2b)]}{4(1+b)-(1-r)^2} \\ \pi^0 = \dfrac{a^2}{2[4(1+b)-(1-r)^2]} \end{cases}$$

$$(5.9)$$

下面，进一步分析集中决策模式下规模不经济系数和服务负溢出效应对供应链最优运作策略、需求和利润的影响，可得性质5.1和性质5.2。

性质5.1：（ⅰ）$\dfrac{\partial p^0}{\partial b} > 0$，$\dfrac{\partial S^0}{\partial b} < 0$；

（ⅱ）$\dfrac{\partial d_r^0}{\partial b} < 0$，$\dfrac{\partial d_m^0}{\partial b} < 0$，$\dfrac{\partial(d_r^0 + d_m^0)}{\partial b} < 0$；

（ⅲ）$\dfrac{\partial \pi^0}{\partial b} < 0$。

由性质5.1易得，在集中决策模式下，双渠道供应链最优产品统一零售价格与规模不经济系数成正比，而其实体渠道提供的售前服务水平与规模不经济系数成反比，即随着规模不经济系数的增大，制造商生产成本增加，其会通过提高渠道产品统一零售价并降低实体渠道售前服务水平的方法来弥补其生产成本增加造成的收益损失，制造商规模不经济带来的损失通过其产品价格的增加以及服务水平的下降转嫁给下游消费者，由消费者买单。进一步地，随着规模不经济系数的增大，双渠道供应链中不仅产品定价不断提高，而且实体渠道售前服务水平也不断下降，消费者从各渠道购买产品所得效用均不断减小，购买产品的动机减弱，从而导致双渠道需求均不断减少。尽管双渠道产品销售价格增加，单位产品销售净收益增加，然而产品销售价格增加导致利润增加的正效应被需求减少导致利润减少的负效应抵消，最终双渠道供应链的总收益不断减少。

性质 5.2：（ⅰ）$\dfrac{\partial p^0}{\partial r} < 0$，$\dfrac{\partial S^0}{\partial r} < 0$；

（ⅱ）$\dfrac{\partial d_r^0}{\partial r} < 0$；当 $r < r_1$，那么 $\dfrac{\partial d_m^0}{\partial r} < 0$，否则，$\dfrac{\partial d_m^0}{\partial r} > 0$；$\dfrac{\partial (d_r^0 + d_m^0)}{\partial r} < 0$；

（ⅲ）$\dfrac{\partial \pi^0}{\partial r} < 0$。其中，$r_1 = -2(1+b) + \sqrt{4(1+b)^2 + 1}$。

由性质 5.2 易得，在集中决策模式下，双渠道供应链最优产品统一零售价格和售前服务水平均与服务负溢出效应成反比，即随着服务负溢出效应的增大，供应链中实体渠道的售前服务水平对网络渠道需求减少的负效应不断增强，此时集中决策的供应链在其实体渠道提供售前服务的动机减弱，服务水平也不断下降。为了弥补服务水平下降导致的下游消费者需求减少造成的损失，供应链最优产品统一零售价格下降。进一步地，由性质 5.2（ⅱ）可得，服务负溢出效应对集中决策供应链的实体渠道需求始终产生消极影响，随着服务负溢出效应的增大，实体渠道需求不断减少。而集中决策供应链的网络渠道需求并非始终减少，当服务负溢出效应超过某一个阈值时（$r \geqslant r_1$），随着服务负溢出效应的增大，实体渠道服务水平不断下降，其对网络渠道需求减少的负效应减弱，而网络渠道价格下降带来的需求增加的正效应越来越明显，从而导致网络渠道需求逐渐增加。然而，服务负溢出效应对整个供应链始终产生消极的影响，随着服务负溢出效应的增大，双渠道供应链的总需求和总利润均不断减少。

5.3 分散决策批发价契约模式

供应链中的制造商和零售商是两个独立的企业实体，它们在决策过程中往往只是在自身收益最大化的角度来决策而非整个供应链收益最大化的角度来决策。本部分进一步考虑分散决策模式下制造商采用批发价契约时，供应链各主体的最优运作策略和收益。设制造商在供应链中处于核心地位，是 stackelberg 领导者，而零售商是跟随者，在批发价契约模式下，双渠道供应链博弈顺序如下：首先，制造商决策产品批发价 w 和产品统一零售价 p；其次，零售商观察到制造商决策后再制定其实体渠道售前服务水平 S。计算过程采用逆推法，首先考虑当制造商决策给定时，零售商的最优决策。

由式（5.5）易得，对任意给定的产品批发价和统一零售价，零售商收益函数是关于售前服务水平 S 的凹函数，从而可得：

$$S = p - w \tag{5.10}$$

将式（5.10）代入式（5.6），易得双渠道制造商利润函数 π_m 关于（p, w）的海塞矩阵为：

$$H = \begin{bmatrix} -(r+1)(b+br+2) & r-b+br^2 \\ r-b+br^2 & -b(1-r)^2-2 \end{bmatrix}。其中，|H| = 4b+4r+4br+$$

$4-r^2 > 0$。

由此易得，双渠道制造商利润函数 π_m 关于（p, w）的海塞矩阵是负定，即 π_m 是关于（p, w）的联合凹函数。从而，可得定理5.2。

定理5.2：在分散决策批发价契约模式下，双渠道供应链各主体的最优决策分别为：

$$\begin{cases} p^1 = \dfrac{a(2+3b+br+r\varphi+2br\varphi-2\varphi-2b\varphi)}{4b+4r+4br+4-r^2} \\[3mm] w^1 = \dfrac{a(b+r+br+2\varphi+r\varphi+2b\varphi+2br\varphi)}{4b+4r+4br+4-r^2} \\[3mm] S^1 = \dfrac{a(2+2b-r-4\varphi-4b\varphi)}{4b+4r+4br+4-r^2} \end{cases} \tag{5.11}$$

从而，易得零售商和制造商的需求和利润分别为：

$$\begin{cases} d_r^1 = \dfrac{a\left[(2b+3r+2br+2-r^2)\varphi - b - r - br\right]}{4b+4r+4br+4-r^2} \\[3mm] d_m^1 = \dfrac{a\left[(r^2-r-2b-2-2br)\varphi+2+2r+b+br\right]}{4b+4r+4br+4-r^2} \\[3mm] \pi_r^1 = \dfrac{a^2(2+2b-4\varphi-4b\varphi-r)\left[2\varphi(4+3r+4b-r^2+2br)-r-4b-2br-2\right]}{2(4b+4r+4br+4-r^2)^2} \\[3mm] \pi_m^1 = \dfrac{a^2(2+b+2r\varphi+4\varphi^2+4b\varphi^2-4\varphi-4b\varphi)}{2(4b+4r+4br+4-r^2)} \end{cases}$$

$$\tag{5.12}$$

下面，进一步分析分散决策批发价契约模式下规模不经济系数对供应链各主体最优运作策略、需求和利润的影响，从而可得性质 5.3。

性质 5.3：（ⅰ）$\dfrac{\partial p^1}{\partial b} > 0$，$\dfrac{\partial w^1}{\partial b} > 0$，$\dfrac{\partial S^1}{\partial b} > 0$；

（ⅱ）$\dfrac{\partial d_r^1}{\partial b} < 0$，$\dfrac{\partial d_m^1}{\partial b} < 0$，$\dfrac{\partial (d_r^1 + d_m^1)}{\partial b} < 0$；

（ⅲ）当 $\varphi < \varphi^{\#}$，那么 $\dfrac{\partial \pi_r^1}{\partial b} < 0$；当 $\varphi^{\#} < \varphi < \dfrac{1}{2}$ 时，如果 $b > b^{\#}$，那么 $\dfrac{\partial \pi_r^1}{\partial b} < 0$，否则 $\dfrac{\partial \pi_r^1}{\partial b} > 0$；当 $\varphi > \dfrac{1}{2}$ 时，那么 $\dfrac{\partial \pi_r^1}{\partial b} > 0$；$\dfrac{\partial \pi_m^1}{\partial b} < 0$。其中，$b^{\#} = \dfrac{-f(\varphi)}{4(1 + 2r)(1 - 2\varphi)}$，$\varphi^{\#} = \dfrac{4 + 4r + r^3 - 3r^2}{2(4 + 8r + r^2 - r^3)}$。

由性质 5.3 易得，在分散决策批发价契约模式下，双渠道制造商最优产品批发价、统一零售价以及零售商售前服务水平均与规模不经济系数成正比，即随着规模不经济系数的增大，制造商生产成本增加，制造商会通过提高产品批发价和统一零售价的方式来弥补其生产成本增加造成的利润损失。而零售商则为了弥补销售价格增大（统一零售商价提高）对其渠道需求造成的利润损失，其提供的售前服务水平逐渐提升。进一步地，随着规模不经济系数的增大，制造商网络渠道产品销售价格不断提高 [性质 5.3（ⅰ）]，消费者在网络渠道购买产品所得效用不断减少，渠道需求也不断减少。尽管随着规模不经济系数的增大，零售商实体渠道售前服务水平不断提高 [性质 5.3（ⅰ）]，但服务水平提高带来的需求增加的正效应被其产品价格增大带来的需求减少的负效应抵消，零售商实体渠道的需求也不断减少。

最后，对制造商来说，随着规模不经济系数的增大，尽管其批发价和统一零售价格增加，单位产品销售净收益增加，然而其产品销售价格增加导致的利润增大的正效应被其需求减少导致利润减少的负效应抵消，最终双渠道制造商的总收益不断减少。而对零售商来说，其收益的增减与其市场潜在需求规模的比例以及制造商规模不经济系数大小有关。当零售商市场潜在需求规模的比例较小时（$\varphi < \varphi^{\#}$），零售商的收益会随着规模不经济系数的增大而不断减小；当零售商市场潜在需求规模的比例较大时（$\varphi > 1/2$），零售商的收益随着规模不经济系数的增大而不断增加；当零售商市场潜在需求规模的比例适中时（$\varphi^{\#} < \varphi < 1/2$），随着规模不经济系数的增大，零售商的收益先增加后减少。

为分析分散决策模式下批发价契约的协调特性，引入批发价契约协调度的概念，称 $\gamma_1 = \dfrac{\pi^1}{\pi_0}$ 为批发价契约对双渠道供应链的协调度。从而，可得定理 5.3。

定理 5.3：在分散决策批发价契约模式下，$\gamma_1 < 1$。

由定理 5.3 可得，在分散决策批发价契约模式下，传统批发价契约会导致双边际效应，从而导致分散决策模式下双渠道供应链的总收益低于集中决策模式下供应链的总收益，即在规模不经济的双渠道供应链中，简单运用批发价契约无法实现供应链的协调（协调度 $\gamma_1 < 1$）。为了实现供应链协调，下面，进一步在批发价契约模式下引入收益共享合同，考虑制造商将网络渠道部分收益分享给零售商，并通过对收益共享系数的有效设计来促进供应链协调。

5.4　分散决策网络渠道收益共享契约模式

本部分进一步考虑为实现供应链协调，双渠道制造商在其网络渠道为零售商提供收益共享契约，将自身部分网络渠道收益分享给零售商。假设网络渠道收益共享比例为 λ，即制造商将 λ 的网络渠道收益分享给零售商，自己保留 $1 - \lambda$ 的网络渠道收益，从而网络渠道收益共享契约可以表示为 (w, λ)。

零售商的收益函数为：

$$\pi_r = (p - w)(\varphi a - p + S) + \lambda p [(1 - \varphi) a - p - rS] - \frac{S^2}{2} \tag{5.13}$$

双渠道制造商的收益函数为：

$$\pi_m = w(\varphi a - p + S) + (1 - \lambda) p [(1 - \varphi) a - p - rS] - \frac{b(d_r + d_m)^2}{2} \tag{5.14}$$

与批发价契约模式下的情形一致，假设制造商在供应链中处于核心地位，是 stackelberg 领导者，而零售商是跟随者。在网络渠道收益共享契约的模式下，双渠道供应链博弈顺序如下：首先，制造商决策契约 (w, λ)，并根据契约进一步决策渠道产品最优统一零售价 p；其次，零售商观察到制造商决策后再制定其实体渠道售前服务水平 S。计算过程采用逆推法，考虑当制造商决策给定时，零售商的最优决策。

由式（5.13）易得，对任意给定的收益共享比例，产品批发价格和统一零售价，零售商收益函数是关于其售前服务水平 S 的凹函数，因此可得：

$$S = p - w - \lambda pr \tag{5.15}$$

将式（5.15）代入式（5.14）易得，对任意给定的契约参数 (w, λ)，制造商收益函数是关于统一零售价格 p 的凹函数，因此可得：

$$p^A = \frac{(1-\lambda)\left[a(1-\varphi) + rw\right] + w(1-\lambda r - 1) + b\left[2 - (1-\lambda r)(1-r)\right](a - w + rw)}{b\left[2 - (1-\lambda r)(1-r)\right]^2 + 2r(1-\lambda r)(1-\lambda) + 2(1-\lambda)} \tag{5.16}$$

将式（5.16）代入式（5.15）易得，零售商实体渠道售前服务水平转化为：

$$S^A = \frac{(1-\lambda r)\left\{(1-\lambda)\left[a(1-\varphi) + rw\right] + w(1-\lambda r - 1)\right.}{\left.+ b\left[2 - (1-\lambda r)(1-r)\right](a - w + rw)\right\}}{b\left[2 - (1-\lambda r)(1-r)\right]^2 + 2r(1-\lambda r)(1-\lambda) + 2(1-\lambda)} - w \tag{5.17}$$

制造商为了使供应链整体收益最大化，就必须使分散决策下的均衡结果与集中决策下的均衡结果相等，即：

$$\begin{cases} p^A = p^0 \\ S^A = S^0 \end{cases} \tag{5.18}$$

根据式（5.18），可以求得使双渠道供应链实现整体收益最大化时的收益共享契约参数 (w, λ) 应满足的条件，具体表达式见定理5.4。

定理 5.4　当制造商契约参数 (w, λ) 满足式（5.19）时，始终有：

（1）在分散决策网络渠道收益共享契约模式下，双渠道供应链最优产品统一零售价和售前服务水平等于集中决策下产品统一零售价和售前服务水平；（2）在分散决策网络渠道收益共享契约模式下，实体渠道和网络渠道需求等于集中决策下实体渠道和网络的需求；（3）在分散决策网络渠道收益共享契约模式下，双渠道供应链的总收益等于集中决策下供应链的总收益。

$$\begin{cases} w^A = \dfrac{2abr(2b+1)(r+1)}{\varphi\left[4(1+b) - (1-r)^2\right]^2 + \left[4(1+b) - (1-r)^2\right](2br-1)} \\ \qquad + \dfrac{2ab(1-r)}{4(1+b) - (1-r)^2} \\ \lambda^A = \dfrac{1 - r - \varphi + 4\varphi(1+b) + (2-r)(\varphi r - 1) - 2b}{1 - r - \varphi + 4\varphi(1+b) + (2-r)(\varphi r - 1) + 2br} \end{cases} \tag{5.19}$$

从而可得，双渠道供应链最优渠道产品统一零售价、实体渠道售前服务水平和双渠道需求分别为：

$$
\begin{cases}
p^A = p^0 = \dfrac{a(1+2b)}{4(1+b)-(1-r)^2} \quad S^A = S^0 = \dfrac{a(1-r)}{4(1+b)-(1-r)^2} \\[3mm]
d_r^A = d_r^0 = a\left[\varphi - \dfrac{r+2b}{4(1+b)-(1-r)^2}\right] \quad d_m^A = d_m^0 = (1-\varphi)a - \dfrac{a[r(1-r)+(1+2b)]}{4(1+b)-(1-r)^2}
\end{cases}
$$

$$(5.20)$$

进一步地，将式（5.19）和式（5.20）分别代入式（5.13）和式（5.14），易得收益共享契约模式下零售商和制造商的利润以及供应链的总利润分别为：

$$
\begin{cases}
\pi_r^A = \dfrac{a^2\{4b\varphi^2(r-1)[4(1+b)-(1-r)^2]^2 - \xi_1\varphi[4(1+b)-(1-r)^2]+\zeta_1\}}{2u_7[4(1+b)-(1-r)^2]^2} \\[4mm]
\pi_m^A = \dfrac{2ba^2\{\varphi^2(1-r)[4(1+b)-(1-r)^2]^2 + \varphi\xi_2[4(1+b)-(1-r)^2]-\zeta_2\}}{u_7[4(1+b)-(1-r)^2]^2} \\[4mm]
\pi^A = \dfrac{a^2}{2[4(1+b)-(1-r)^2]}
\end{cases}
$$

$$(5.21)$$

其中，$\xi_1 = (1+8b)(1-r)^2 + 8b(2br+2r-2b-3)-4$，$\xi_2 = 2(1-r)^2 - 4(b-br-r)-5$，$\zeta_1 = 2br^3 + u_1 r^2 + u_2 r + u_3$，$\zeta_2 = r^3 + u_4 r^2 + u_5 r + u_6$，$u_1 = 1+8b+16b^2$，$u_2 = 16b^3 - 10b - 2$，$u_3 = -16b^3 - 32b^2 - 16b - 3$，$u_4 = 1+4b$，$u_5 = 4b^2 - 2b - 4$，$u_6 = -4b^2 - 8b - 3$，$u_7 = 1-r-\varphi + 4\varphi(1+b)+(2-r)(r\varphi-1)+2br$。

下面，进一步分析分散决策网络渠道收益共享契约模式下规模不经济系数和服务负溢出效应对供应链各主体最优运作策略、需求和利润的影响，从而可得性质 5.4。

性质 5.4：（ⅰ）$\dfrac{\partial p^A}{\partial b} > 0$；$\dfrac{\partial S^A}{\partial b} < 0$；$\dfrac{\partial d_r^A}{\partial b} < 0$；$\dfrac{\partial d_m^A}{\partial b} < 0$；$\dfrac{\partial(d_r^A+d_m^A)}{\partial b} < 0$；$\dfrac{\partial \pi^A}{\partial b} < 0$。

（ⅱ）$\dfrac{\partial p^A}{\partial r} < 0$；$\dfrac{\partial S^A}{\partial r} < 0$；$\dfrac{\partial d_r^A}{\partial r} < 0$；当 $r < r_1$ 时，$\dfrac{\partial d_m^A}{\partial r} < 0$，否则，$\dfrac{\partial d_m^A}{\partial r} > 0$；$\dfrac{\partial(d_r^A+d_m^A)}{\partial r} < 0$；$\dfrac{\partial \pi^A}{\partial r} < 0$。

由性质 5.4 易得，在分散决策网络渠道收益共享契约模式下，规模不经济系数和服务水平负溢出效应对供应链各主体最优决策、需求以及供应链总利润的影响与集中决策模式下的一致，即制造商通过网络渠道收益共享契约有效协调了供应链，使分散决策模式下供应链各主体运作策略与集中决策模式下供应链运作策略保持一致。这里就不再进一步详细解释。

在分散决策网络渠道收益共享契约模式下，设收益共享契约对双渠道供应链的协调度为 $\gamma_A = \dfrac{\pi^A}{\pi^0}$，从而可得定理 5.5。

定理 5.5：在分散决策网络渠道收益共享契约模式下，$\gamma_A = 1$。

定理 5.5 说明，在规模不经济的环境下，网络渠道收益共享契约可以有效实现供应链协调，即制造商通过对收益共享契约参数的有效设计，使分散决策模式下供应链各主体的运作策略与集中决策模式下的一致，供应链的总收益达到最大。尽管如此，此时通过收益共享契约的设计仅是保证了分散决策下的供应链总收益等于集中决策下的供应链总收益，并未保证在此情形下，制造商和零售商的利润均高于分散决策批发价契约模式下其所得的利润。因此，要保证制造商和零售商都有动机采用此收益共享契约，还需要满足各主体决策理性约束条件，见性质 5.5。

性质 5.5：当 Γ 满足 $\Gamma \geqslant \max\{\Gamma_1, \Gamma_2\}$ 时，供应链两主体均接受此网络渠道收益共享契约，否则，就会有一方拒绝接受此契约。其中，$\Gamma = 4b + 4r + 4br +$ $4 - r^2$，$\Gamma_1 = \dfrac{u_7 u_8 \tau^2}{4b\{\varphi^2 \tau^2(1-r) + \varphi\tau\xi_2 - \zeta_2\}}$，$\Gamma_2 = \tau\sqrt{\dfrac{u_7 u_9(2 + 2b - 4\varphi - 4b\varphi - r)}{4b\varphi^2(r-1)\tau^2 - \xi_1\varphi\tau + \zeta_1}}$，$u_8 = 2 + b + 2r\varphi + 4\varphi^2 + 4b\varphi^2 - 4\varphi - 4b\varphi$，$u_9 = 2\varphi(4 + 3r + 4b - r^2 + 2br) - r - 4b - 2br - 2$，$\tau = 4(1+b) - (1-r)^2$。

由性质 5.5 可得，当 Γ 满足 $\Gamma \geqslant \max\{\Gamma_1, \Gamma_2\}$ 时，网络渠道收益共享契约的设计不仅使分散决策模式下供应链的总收益等于集中决策模式下的供应链总收益，且供应链两主体收益均高于批发价契约模式下其所得的收益，且供应链两主体都从此契约的应用中受益。否则，当不满足此理性约束条件时，供应链中就会有一方利润低于批发价契约下其所得的利润，从而拒绝采用此收益共享契约。因此，当 Γ 不满足 $\Gamma \geqslant \max\{\Gamma_1, \Gamma_2\}$ 时，我们对此收益共享契约进行进一步的改进，引入一个固定补偿收益值 T，从而进入下面情形：带有固定补偿的网络渠道收益共享契约模式。

带有固定补偿的网络渠道收益共享契约，是在原来收益共享契约的基础上引入一个固定补偿值 T，通过固定补偿值 T 的设计来保障收益共享契约模式下各主体收益均高于批发价契约模式下其所得的收益。带有固定补偿的收益共享契约 (w, λ, T) 按如下方式确定：首先，按上述情形中收益共享契约的设定

方法来确定 (w, λ)；其次，在制造商和零售商之间通过协商确定补偿，这里首先给出协商补偿的范围。

根据上述带有固定补偿的收益共享契约 (w, λ, T) 的规定规则，这里的产品批发价、统一零售价、收益共享比例和渠道需求均与无固定补偿时的收益共享契约情形相同，唯一不同的是，制造商与零售商存在一个支付转移，这个支付转移就是固定补偿值 T。即在此情形下，零售商和双渠道制造商的收益函数分别为：

$$\begin{cases} \pi_r^B = \pi_r^A - T \\ \pi_m^B = \pi_m^A + T \end{cases} \tag{5.22}$$

由式（5.22）可得，当网络渠道收益共享契约下零售商的收益高于批发价契约下其所得的收益，而制造商收益低于批发价契约下其所得的收益时，式（5.24）、式（5.25）中 T 取正数，否则 T 取负数。为了不失一般性，本部分设 T 取正数，从而可得定理5.6。

定理5.6：当 T 满足 $T_1 \leqslant T \leqslant T_2$ 时，零售商和制造商的收益均高于批发价契约下其所得的收益，且双渠道的总收益等于集中决策模式下供应链的收益，双渠道供应链实现协调。其中，

$$T_1 = \frac{a^2 u_7 u_8 [4(1+b) - (1-r)^2]^2 - 4ba^2 \Gamma \{\varphi^2 (1-r) [4(1+b) - (1-r)^2]^2 + \varphi \xi_2 [4(1+b) - (1-r)^2] - \zeta_2\}}{2u_7 \Gamma [4(1+b) - (1-r)^2]^2},$$

$$T_2 = \frac{a^2 [4b\varphi^2 \tau^2 (r-1) - \xi_1 \varphi \tau + \zeta_1](4b+4r+4br+4-r^2)^2 - a^2 \tau^2 u_7 u_9 (2+2b-4\varphi-4b\varphi-r)}{2u_7 \tau^2 (4b+4r+4br+4-r^2)^2}.$$

定理5.6给出的区间 $[T_1, T_2]$ 为固定补偿的理性区间，即当固定补偿量在此区间时，相对于批发价契约，制造商和零售商始终获得更多的收益，此时他们都愿意接受这个带有固定补偿的收益共享契约。

进一步地，现实中的上、下游企业的议价能力往往是不同的，而企业议价能力的强弱决定了上述固定补偿值 T 的大小。为了保障收益分配的公平与合理，下面采用纳什讨价还价协商公理化的方法来确定具体的固定补偿值 T。令

$$\begin{cases} \Delta \pi^B = \pi^B - \pi^1 = \pi^A - \pi^1 \\ \Delta \pi_r^B = \pi_r^B - \pi_r^1 = \pi_r^A - T - \pi_r^1 \\ \Delta \pi_m^B = \pi_m^B - \pi_m^1 = \pi_m^A + T - \pi_m^1 \end{cases} \tag{5.23}$$

零售商和制造商对固定补偿量讨价还价的过程均是为了尽量使自身的 $\Delta\pi_r^B$ 和 $\Delta\pi_m^B$ 尽可能大。根据王先甲（2017）等的研究，可得纳什协商协议（协商解）是纳什乘积在协商可行域上的最大值，即纳什协商协议由如下优化问题的最优解给出：

$$\begin{cases} \max\limits_{(\pi_r^B,\pi_m^B)\in\Omega} Z = (\Delta\pi_m^B)^u (\Delta\pi_r^B)^v \\ \text{s. t. } \Delta\pi_m^B + \Delta\pi_r^B = \Delta\pi \end{cases} \tag{5.24}$$

其中，制造商的议价能力为 u，零售商的议价能力为 v。求解这个优化问题可得：

$$\begin{cases} \Delta\pi_r^B = \dfrac{v}{u+v}\Delta\pi \\[2mm] \Delta\pi_m^B = \dfrac{u}{u+v}\Delta\pi \end{cases} \tag{5.25}$$

将式（5.23）代入式（5.25），可得：

$$\begin{cases} \Delta\pi_r^B = \pi_r^B - \pi_r^1 = \pi_r^A - T - \pi_r^1 = -T + T_2 = \dfrac{v}{u+v}\Delta\pi \\[2mm] \Delta\pi_m^B = \pi_m^B - \pi_m^1 = \pi_m^A + T - \pi_m^1 = T - T_1 = \dfrac{u}{u+v}\Delta\pi \end{cases} \tag{5.26}$$

由式（5.26）可得定理 5.7。

定理 5.7：在带有固定补偿的收益共享契约模式下，供应链中的固定补偿值 T 以及各主体收益分别为：

$$\begin{cases} T^B = \dfrac{u}{u+v}T_2 + \dfrac{v}{u+v}T_1 \\[2mm] \pi_r^B = \pi_r^1 + \dfrac{v}{u+v}\Delta\pi \\[2mm] \pi_m^B = \pi_m^1 + \dfrac{u}{u+v}\Delta\pi \end{cases} \tag{5.27}$$

由定理 5.7 可得，带有固定补偿的收益共享契约模式下，制造商与零售商的收益受议价能力的影响，各主体的议价能力越强，它们分配的剩余利润比例越高。此时，通过调整 u 和 v 的值，可以使协商补偿量在理性区间变化，进而有效协调供应链。

5.5 数值仿真及分析

例 5.1：在分散决策批发价契约的模式下，由于服务负溢出效应系数与供应链各主体的最优运作策略、需求和收益的函数关系十分复杂，难以直接得出服务负溢出效应对各主体运作决策和收益的影响。因而，下面将进一步通过数值例子来分析和展现其中的关系。具体模型参数设置如下：$a=150$，$\varphi=0.4$，$b=1$。可得图 5-1 和图 5-2。

由图 5-1 可知，在分散决策批发价契约模式下，随着服务负溢出效应的增大，零售商实体渠道的售前服务水平对网络渠道需求减少的负效应不断增强，为弥补因服务负溢出效应的增大导致制造商网络渠道需求和收益减少的损失，制造商降低其产品统一零售价格来刺激其消费者需求的增加，并通过提高产品批发价来增加其批发渠道收益。而对零售商来说，随着服务负溢出效应的

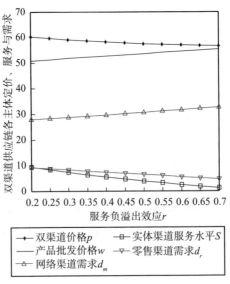

图 5-1 双渠道定价、服务和需求与服务负溢出效应的关系

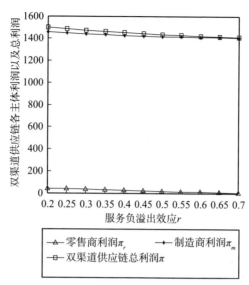

图 5 - 2　双渠道各主体利润与服务负溢出效应的关系

增大，其产品批发价不断提高，而零售价格却不断下降，单位产品净收益也不断减少，因此其只能通过进一步降低售前服务水平来节约成本，以缓解单位产品净收益减少导致的利润损失，因此，零售商的售前服务水平不断下降。进一步地，随着渠道产品统一零售价格的下降，制造商网络渠道消费者的需求不断增加。而零售商渠道产品价格下降引起的需求增加的正效应被其售前服务水平下降引起的需求减少的负效应抵消，最终零售商实体渠道需求不断下降。最后，与集中决策供应链一致，服务负溢出效应的增大对供应链始终产生消极的影响，供应链各主体的收益以及总收益均不断减少。

　　例 5. 2：下面，进一步通过数值例子对本章的结论和协调策略的有效性进行验证，并给出不同运作模式下规模不经济系数和服务负溢出效应对供应链各主体利润以及总利润的影响。具体模型参数设置如下：$a = 150$，$\varphi = 0.4$，$r = 0.5$，$b = 1$。可得表 5 - 1。

　　由表 5 - 1 可得，在集中决策模式以及分散决策批发价契约模式下，规模不经济系数和服务负溢出效应对供应链各主体的利润以及总利润的影响与文中性质 5. 1、性质 5. 2、性质 5. 3 以及数值例子 5. 1 中的结论是一致的，这里就不再详细解释。而在分散决策网络渠道收益共享契约模式下，随着规模不经济系数的增大，制造商生产成本不断增加，制造商会通过提高产品批发价（见表 5 - 1）和

表 5 - 1　　　　　不同运作模式下双渠道供应链运作策略和收益

参数		集中决策模式 π ($\times 10^3$)	分散决策批发价契约模式			分散决策网络渠道收益共享契约模式				
			π_r	π_m ($\times 10^3$)	π ($\times 10^3$)	w	λ	π_r	π_m ($\times 10^3$)	π ($\times 10^3$)
b	0.5	1.957	17.6	1.877	1.895	34.8	0.1667	550.1	1.406	1.957
	0.7	1.718	20.5	1.660	1.680	40.9	0.0948	319.0	1.399	1.718
	0.9	1.531	18.8	1.489	1.508	45.5	0.0493	177.8	1.353	1.531
	1.1	1.380	15.0	1.352	1.367	49.2	0.0179	85.8	1.295	1.380
r	0.3	1.498	33.2	1.440	1.474	45.9	0.0015	101.6	1.396	1.498
	0.4	1.473	24.8	1.427	1.451	46.7	0.0196	118.8	1.354	1.473
	0.5	1.452	17.1	1.417	1.434	47.5	0.0323	127.2	1.324	1.452
	0.6	1.435	10.4	1.411	1.421	48.3	0.0408	129.1	1.306	1.435

统一零售价（见性质5.4），并同时降低网络渠道收益共享比例（见表5-1）的方式来弥补其生产成本增加导致的利润损失。而随着制造商分享给零售商网络渠道收益比例的减少，零售商实体渠道服务动机和能力减弱，因此售前服务水平不断下降（见性质5.4）。随着规模不经济系数的增大，双渠道产品售价增加而渠道服务水平下降，下游消费者在不同渠道购买产品的效用均下降，各渠道需求均不断降低（见性质5.4），最终导致各渠道利润以及供应链的总利润均不断下降。进一步地，在分散决策网络渠道收益共享契约模式下，随着服务负溢出效应的增大，零售商产品批发价格增加（见表5-1），而零售价格降低（见性质5.4），此时，制造商分享给零售商更多的网络渠道收益来弥补零售商因批发价格增加而销售价格降低导致的利润损失，零售商的收益逐渐增加，而制造商的收益和供应链的总收益均不断减少，即在网络渠道收益共享契约模式下，服务负溢出效应对制造商以及整个供应链收益产生消极影响，但对零售商的收益却是有益的。

最后，由表5-1可得，在分散决策批发价契约模式下，双渠道的总收益低于集中决策模式下供应链的收益，而在网络渠道收益共享契约模式下，双渠道的总收益等于集中决策模式下供应链的收益，即制造商网络渠道收益共享合同的设计有效实现了供应链协调。这与文中定理 5.3 和定理 5.5 的结论是一致的。与此同时，由表 5 – 1 可得，在分散决策网络渠道收益共享契约模式下，零售商收益高于分散决策批发价契约模式下其所得的收益，而制造商收益低于分散决策批发价契约模式下其所得的收益，此时尽管双渠道总收益等于集中决策模式下供应链的收益，然而供应链增加的收益均由零售商分享，收益共享契约的应用不仅没有增加制造商的收益，且制造商采用此契约还付出了一定的代价，自己收益受损，此时制造商再没有动机采用网络渠道收益共享契约。即在此情形下，收益共享契约不满足文中性质 5.5 的理性约束条件，需要在此契约的基础上实施带有固定补偿的收益契约才能真正实现供应链协调以及各主体利润均增加。因此，例 5.3 将进一步在例 5.2 的基础上引入固定补偿值 T，对定理 5.6 和定理 5.7 的结论做进一步验证。

例 5.3：在带有固定补偿的网络渠道收益共享契约模式下，模型参数 $a = 150$，$\varphi = 0.4$ 与数值例 5.2 中的参数设置仍然一致，本部分仅给出当 $r = 0.5$，$b = 0.7$ 时，随着制造商和零售商议价能力的不断变化，分析供应链收益的分配情况。可得表 5 – 2。

表 5 – 2　　　　带有固定补偿的网络渠道收益共享契约模式下，固定
补偿值 T、各主体利润以及供应链总利润

$\alpha = \dfrac{u}{u+v}$	π^B	π_r^B	π_m^B	T
$\alpha = 0.2$	1718	50.5	1667.5	268.5
$\alpha = 0.4$	1718	43	1675	276
$\alpha = 0.6$	1718	35.5	1682.5	283.5
$\alpha = 0.8$	1718	28	1690	291

由表 5 – 2 可得，在带有固定补偿的网络渠道收益共享契约模式下，随着制造商议价能力 u 的不断增强，固定补偿值 T 不断增大，制造商分享的补偿收益不断增加，利润也不断增加，而零售商的收益变化正好相反。进一步地，可得此时双渠道的总收益等于集中决策模式下供应链的收益，且制造商和零售商所得收益均高于分散决策批发价契约模式下其所得的收益，供应链实现有效协调。

5.6 本 章 小 结

　　本章在制造商生产规模不经济的环境下，首先，研究了制造商在双渠道采用统一定价策略，而零售商实体渠道提供售前促销努力服务时供应链运作和协调策略问题，并详细分析了规模不经济系数和服务负溢出效应对供应链各主体运作决策、需求和收益的影响。其次，研究指出，规模不经济的双渠道供应链在分散决策批发价契约模式下无法实现协调；而分散决策网络渠道收益共享契约模式能够实现双渠道的总收益等于集中决策模式下供应链的收益，但无法保障各主体收益始终高于批发价契约下其所得收益；而带有固定补偿的收益共享契约通过对固定补偿收益区间的设计，不仅可以保障双渠道的总收益等于集中决策模式下供应链的收益，且可以始终保障各主体收益不低于分散决策批发价契约下其所得的收益，从而实现各主体利益双赢以及供应链的有效协调。最后，在带有固定补偿的收益共享契约模式下，为使固定补偿值满足公平性与合理性原则，运用纳什协商理论给出了不同议价能力下供应链最优固定补偿值，并指出制造商和零售商的议价能力直接影响自身所得收益的多少，各主体议价能力越强，分配的剩余利润比例越高。

第6章

需求不确定环境下双渠道
供应链运作策略

进入 21 世纪，随着电子商务与物流的迅速发展，人们的消费方式也发生了变化，网络购物成为一种新购物形态。与此同时，制造企业的产品分销模式也发生了变化，一方面其仍然通过下游实体零售商来分销产品，另一方面也构建了自身网络直销渠道（制造商网上商城、网上旗舰店等）销售。当供应链中的制造商采用双渠道模式来分销产品时，上、下游企业开始出现横向分销渠道间的冲突，企业间竞合关系变得更加复杂，双渠道供应链运作和协调也变得更加困难、更具挑战性，也因此成为众多学者关注和研究的热点，而提前订货折扣和延期支付契约分别作为两种不同的协调契约在供应链运作和协调中得到了企业的广泛关注和应用。供应链中的企业通过提前订货折扣契约，给销售期到来前就提前订货的顾客一定的价格折扣，不仅可以吸引下游更多的顾客前来订货，增加产品销量，同时也可以有效缓解下游顾客需求不确定性给企业带来的销售损失。例如，香港美心集团的面包零售店便是采用此策略有效增加了下游顾客的需求，并减少了下游顾客需求不确定性的影响，增加了销售收益。因此，提前订货折扣契约受到了学术界的广泛关注。供应链延期支付契约作为一种有效的信用机制，在增加消费者需求、提升企业竞争力方面也应用得越来越广泛。例如，华为的网络直销渠道——华为商城就允许消费者推迟一定的期限付清货款，进而刺激下游消费者的需求。因此，延期支付契约也受到了学术界的广泛关注。

尽管两种契约均有较深入的研究，但是相关研究主要是基于单渠道供应链环境来展开的，且大多数的研究只针对一种契约策略来分析。与上述研究不同，本章在双渠道的环境下，针对一个双渠道制造商与一个传统渠道零售商组成的供应链系统，分别研究四种不同的契约策略情形下（无契约策略；仅零售商提供提前订货折扣；零售商和制造商均提供提前订货折扣；零售商提供提前订货折扣，而制造商网络渠道提供延期支付契约），各主体的最优运作策略和收益。研究指出，当零售商采用一定契约增加其渠道需求并减少制造商网络渠道需求时，制造商最优策略并非采用"敌对"的契约策略来增加网络渠道需求，而是采用"搭便车"策略，不为下游顾客提供任何契约优惠，而是从零售商渠道获得更多批发收益，并最终实现总收益的最大化。

6.1 模 型 设 定

在随机需求的环境下，基于提前订货折扣和延期支付两种协调契约，研究不同的契约组合模式下双渠道供应链的最优运作策略和收益。文中模型涉及的符号，分别定义如表6－1所示。

表6－1　　　　　　　　　　　模型符号的定义

符号	定义
D	市场随机需求，其分布函数为$F(\cdot)$，概率密度函数为$f(\cdot)$，且服从正态分布$D \sim (u, \sigma^2)$
D_r, D_d	零售商实体渠道和制造商网络渠道的需求，分别服从正态分布$D_r \sim (u_r, \sigma_r^2)$和$D_d \sim (u_d, \sigma_d^2)$。为简化分析，令它们有相同的变差系数$\theta = \sigma_r/u_r = \sigma_d/u_d$
$\varphi(\cdot), \Phi(\cdot)$	产品需求量的标准正态概率密度函数和分布函数
α	零售商实体渠道需求量占总市场需求量的比例，且有$0 < \alpha < 1$
p_r, p_d	零售商实体渠道和制造商网络渠道的产品价格

符号	定义
c, w	制造商产品生产成本和批发价，且有 $0 < c < w$
x_i $(i = r, d)$	零售商和制造商的提前订货折扣系数，且有 $0 < x_i \leqslant 1$
K	提前订货折扣契约所引起的固定促销费用，例如广告宣传等，且有 $K > 0$
a, b	消费者对提前订货折扣的敏感系数，且有 $0 < a \leqslant 1$，$0 < b \leqslant 1$
M	制造商网络渠道为下游顾客提供的延期支付时间长度

由以上定义可以得到，$u_r = \alpha u$，$u_d = (1 - \alpha) u$，$\sigma_r = \theta \alpha u$，$\sigma_d = \theta (1 - \alpha) u$。下面，分析在无契约情形下，双渠道制造商和传统零售商的最优决策和收益。

当双渠道供应链中无任何契约时，实体渠道零售商的收益函数为：

$$\pi_r(Q_r^1) = p_r \min(D_r, \ Q_r^1) - w Q_r^1 \tag{6.1}$$

易得零售商最优订货量为：

$$Q_r^{1*} = u_r + k \sigma_r = (1 + k\theta) \alpha u \tag{6.2}$$

其中，$k = \Phi^{-1}\left(\dfrac{p_r - w}{p_r}\right)$。

零售商最优期望收益为：

$$E(\pi_r) = [p_r - w - p_r \theta \varphi(k)] \alpha u \tag{6.3}$$

双渠道制造商的收益函数为：

$$\pi_m(Q_d^1) = (w - c) Q_r^{1*} + p_d \min(D_d, \ Q_d^1) - c Q_d^1 \tag{6.4}$$

易得制造商网络渠道的最优订货量为：

$$Q_d^{1*} = u_d + k_2 \sigma_d = (1 + k_2 \theta)(1 - \alpha) u \tag{6.5}$$

其中，$k_2 = \Phi^{-1}\left(\dfrac{p_d - c}{p_d}\right)$。

易得双渠道制造商的最优期望收益为：

$$E(\pi_m) = (w - c)(1 + k\theta) \alpha u + [p_d - c - p_d \theta \varphi(k_2)](1 - \alpha) u \tag{6.6}$$

由式（6.3）易得，零售商的收益主要受其产品在市场中所占的市场份额以及市场波动的影响。因此，零售商有足够的动机采用提前订货折扣契约来吸引更多的顾客转到其实体渠道上来购买产品，增加其市场份额，并降低市场需求波动对其收益的消极影响。因而，下面进一步分析在双渠道供应链中，当且仅当零售商为下游顾客提供提前订货折扣契约时，各主体的运作策略和收益的变化。

6.2　零售商提供提前订货折扣契约

当零售商为下游顾客提供提前订货折扣契约时，其引起的固定促销费用为 K，如广告宣传等。提前订货折扣价格为 xp_r，其中 $x \in (0, 1)$，销售期到来后顾客拿到产品。因提前订货有价格折扣优惠，部分消费者会选择提前订购货物。

当零售商提供提前订货折扣契约时，零售商实体渠道的顾客有 $R_r(x) \in [0, 1]$ 的比例会选择在实体渠道提前订购产品，而原先选择在制造商网络渠道购买产品的顾客有 $R_d(x) \in [0, 1]$ 的比例会转移到零售商实体渠道上提前订购产品。因此，市场中选择在零售商实体渠道提前订货的顾客总需求为：$D_1(x) = R_r(x)D_r + R_d(x)D_d$。而正常销售期到来后，零售商实体渠道的需求转化为：$D_2(x) = [1 - R_r(x)]D_r$。在提前订货折扣契约模式下，零售商渠道总需求从 D_r 增加到 $D_r'(x) = D_1(x) + D_2(x)$，增加的需求量为 $R_d(x)D_d$。制造商网络渠道的需求从 D_d 减少到 $D_d'(x) = [1 - R_d(x)]D_d$。

此时，易得 $D_1(x)$ 和 $D_2(x)$ 的均值和方差分别转化为：$u_1 = [(1 - \alpha)R_d(x) + \alpha R_r(x)]u$，$\sigma_1 = [(1 - \alpha)R_d(x) + \alpha R_r(x)]u\theta$，$u_2 = [1 - R_r(x)]\alpha u$，$\sigma_2 = [1 - R_r(x)]\alpha u\theta$；$D_d'(x)$ 的均值和方差转化为：$u_d' = [1 - R_d(x)](1 - \alpha)u$，$\sigma_d' = [1 - R_d(x)](1 - \alpha)u\theta$。

易得，零售商的收益函数为：

$$\pi_r(Q_r^2) = -K + (xp_r - w)D_1(x) + p_r\min[D_2(x), Q_r^2] - wQ_r^2 \qquad (6.7)$$

正常销售期内零售商最优订货量为：

$$Q_r^{2*} = u_2 + k\sigma_2 = (1 + k\theta)[1 - R_r(x)]\alpha u \qquad (6.8)$$

其中，$k = \Phi^{-1}\left(\dfrac{p_r - w}{p_r}\right)$。

可得，零售商收益函数转化为：

$$\pi_r = -K + (xp_r - w)\big[(1-\alpha)R_d(x) + \alpha R_r(x)\big]u$$
$$+ \big[p_r - w - p_r\theta\varphi(k)\big]\big[1 - R_r(x)\big]\alpha u \qquad (6.9)$$

本章采用非确定性指数销售响应函数：$R_d(x) = 1 - ax^f$，$R_r(x) = 1 - bx^g$，其中 a，$b \in (0, 1]$，为消费者提前订货折扣的敏感系数，随着 a 和 b 的增大，消费者对价格折扣越来越不敏感，因价格折扣而发生的顾客转移比例也会越来越小，且为了便于计算，令 $f = g = 1$。从而，由式（6.9）可得定理 6.1。

定理 6.1：零售商实体渠道最优提前订货折扣系数为：

$$x^* = \frac{(1+\alpha b)p_r + aw(1-\alpha) - b\theta\alpha p_r\varphi(k)}{2p_r[(1-\alpha)a + \alpha b]}$$

由定理 6.1 易得，当且仅当零售商为下游顾客提供提前订货折扣契约时，零售商提前订货折扣系数主要受其产品批发价格、实体渠道产品销售价格、市场占有率以及市场波动的影响。进一步地，通过分析市场需求波动对提前订货折扣系数的影响，可得性质 6.1。

性质 6.1：仅零售商为下游顾客提供提前订货折扣契约时，零售商最优提前订货折扣系数值 x^* 与市场需求波动系数 θ 成反比。

由性质 6.1 可得，随着市场需求波动的增加，零售商最优提前订货折扣系数值不断减小，即提供的折扣优惠力度逐渐增大，从而吸引更多的顾客在销售期到来前进行提前订货，有效降低了未来需求不确定性可能造成的销售损失。

零售商期望收益为：

$$E(\pi_r) = -K + (x^*p_r - w)\big[(1-\alpha)(1 - ax^*) + \alpha(1 - bx^*)\big]u$$
$$+ \big[p_r - w - p_r\theta\varphi(k)\big]bx^*\alpha u \qquad (6.10)$$

进一步地，易得制造商的收益函数为：

$$\pi_m(Q_d') = (w-c)\big[D_1(x) + Q_r^{2*}\big] + p_d\min\big[D_d'(x), Q_d^2\big] - cQ_d^2 \qquad (6.11)$$

制造商网络渠道最优订货量为：

$$Q_d^{2*} = u_d' + k_2\sigma_d' = (1 + k_2\theta)\big[1 - R_d(x)\big](1-\alpha)u \qquad (6.12)$$

其中，$k_2 = \Phi^{-1}\left(\dfrac{p_d - c}{p_d}\right)$。

双渠道制造商最优期望收益为：

$$E(\pi_m) = (w-c)(1 - ax^* + a\alpha x^* + k\theta\alpha bx^*)u$$
$$+ \big[p_d - c - p_d\theta\varphi(k_2)\big]ax^*(1-\alpha)u \qquad (6.13)$$

由式（6.13）易得，当零售商为下游顾客提供提前订货折扣契约时，制造商网络渠道的部分顾客转到零售商处，导致制造商网络渠道需求减少，利益受损。因而，当零售商在销售期到来前为下游顾客提供提前订货折扣契约时，制造商同样可以采用相同的契约策略来反制零售商，通过在其网络直销渠道提供提前订货折扣契约，将零售商实体渠道部分需求转到自身网络渠道上来，以减少自身网络渠道需求和利润的损失。因而，下文进一步分析当零售商和双渠道制造商同时为下游顾客提供提前订货折扣契约时，供应链各主体的运营决策与收益的变化。

6.3 零售商和制造商均提供提前订货折扣契约

当零售商和制造商同时为下游顾客提供提前订货折扣契约时，其促销费用仍然为 K，零售商和制造商的提前订货折扣价格分别为 $x_r p_r$ 和 $x_d p_d$，其中 $x_r \in (0, 1]$，$x_d \in (0, 1]$。根据麦卡德尔等（Mccardle et al. , 2004）的研究，当零售商和制造商均为下游顾客提供提前订货折扣契约时，零售商实体渠道顾客有 $R_{re}(x_r) \in [0, 1]$ 的比例会选择在零售商处提前订货，同时制造商网络渠道的顾客有 $R_{de}(x_r) \in [0, 1]$ 的比例也会转到零售商处提前订货。同样地，制造商网络渠道顾客有 $R_{ds}(x_d) \in [0, 1]$ 的比例会选择在网络渠道上提前订货，零售商实体渠道的顾客有 $R_{rs}(x_d) \in [0, 1]$ 的比例也会转到制造商网络渠道处提前订货。此时，零售商实体渠道和制造商网络渠道提前订货的需求分别为：$D_{r1}(x_r) = R_{re}(x_r)D_r + R_{de}(x_r)D_d$ 和 $D_{d1}(x_d) = R_{rs}(x_d)D_r + R_{ds}(x_d)D_d$。正常销售期到来后，零售商实体渠道和制造商网络渠道需求变为：$D_{r2}(x_r, x_d) = [1 - R_{re}(x_r) - R_{rs}(x_d)]D_r$ 和 $D_{d2}(x_r, x_d) = [1 - R_{de}(x_r) - R_{ds}(x_d)]D_d$。可得 $D_{r1}(x_r)$ 和 $D_{d1}(x_d)$ 的均值和方差分别转化为：$u_{r1} = [\alpha R_{re}(x_r) + (1 - \alpha)R_{de}(x_r)]u$，$\sigma_{r1} = [\alpha R_{re}(x_r) + (1 - \alpha)R_{de}(x_r)]u\theta$，$u_{d1} = [\alpha R_{rs}(x_d) + (1 - \alpha)R_{ds}(x_d)]u$，$\sigma_{d1} = [\alpha R_{rs}(x_d) + (1 - \alpha)R_{ds}(x_d)]u\theta$。$D_{r2}(x_r, x_d)$ 和 $D_{d2}(x_r, x_d)$ 的均值和方差分别转化为：$u_{r2} = [1 - R_{re}(x_r) - R_{rs}(x_d)]\alpha u$，$\sigma_{r2} = [1 - R_{re}(x_r) - R_{rs}(x_d)]\alpha u\theta$，$u_{d2} = [1 - R_{de}(x_r) - R_{ds}(x_d)](1 - \alpha)u$，$\sigma_{d2} = [1 - R_{de}(x_r) - R_{ds}(x_d)](1 - \alpha)u\theta$。

易得，零售商的收益函数为：

$$\pi_r(Q_{r2}^3) = -K + (x_r p_r - w)D_{r1}(x_r) + p_r \min[D_{r2}(x_r, x_d), Q_{r2}^3] - wQ_{r2}^3$$

$$(6.14)$$

正常销售期内零售商最优订货量为：

$$Q_{r2}^{3*} = u_{r2} + k\sigma_{r2} = (1+k\theta)[1 - R_{re}(x_r) - R_{rs}(x_d)]\alpha u \qquad (6.15)$$

其中，$k = \Phi^{-1}\left(\dfrac{p_r - w}{p_r}\right)$。

可得，零售商的收益函数转化为：

$$\pi_r(Q_{r2}^{3*}) = -K + (x_r p_r - w)[\alpha R_{re}(x_r) + (1-\alpha)R_{de}(x_r)]u$$
$$+ [p_r - w - p_r \theta\varphi(k)][1 - R_{re}(x_r) - R_{rs}(x_d)]\alpha u \qquad (6.16)$$

与情形二类似，本部分仍采用非确定性指数销售响应函数：$R_{re}(x_r) = 1 - bx_r^g$，$R_{de}(x_r) = 1 - ax_r^f$，$R_{rs}(x_d) = 1 - bx_d^g$，$R_{ds}(x_d) = 1 - ax_d^f$，且为了便于计算，令 $f = g = 1$。从而，由式（6.16）可得定理 6.2。

定理 6.2：零售商实体渠道最优提前订货折扣系数为：

$$x_r^* = \frac{(1+\alpha b)p_r + wa(1-\alpha) - b\alpha\theta p_r \varphi(k)}{2p_r[(1-\alpha)a + \alpha b]}$$

由定理 6.2 易得，当零售商和制造商同时为下游顾客提供提前订货折扣契约时，零售商最优提前订货折扣系数仍然主要受其产品批发价格、实体渠道产品销售价格、市场占有率以及市场波动的影响。

零售商期望收益为：

$$E(\pi_r) = -K + (x_r^* p_r - w)[(1-\alpha)(1-ax_r^*) + \alpha(1-bx_r^*)]u$$
$$- \alpha u[p_r - w - p_r\theta\varphi(k)](1 - bx_r^* - bx_d) \qquad (6.17)$$

进一步地，易得双渠道制造商的总收益函数为：

$$\pi_m(Q_{d2}^3) = -K + (w - c)[D_{r1}(x_r) + Q_{r2}^{3*}] + (x_d p_d - c)D_{d1}(x_d)$$
$$+ p_d \min[D_{d2}(x_r, x_d), Q_{d2}^3] - cQ_{d2}^3 \qquad (6.18)$$

可得，正常销售期内制造商网络渠道的最优订货量为：

$$Q_{d2}^{3*} = u_{d2} + k_2\sigma_{d2} = (1+k_2\theta)[1 - R_{de}(x_r) - R_{ds}(x_d)](1-\alpha)u$$

$$(6.19)$$

其中，$k_2 = \Phi^{-1}\left(\dfrac{p_d - c}{p_d}\right)$。

双渠道制造商最优期望收益为：

$$E(\pi_m) = -K + (w-c)\{[\alpha(1-bx_r^*) + (1-\alpha)(1-ax_r^*)]u - \alpha u(1+k\theta)$$
$$(1-bx_r^* - bx_d)\} + u(x_dp_d - c)[\alpha(1-bx_d) + (1-\alpha)(1-ax_d)]$$
$$-u(1-\alpha)[p_d - c - \theta p_d\varphi(k_2)](1-ax_r^* - ax_d) \tag{6.20}$$

定理 6.3：制造商网络渠道最优提前订货折扣系数为：

$$x_d^* = \frac{p_d + c[\alpha b + a(1-\alpha)] + a(1-\alpha)[p_d - c - \theta p_d\varphi(k_2)] + b\alpha(1+k\theta)(w-c)}{2p_d[(1-\alpha)a + \alpha b]}$$

将最优提前订货折扣系数 x_r^*、x_d^* 分别代入式（6.17）和式（6.20），可得零售商及制造商的最优期望利润。

除了在网络渠道提供提前订货折扣契约增加网络渠道需求外，制造商还可以采用其他契约方式增加网络渠道需求。例如，制造商可以在销售期到来时在其网络渠道为下游顾客提供延期支付契约服务，吸引未在零售商处提前订货的部分顾客转到其网络渠道上来，进而增加其网络渠道需求。因而，下面进一步分析当零售商在销售期到来前，在其实体渠道为消费者提供提前订货折扣契约，而双渠道制造商则在销售期到来后，在其网络渠道为消费者提供延期支付契约服务时，供应链各主体的运营决策和收益的变化。

6.4　零售商提供提前订货折扣，制造商提供延期支付契约

本部分考虑当零售商为下游顾客提供提前订货折扣，吸引更多顾客到其渠道来订货，而制造商为了增加自身网络渠道需求，在销售期到来时为下游顾客提供延期支付契约，并允许顾客延期付款，从而吸引未在零售商提前订货的部分顾客转到其网络渠道上来。制造商网络渠道为下游顾客提供的延期支付时间长度为 M，因制造商提供延期支付而从零售商实体渠道转移到制造商网络渠道处购买的顾客比例为 $R(M)$，其中 $R(M) \in [0, 1]$，且 $R(M)$ 是关于 M 的增函数，即制造商在其网络渠道为下游顾客提供的延期支付时间越长，转移到制造商网络渠道购买产品的顾客就越多，转移比例也就越大。由于提供延期支付契约，制造商网络渠道产品需求量增加为 $D(M) = D_d'(x) + R(M)D_2(x)$，而正常销售期到来后零售商的需求转化为：$D_2'(x) = [1-R(M)][1-R_r(x)]D_r$。考虑资金的时间价值，顾客推迟支付的时间越长，其折算到正常销售期时的资金有效价值就越低。因此，当下游顾客延期 M 时间付款时，顾客支付的货物

资金的时间价值为：$p_2 = p_d e^{-\lambda M}$，其中，p_2 是关于延期支付时间长度 M 的递减函数，随着 M 的增大而不断减小。考虑资金时间成本后，制造商每销售一件产品所得的单位产品净利润减少，因而，其提供给下游顾客的延期支付时间不能过长。本章假设制造商有一个可接受的网络渠道最低单位产品销售净利润 Δ，且满足：$p_2 - c \geqslant \Delta > 0$，易得制造商延期支付时间 M 需要满足：$M \leqslant \frac{1}{\lambda} \ln \left(\frac{p_d}{c + \Delta} \right)$，即 $M \in \left[0, \frac{1}{\lambda} \ln \left(\frac{p_d}{c + \Delta} \right) \right]$。

可得，零售商收益函数为：

$$\pi_r(Q_2^4) = -K + (xp_r - w)D_1(x) + p_r \min \left[D_2'(x), Q_2^4 \right] - wQ_2^4 \qquad (6.21)$$

正常销售期内零售商最优订货量为：

$$Q_2^{4*} = u_2 + k_2 \sigma_2 = (1 + k\theta)[1 - R(M)][1 - R_r(x)]\alpha u \qquad (6.22)$$

其中，$k = \Phi^{-1} \left(\frac{p_r - w}{p_r} \right)$

可得，零售商收益函数转化为：

$$\begin{aligned} \pi_r(M) = &-K + (xp_r - w)\left[(1 - \alpha)R_d(x) + \alpha R_r(x) \right]u \\ &+ \left[p_r - w - p_r \theta \varphi(k) \right][1 - R(M)][1 - R_r(x)]\alpha u \end{aligned} \qquad (6.23)$$

定理 6.4：零售商实体渠道最优提前订货折扣系数为：

$$x^{**}(M) = \frac{(1 + \alpha b)p_r + aw(1 - \alpha) - b\theta \alpha p_r \varphi(k)[1 - R(M)] - b\alpha R(M)(p_r - w)}{2p_r[(1 - \alpha)a + \alpha b]}$$

$$(6.24)$$

由定理 6.4 可得，当零售商实体店为下游顾客提供提前订货折扣契约，而制造商网络渠道为下游顾客提供延期支付契约时，零售商实体店的提前订货折扣系数不仅受其产品批发价格、实体渠道销售价格、市场占有率以及市场波动的影响，同时也受制造商网络渠道延期支付契约的影响。

可得，零售商期望收益为：

$$\begin{aligned} E[\pi_r(M)] = &-K + (x^{**}p_r - w)\left[(1 - \alpha)(1 - ax^{**}) + \alpha(1 - bx^{**}) \right]u \\ &+ \left[p_r - w - p_r \theta \varphi(k) \right][1 - R(M)]bx^{**}\alpha u \end{aligned} \qquad (6.25)$$

进一步地，易得考虑资金时间成本后，制造商的收益函数为：

$$\pi_m(Q_d^4) = (w - c)\left[D_1(x) + Q_2^{4*} \right] + p_d e^{-\lambda M} \min(D(M), Q_d^4) - cQ_d^4 \qquad (6.26)$$

可得，制造商网络渠道最优订货量为：

$$Q_d^{4*} = u'_M + k_3\sigma'_M = (1 + k_3\theta)\{[1 - R_d(x)](1-\alpha)u + R(M)[1 - R_r(x)]\alpha u\}$$

$$(6.27)$$

其中，$k_3 = \Phi^{-1}\left(\dfrac{p_d e^{-\lambda M} - c}{p_d e^{-\lambda M}}\right)$。

可得，双渠道制造商的收益为：

$$\pi_m(M) = (w - c)\{1 - (a - a\alpha + b\alpha)x^{**} + b\alpha(1 + k\theta)[1 - R(M)]x^{**}\}u$$
$$+ [p_d e^{-\lambda M} - c - p_d e^{-\lambda M}\theta\varphi(k_3)]\{ax^{**}(1-\alpha)u + R(M)bx^{**}\alpha u\}$$

$$(6.28)$$

为了求出制造商最优的延期支付时间 M，根据华国伟等（2010）的研究，可得定理6.5。

定理6.5：如果存在 $M^{\#}$ 满足 $\dfrac{\partial \pi_m(M)}{\partial M}\bigg|_{M=M^{\#}} = 0$，$\dfrac{\partial^2 \pi_m(M)}{\partial M^2}\bigg|_{M=M^{\#}} < 0$，且 $M^{\#} \in$

$\left[0, \dfrac{1}{\lambda}\ln\left(\dfrac{p_d}{c+\Delta}\right)\right]$，则制造商最优延期支付时间为 $M^* = M^{\#}$；否则，制造商最

优延期支付时间在端点处，即 $M^* = \operatorname{argmax}\left\{\pi_m(0), \pi_m\left(\dfrac{1}{\lambda}\ln\dfrac{p_d}{c+\Delta}\right)\right\}$。

将最优的 M^* 分别代入式（6.24）、式（6.25）和式（6.28），可得零售商最优提前订货折扣系数、零售商以及制造商的最优利润。

6.5 数值仿真及分析

在随机需求的环境下，市场波动性、渠道市场占有率以及价格折扣敏感性等因素会对供应链各主体的运作策略和收益产生重要的影响。因而，本部分将分别针对几种不同的契约情形，在假定其他因素不变的情况下，分析市场波动性、渠道市场占有率以及价格折扣敏感系数分别独立变化时，各主体运作策略和收益的变化。具体模型参数设置如下：$p_r = 5$，$p_d = 4$，$w = 3$，$c = 2.5$，$u = 100$，$a = 0.9$，$b = 1 - (1 - a)\alpha/(1 - \alpha)$，$\alpha = 0.3$，$\theta = 0.4$，$K = 10$，$\lambda = 0.1$。可得表6-2。

表 6-2　不同情形下各因素对供应链各主体最优决策和利润的影响

参数		情形一：无任何契约				情形二：仅零售商提供提前订货折扣契约					情形三：零售商和制造商均提供提前订货折扣契约						情形四：零售商提供提前订货折扣而制造商提供延期支付					
		Q_{r1}	π_R	Q_{d1}	π_m	x^*	Q_{r2}	π_R	Q_{r2}	π_m	x_r^*	Q_{r2}	π_R	x_d^*	Q_{d2}	π_m	x^{**}	Q_2	π_R	M^*	Q_d	π_m
α	0.4	35.9	49.1	52.4	71.5	0.898	30.1	57.9	42.3	77.7	0.898	26.0	52.3	0.949	34.7	64.8	0.883	21.1	46.2	0.17	49.3	68.4
	0.5	44.9	61.4	43.6	67.1	0.917	37.1	68.3	36.0	71.9	0.917	30.6	59.5	0.952	30.0	63.3	0.893	21.9	48.7	0.25	47.9	66.6
	0.6	53.9	73.6	34.9	62.7	0.947	43.4	79.8	29.7	66.2	0.947	33.8	66.7	0.966	25.2	63.2	0.913	22.1	52.3	0.32	46.7	65.1
θ	0.2	28.5	48.4	65.5	98.0	0.896	24.4	57.9	52.8	104.9	0.896	22.6	54.8	0.979	45.0	82.3	0.883	17.8	47.2	0.15	57.9	89.6
	0.3	27.7	42.6	63.3	87.0	0.890	23.6	52.9	50.7	94.2	0.890	21.5	49.7	0.966	42.4	74.5	0.881	18.8	45.8	0.11	54.4	80.0
	0.4	26.9	36.8	61.1	76.0	0.884	22.8	48.0	48.6	83.4	0.884	20.4	44.8	0.952	39.8	67.1	0.879	20.1	44.5	0.06	50.6	70.7
a	0.85	26.9	36.8	61.1	76.0	0.910	22.9	52.8	47.3	84.2	0.910	20.7	49.7	0.977	36.9	68.6	0.905	19.9	48.7	0.07	49.6	70.1
	0.9	26.9	36.8	61.1	76.0	0.884	22.8	48.0	48.6	83.4	0.884	20.4	44.8	0.952	39.8	67.1	0.879	20.1	44.5	0.06	50.6	70.7
	0.95	26.9	36.8	61.1	76.0	0.859	22.7	43.8	49.9	82.7	0.859	20.2	40.5	0.929	42.7	65.9	0.856	20.4	40.9	0.05	51.5	71.3
b	0.94	26.9	36.8	61.1	76.0	0.905	22.9	51.8	47.5	84.0	0.905	20.6	48.6	0.972	37.5	68.2	0.900	20.2	48.3	0.06	49.6	70.3
	0.96	26.9	36.8	61.1	76.0	0.880	22.8	47.4	48.7	83.3	0.880	20.4	44.1	0.949	40.2	66.9	0.877	20.5	44.5	0.05	50.4	70.8
	0.98	26.9	36.8	61.1	76.0	0.858	22.7	43.6	50.0	82.6	0.858	20.2	40.2	0.927	42.9	65.9	0.855	20.8	41.2	0.04	51.3	71.3

由表 6-1 可得，在四种不同的契约情形下，市场占有率的提高对企业收益产生积极影响，随着零售商实体渠道市场占有率 α 不断提高，零售商的收益不断增加，而制造商的收益不断减少。市场占有率的提高减弱了零售商通过提前订货折扣吸引更多顾客转到其渠道上订货的动机，零售商提前订货折扣系数值 x 增大（折扣优惠力度减小）。而对制造商来说，随着零售商实体渠道市场占有率 α 不断增大，制造商网络渠道需求逐渐减少，制造商会提供更长的延期支付时间来吸引更多顾客转到其网络渠道上订货。进一步地，市场需求波动性的增强对企业收益产生消极影响，随着市场需求波动性系数 θ 不断增大，零售商和制造商的收益均不断减少。市场需求波动的提高会增强零售商通过提前订货折扣吸引顾客提前订货的动机，以降低需求波动对其带来的消极影响，此时零售商提前订货折扣系数值 x 减小（折扣优惠力度增大）。而对制造商来说，随着市场需求波动的增加，制造商会为消费者提供较短的延期支付时间以降低其需求变动损失风险和金融损失风险。最后，在一定的折扣力度下，折扣敏感系数 a 和 b 越大，消费者对折扣越不敏感，渠道转移行为越弱，提前订货折扣契约应用效果越弱，从而随着折扣敏感系数的增大，零售商的收益不断减少。而对制造商来说，其延期支付契约效果伴随着零售商提前订货折扣契约效果的下降而提高，制造商的收益逐渐增加。在一定的折扣力度下，折扣敏感系数越大，消费者对折扣越不敏感，零售商实体渠道提供的折扣值越小（折扣优惠力度越大）。

对比四种不同的契约情形，当且仅当零售商为下游顾客提供提前订货折扣契约，而制造商不提供任何契约时，零售商和制造商的收益均高于供应链中无任何契约情形时其所得的收益。当零售商提供提前订货折扣契约，而制造商也提供相应契约（提前订货折扣/延期支付）与其竞争时，两渠道间的竞争变得更加激烈，最终消费者得到更多的价格优惠，而制造商和零售商因提供过多的优惠政策导致自身利益受损，其收益均少于仅零售商提供提前订货折扣契约时所得的收益，甚至一定情况下会少于供应链中无任何契约情形下其所得的收益。因此，相对于无任何契约情形，双渠道供应链中各主体均提供契约来增加自身竞争力和收益的策略并非始终有效的。对制造商来说，当零售商采用一定的契约策略增大其渠道需求并降低制造商网络渠道需求时，制造商最优的策略并非采用"敌对"的契约策略来进一步增加自身网络渠道的需求，而是采用"搭便车"策略，不为下游顾客提供任何契约优惠，而是从零售商渠道获得更多的批发收益，并最终实现自身总收益的最大化。

6.6 本 章 小 结

　　本章基于一个双渠道制造商和一个传统零售商组成的供应链系统，在随机需求环境下分别研究了四种不同契约情形下各主体的最优策略和收益。研究发现，当零售商实体渠道为下游顾客提供提前订货折扣契约时，其最优折扣系数与零售商市场占有率成正比，而与市场波动程度成反比。当制造商网络渠道同时为下游顾客提供延期支付契约时，其延期支付时间与零售商渠道市场占有率成正比，与市场需求波动成反比。相对于无任何契约情形，双渠道供应链中的各主体均提供契约来增加自身收益的策略并非始终有效的，一定条件下，各主体利益均会受损。当供应链中仅零售商为下游顾客提供提前订货折扣契约，而制造商不提供任何契约时，各主体的收益均达到最大。因而，对制造商来说，当零售商采用一定契约策略增加其渠道需求并降低制造商网络渠道需求时，制造商最优的策略是采用"搭便车"策略，不为下游顾客提供任何契约优惠，而从零售商渠道获得更多批发收益，并最终实现自身总收益的最大化。

第7章

双边资金约束下双渠道供应链融资策略

金融机构借贷与商业信用是供应链中资金约束企业最常见的两种融资方式。当供应链仅上游或下游企业存在资金约束时，企业可通过供应链内部商业信用融资模式，通过提前或延期付款来解决其资金不足的问题。例如，塔塔汽车及丰田汽车公司通常延期一段时间才将全部货款支付给上游供应商，苹果公司则通常向上游资金约束的供应商提前付款以解决其资金不足困境。而当上、下游企业同时存在资金约束时，供应链可借助链外金融机构的部分资金，通过金融机构借贷与商业信用组合融资模式缓解双边资金约束对供应链运营的负面影响。然而，不同的组合融资模式对企业运营决策和利润可能带来不同影响，并影响其对各组合融资模式的选择偏好。而随着电子商务的发展，消费者线上购物越来越普遍，很多制造商通过双渠道进行销售（线下零售商实体渠道＋线上自营网络渠道）。而在双渠道环境下，线上与线下销售渠道产生冲突，不同组合融资模式对各企业运作决策和利润产生了更加复杂的影响。因此，在双边资金约束下，研究金融机构借贷与商业信用组合融资的双渠道供应链融资策略具有重要的意义。

目前，关于企业融资决策问题的研究主要是针对供应链中仅单边企业存在资金约束的情况，较少考虑上、下游企业同时存在资金约束的问题。而在双渠道供应链运作实践中，上、下游企业往往同时面临资金约束困境，仅依靠单边企业单一融资方式难以有效解决整个供应链的资金约束问题。因此，本章针对上、下游企业同时存在资金约束的双渠道供应链，研究不同组合融资模式下企业最优运营决策和利润，并讨论企业自有资金规模、借贷利率等对各成员运营决策及不同组合融资模式选择偏好的影响。

7.1　模 型 设 定

在双边资金约束的环境下，考虑采用"制造商金融机构借贷 + 延期支付"、"零售商金融机构借贷 + 提前支付"以及"双边金融机构借贷 + 提前支付"三种不同的组合融资模式来解决企业资金不足的问题。

本部分首先给出双渠道供应链无资金约束时各企业最优运营决策和利润。根据周永务等（2018）的研究，双渠道需求函数分别为：

零售商实体渠道的需求：

$$Q_r = \varphi a - p_r + \theta_1 p_d \qquad (7.1)$$

制造商网络渠道的需求：

$$Q_d = (1 - \varphi) a - p_d + \theta_2 p_r \qquad (7.2)$$

其中，a 为市场潜在需求的规模；p_r 和 p_d 分别为线下和线上产品零售价；φ 和 $1 - \varphi$ 分别为线下和线上渠道产品的市场占有率，反映了消费者对不同渠道的购买偏好，φ 越大，表示消费者对线下渠道购物越偏爱；否则，消费者更偏爱线上渠道购物；$\theta_i < 1$（$i = 1$，2）分别为由于对方渠道价格所引起的消费者转移程度；c 和 w 分别为制造商单位产品的生产成本和批发价。根据周永务等（2018）的研究，令 $\theta_1 = \theta_2 = \theta$。

传统零售商和双渠道制造商的利润函数分别为：

$$\pi_r = (p_r - w)(\varphi a - p_r + \theta p_d) \qquad (7.3)$$

$$\pi_m = w(\varphi a - p_r + \theta p_d) + p_d[(1 - \varphi) a - p_d + \theta p_r]$$
$$- c[\varphi a - p_r + \theta p_d + (1 - \varphi) a - p_d + \theta p_r] \qquad (7.4)$$

假设制造商为供应链领导者，首先确定 p_d 和 w 的最大化自身利润，而零售商观察到制造商决策后再确定 p_r。采用逆向归纳法进行计算，可得定理 7.1。

定理 7.1：在无资金约束时，各企业的最优运营决策分别为：

$$\begin{cases} p_r^0 = \left[a(2\theta + 3\varphi - \varphi\theta^2 - 2\theta\varphi) + c(1+\theta)(1-\theta^2) \right] / \left[4(1-\theta^2) \right] \\ p_d^0 = \left[a(1-\varphi+\theta\varphi) + c(1-\theta^2) \right] / \left[2(1-\theta^2) \right] \\ w^0 = \left[a(\theta + \varphi - \theta\varphi) + c(1-\theta^2) \right] / \left[2(1-\theta^2) \right] \end{cases} \quad (7.5)$$

将式（7.5）代入式（7.1）~式（7.4），可得各企业的最优需求和利润。

然而，在双渠道供应链运作实践中，上、下游企业往往会同时存在生产/订货资金不足的问题。下面，基于双边资金约束环境，分别探讨上、下游企业在三种不同的组合融资模式下（"制造商金融机构借贷＋延期支付"，"零售商金融机构借贷＋提前支付"以及"双边金融机构借贷＋提前支付"）最优运营决策和利润的变化。

7.2 "金融机构借贷＋延期支付" 组合融资模式

在"金融机构借贷＋延期支付"组合融资模式下，一方面，制造商通过向银行等金融机构借贷来解决自身生产资金不足的问题；另一方面，为零售商提供延期支付契约，允许其部分货款推迟支付。设零售商和双渠道制造商的自有资金规模分别为：B_r 和 B_m，制造商从金融机构贷款金额为：$L_m = c(Q_r + Q_d) - B_m$。假设外部金融机构贷款利率主要受市场风险、企业资质等综合因素的影响，为便于分析，本章令贷款利率为非负的外生固定参数 r_b，则制造商需要向金融机构支付的借贷利息为 $L_m r_b$。为激励零售商先用其自有资金 B_r 支付一部分货款，制造商对延期支付产品定一个新的较高的批发价 $w_1 = w e^\lambda$（$\lambda > 0$），λ 为延期支付批发价格敏感系数，λ 越大，延期支付产品批发价越高。

零售商和双渠道制造商的利润函数分别为：

$$\pi_r = p_r(\varphi a - p_r + \theta p_d) - B_r - w e^\lambda(\varphi a - p_r + \theta p_d - B_r / w) \quad (7.6)$$

$$\begin{aligned} \pi_m &= B_r + w e^\lambda(\varphi a - p_r + \theta p_d - B_r / w) + p_d \left[(1-\varphi) a - p_d + \theta p_r \right] \\ &\quad - c \left[\varphi a - p_r + \theta p_d + (1-\varphi) a - p_d + \theta p_r \right] - L_m r_b \end{aligned} \quad (7.7)$$

与供应链无资金约束情形的计算方法一样，采用逆向归纳法，可得定理7.2。

定理 7.2：在"制造商金融机构借贷＋延期支付"组合融资模式下，企业最优运营决策分别为：

$$\begin{cases} p_r^1 = \{2a(\theta + \varphi - \theta\varphi) + (1 - \theta^2)[\varphi a + c(1 + \theta)(1 + r_b)]\} / [4(1 - \theta^2)] \\ p_d^1 = [a(1 - \varphi + \theta\varphi) + c(1 + r_b)(1 - \theta^2)] / [2(1 - \theta^2)] \\ w^1 = [a(\theta + \varphi - \theta\varphi) + c(1 + r_b)(1 - \theta^2)] / [2e^\lambda(1 - \theta^2)] \\ w_1^1 = [a(\theta + \varphi - \theta\varphi) + c(1 + r_b)(1 - \theta^2)] / 2(1 - \theta^2) \end{cases}$$

$$(7.8)$$

将式（7.8）代入式（7.1）～式（7.2）和式（7.6）～式（7.7），可得各企业最优需求和利润。

分析在"制造商金融机构借贷 + 延期支付"组合融资模式下，企业自有资金规模对各主体运营决策和利润的影响。可得性质7.1。

性质7.1：（ⅰ）$\dfrac{\partial p_r^1}{\partial B_r} = \dfrac{\partial p_d^1}{\partial B_r} = \dfrac{\partial w^1}{\partial B_r} = \dfrac{\partial w_1^1}{\partial B_r} = \dfrac{\partial Q_r^1}{\partial B_r} = \dfrac{\partial Q_d^1}{\partial B_r} = \dfrac{\partial (Q_r^1 + Q_d^1)}{\partial B_r} = 0$，$\dfrac{\partial \pi_r^1}{\partial B_r} > 0$，$\dfrac{\partial \pi_m^1}{\partial B_r} < 0$；

（ⅱ）$\dfrac{\partial p_r^1}{\partial B_m} = \dfrac{\partial p_d^1}{\partial B_m} = \dfrac{\partial w^1}{\partial B_m} = \dfrac{\partial w_1^1}{\partial B_m} = \dfrac{\partial Q_r^1}{\partial B_m} = \dfrac{\partial Q_d^1}{\partial B_m} = \dfrac{\partial (Q_r^1 + Q_d^1)}{\partial B_m} = 0$，$\dfrac{\partial \pi_r^1}{\partial B_m} = 0$，$\dfrac{\partial \pi_m^1}{\partial B_m} > 0$。

由性质7.1可得，在"制造商金融机构借贷 + 延期支付"组合融资模式下，自有资金规模对上、下游企业运营决策和需求无影响。同样地，制造商自有资金规模对零售商利润也无影响。零售商和制造商的自有资金规模对自身利润均产生积极的影响，随着其自有资金持有量的增加，其融资成本均降低，利润均增加。而零售商自有资金持有量越高，其对上游制造商的延期支付契约依赖程度越低，制造商通过延期支付契约来获利的能力减弱，利润减少。

下面，分析金融机构借贷利率以及制造商延期支付批发价敏感性对企业运作策略、需求和利润的影响。可得性质7.2。

性质7.2：（ⅰ）$\dfrac{\partial p_r^1}{\partial r_b} > 0$，$\dfrac{\partial p_d^1}{\partial r_b} > 0$，$\dfrac{\partial w^1}{\partial r_b} > 0$，$\dfrac{\partial w_1^1}{\partial r_b} > 0$，$\dfrac{\partial Q_r^1}{\partial r_b} < 0$，$\dfrac{\partial Q_d^1}{\partial r_b} < 0$，$\dfrac{\partial (Q_r^1 + Q_d^1)}{\partial r_b} < 0$，$\dfrac{\partial \pi_r^1}{\partial r_b} < 0$；

（ⅱ）$\dfrac{\partial p_r^1}{\partial \lambda} = \dfrac{\partial p_d^1}{\partial \lambda} = \dfrac{\partial w_1^1}{\partial \lambda} = \dfrac{\partial Q_r^1}{\partial \lambda} = \dfrac{\partial Q_d^1}{\partial \lambda} = \dfrac{\partial (Q_r^1 + Q_d^1)}{\partial \lambda} = 0$，$\dfrac{\partial w^1}{\partial \lambda} < 0$，$\dfrac{\partial \pi_r^1}{\partial \lambda} > 0$，$\dfrac{\partial \pi_m^1}{\partial \lambda} < 0$。

由性质7.2中的（ⅰ）可得，在"制造商金融机构借贷 + 延期支付"组合融资模式下，随着金融机构借贷利率的提高，制造商网络渠道定价、正常批发价、延期支付批发价不断提高，相应地，零售商实体渠道的零售价格也不断提高，导致实体渠道和网络渠道的需求均不断减少，零售商的利润也不断减少。进一步地，由性质 7.2 中的（ⅱ）可得，制造商延期支付批发价敏感性的提高对延期支付的批发价格、零售商渠道售价、网络渠道售价没有影响，实体渠道和网络渠道的顾客需求不变。然而，随着制造商延期支付批发价敏感性的增强，制造商给零售商的正常批发价下降，减少了零售商延期订货行为和数量。此时，制造商延期支付批发价敏感性的提高促使其为零售商提供了更大的优惠力度，零售商利润逐渐增加，而制造商利润逐渐减少。

7.3 "金融机构借贷＋提前支付"组合融资模式

本部分基于零售商通过银行等金融机构借贷来满足自身的订货资金需求，而根据制造商双渠道资金约束情况的不同，将本部分的"金融机构借贷＋提前支付"组合融资模式进一步细分为两种模式："零售商金融机构借贷＋提前支付"组合融资模式以及"双边金融机构借贷＋提前支付"组合融资模式。下面，分别讨论两种细分模式下供应链运营决策的问题。

7.3.1 "零售商金融机构借贷＋提前支付"组合融资模式

本部分在双边资金约束的环境下，双渠道制造商资金约束困境不是非常严峻，其自有生产资金规模满足 $cQ_d < B_m < c(Q_r + Q_d)$，即制造商自有生产资金能够满足自身网络渠道的需求，但不能满足零售商实体渠道的需求。此时，下游零售商发起"零售商金融机构借贷＋提前支付"组合融资策略。一方面，零售商通过向金融机构借贷融资来解决自身订货资金不足的问题；另一方面，其通过向上游双渠道制造商提前支付部分货款，以有效解决制造商线下渠道生产资金不足的问题。制造商对零售商提前支付货款的货物给予新的相对较低的批发价 $w_2 = we^{-\lambda}$（$\lambda > 0$），其中，λ 为提前支付批发价格敏感系数，λ 越大，提前支付货物的批发价越低。此时，易得零售商的借贷金额为：$L_r = c(Q_r +$

$Q_d) - B_m + w \{ Q_r - [c(Q_r + Q_d) - B_m] / (we^{-\lambda}) \} - B_r$，借贷利息为 $L_r r_b$。

零售商和双渠道制造商的利润函数分别为：

$$\pi_r = p_r Q_r - [c(Q_r + Q_d) - B_m] - w \{ Q_r - [c(Q_r + Q_d) - B_m] / (we^{-\lambda}) \} - L_r r_b$$

(7.9)

$$\pi_m = c(Q_r + Q_d) - B_m + w \left(Q_r - \frac{c(Q_r + Q_d) - B_m}{we^{-\lambda}} \right) + p_d [(1 - \varphi) a - p_d + \theta p_r]$$

$$- c[\varphi a - p_r + \theta_1 p_d + (1 - \varphi) a - p_d + \theta_2 p_r]$$

(7.10)

因金融机构借贷利率不能太高，假设借贷利率满足 $0 < r_b < r_b^{\#}$，其中，$r_b^{\#} = [4 - 4\theta^2 + 2\sqrt{2(2 - \theta^2)(1 - \theta^2)}]/\theta^2$。仍然采用逆向归纳法计算，可得定理 7.3。

定理 7.3：在"零售商金融机构借贷 + 提前支付"组合融资模式下，企业最优运营决策分别为：

$$p_r^{A1} = \frac{(1 + r_b)\zeta_1}{I_1}, \quad p_d^{A1} = \frac{\zeta_2}{I_1}, \quad w^{A1} = \frac{\zeta_3}{I_1} + c(e^{\lambda} - 1)(1 - \theta),$$

$$w_2^{A1} = \frac{e^{-\lambda}\zeta_3}{I_1} + c(1 - e^{-\lambda})(1 - \theta)$$

(7.11)

其中，$\zeta_1 = 2\varphi a(3 - \theta^2 - 2\theta) + \theta a(4 + r_b - \varphi r_b) + c(1 - \theta)(2 + 2r_b - 2\theta^2 - r_b\theta^2) + c\theta e^{\lambda}(1 - \theta^2)(4 + r_b)$，$\zeta_2 = 4a(1 - \varphi)(1 + r_b) + a\theta\varphi(4 + 3r_b) + c\theta r_b(1 + r_b)(1 - \theta) + 4ce^{\lambda}(1 + r_b)(1 - \theta^2)$，$\zeta_3 = 4a(\theta + \varphi - \theta\varphi) + a\theta r_b(2 + \theta\varphi - 2\varphi) + 4c(1 - \theta)(1 - \theta^2) + cr_b(1 - \theta)(4 - 3\theta^2) + 2c\theta e^{\lambda}(1 - \theta^2)(2 + r_b)$。

将式（7.11）代入式（7.1）～式（7.2）和式（7.9）～式（7.10），可得企业最优需求和利润。

分析企业自有资金规模对各主体的运营决策和利润的影响。可得性质 7.3。

性质 7.3：（ⅰ）$\frac{\partial p_r^{A1}}{\partial B_r} = \frac{\partial p_d^{A1}}{\partial B_r} = \frac{\partial w^{A1}}{\partial B_r} = \frac{\partial w_2^{A1}}{\partial B_r} = \frac{\partial Q_r^{A1}}{\partial B_r} = \frac{\partial Q_d^{A1}}{\partial B_r} = \frac{\partial (Q_r^{A1} + Q_d^{A1})}{\partial B_r} = 0$，

$\frac{\partial \pi_r^{A1}}{\partial B_r} > 0$，$\frac{\partial \pi_m^{A1}}{\partial B_r} = 0$；

（ⅱ）$\frac{\partial p_r^{A1}}{\partial B_m} = \frac{\partial p_d^{A1}}{\partial B_m} = \frac{\partial w^{A1}}{\partial B_m} = \frac{\partial w_2^{A1}}{\partial B_m} = \frac{\partial Q_r^{A1}}{\partial B_m} = \frac{\partial Q_d^{A1}}{\partial B_m} = \frac{\partial (Q_r^{A1} + Q_d^{A1})}{\partial B_m} = 0$，$\frac{\partial \pi_r^{A1}}{\partial B_m} < 0$，

$\frac{\partial \pi_m^{A1}}{\partial B_m} > 0$。

由性质 7.3 可得，与"制造商金融机构借贷 + 延期支付"组合融资模式

情形类似，在"零售商金融机构借贷＋提前支付"组合融资模式下，上、下游企业自有资金规模不影响各主体的最优运营决策和需求，且对自身利润均产生积极影响。但与"制造商金融机构借贷＋延期支付"组合融资模式情形不同，无论零售商自有资金规模如何，制造商对其提前支付依赖程度没有变化，且制造商利润不变。而随着制造商自有资金规模的扩大，其对零售商提前付款依赖性减弱，零售商从制造商提供提前付款折扣优惠中获益减少，零售商的利润也减少。

7.3.2 "双边金融机构借贷＋提前支付"组合融资模式

本部分考虑双渠道制造商资金约束非常严峻，其自有资金规模满足 $B_m \leq cQ_d < c(Q_r + Q_d)$，即制造商自有资金连自身网络渠道需求都不能满足（或恰好仅能满足网络渠道需求），完全缺乏实体渠道需求的生产资金。此时，一方面，零售商通过金融机构借贷后仍需要将部分订货资金提前支付给制造商以满足制造商实体渠道需求生产资金（cQ_r）。另一方面，制造商也需要向银行等金融机构借贷部分资金以满足自身网络渠道需求（$L_m = cQ_d - B_m$），需要支付给金融机构的借贷利息为 $L_m r_b$。设制造商对零售商提前支付货款的货物仍提供优惠批发价 $w_2 = we^{-\lambda}$。此时，易得零售商的借贷金额为 $L_r = cQ_r + w[Q_r - cQ_r/(we^{-\lambda})] - B_r$，借贷利息为 $L_r r_b$。

零售商和双渠道制造商的利润函数分别为：

$$\pi_r = p_r Q_r - cQ_r - w[Q_r - cQ_r/(we^{-\lambda})] - L_r r_b \tag{7.12}$$

$$\pi_m = cQ_r + w[Q_r - cQ_r/(we^{-\lambda})] + p_d[(1-\varphi)a - p_d + \theta p_r] - c(Q_r + Q_d) - L_m r_b \tag{7.13}$$

与"零售商金融机构借贷＋提前支付"组合融资模式类似，假设金融机构借贷利率仍然满足 $0 < r_b < r_b^{\#}$，并采用逆向归纳法进行计算，可得**定理7.4**。

定理7.4：在"双边金融机构借贷＋提前支付"组合融资模式下，各企业最优的运营决策分别为：

$$p_r^{A2} = \frac{(1+r_b)\xi_1}{I_1}, \quad p_d^{A2} = \frac{\xi_2}{I_1}, \quad w^{A2} = \frac{\xi_3}{\theta I_1} + \frac{c(2-\theta^2-\theta+\theta e^\lambda)}{\theta},$$

$$w_2^{A2} = \frac{e^{-\lambda}\xi_3}{\theta I_1} + \frac{ce^{-\lambda}(2-\theta^2-\theta+\theta e^\lambda)}{\theta} \tag{7.14}$$

其中，$I_1 = 8(1-\theta^2)(1+r_b) - \theta^2 r_b^2$，$\xi_1 = 2a\varphi(3-2\theta-\theta^2) + a\theta(4+r_b-r_b\varphi) + 2c(1+r_b)(1-\theta^3) + c\theta(1-\theta)(2+r_b) - c\theta r_b^2$，$\xi_2 = 4a(1-\varphi)(1+r_b) + a\theta\varphi(4+3r_b) + c(1+r_b)^2(4-4\theta^2-\theta^2 r_b) + c\theta r_b(1+r_b)$，$\xi_3 = 22c\theta^2(1+r_b) - 4c(1+r_b)(4-\theta) - c\theta^3(1+r_b)(3+7\theta) + 4a\theta(\theta+\varphi-\varphi\theta) + c\theta^2(2-\theta-\theta^2) + a\theta^2 r_b(2-2\varphi+\theta\varphi)$。

将式（7.14）代入式（7.1）~式（7.2）和式（7.12）~式（7.13），可得各企业最优需求和利润。

下面，分析企业初始资金规模对各主体运营决策和利润的影响，可得性质 7.4。

性质 7.4：（ⅰ）$\dfrac{\partial p_r^{A2}}{\partial B_r} = \dfrac{\partial p_d^{A2}}{\partial B_r} = \dfrac{\partial w^{A2}}{\partial B_r} = \dfrac{\partial w_2^{A2}}{\partial B_r} = \dfrac{\partial Q_r^{A2}}{\partial B_r} = \dfrac{\partial Q_d^{A2}}{\partial B_r} = \dfrac{\partial(Q_r^{A2}+Q_d^{A2})}{\partial B_r} = 0$，

$\dfrac{\partial \pi_r^{A2}}{\partial B_r} > 0$，$\dfrac{\partial \pi_m^{A2}}{\partial B_r} = 0$；

（ⅱ）$\dfrac{\partial p_r^{A2}}{\partial B_m} = \dfrac{\partial p_d^{A2}}{\partial B_m} = \dfrac{\partial w^{A2}}{\partial B_m} = \dfrac{\partial w_2^{A2}}{\partial B_m} = \dfrac{\partial Q_r^{A2}}{\partial B_m} = \dfrac{\partial Q_d^{A2}}{\partial B_m} = \dfrac{\partial(Q_r^{A2}+Q_d^{A2})}{\partial B_m} = 0$，$\dfrac{\partial \pi_r^{A2}}{\partial B_m} = 0$，

$\dfrac{\partial \pi_m^{A2}}{\partial B_m} > 0$。

由性质 7.4 可得，与"零售商金融机构借贷 + 提前支付"组合融资模式情形类似，在此模式下，上、下游企业自有资金规模不影响各主体的最优运营决策和需求，且对自身利润均产生积极影响，零售商自有资金规模对制造商利润无影响。但与"零售商金融机构借贷 + 提前支付"组合融资模式不同，随着制造商自有资金规模的扩大，其线下渠道的生产资金约束情况不变，对零售商提前支付依赖程度不变，因此零售商的利润也不发生变化。

7.4　数值仿真及分析

例 7.1：本部分通过数值分析来探讨"零售商/双边金融机构借贷 + 提前支付"组合融资模式下金融机构借贷利率对各主体运营决策和利润的影响。模型参数设置如下：$B_r = 180$，$a = 100$，$\theta = 0.3$，$c = 10$，$\varphi = 0.4$，$\lambda = 0.09$。

由图 7-1 可得，在"零售商金融机构借贷 + 提前支付"组合融资模式下，随着零售商借贷利率的提高，零售商的融资成本增加。此时，制造商为激励零售商从金融机构借贷融资（解决零售商资金约束困境）并对制造商提前付款（解决制造商资金约束困境），制造商为零售商提供的正常批发价格和提前订货批发价格均不断降低。因零售商从金融机构借贷的融资成本不断增加，零售商的零售价格不断提高，零售渠道的消费者需求减少。因制造商网络渠道不存在资金约束问题，其通过降低网络渠道产品售价的方式吸引更多消费者转到其网络渠道，网络渠道的消费者需求逐渐增加。进一步地，零售商渠道需求减少引起其利润减少的负效应被其零售价格提高以及批发价降低引起其利润增加的正效应抵消，零售商利润不断增加。而制造商网络渠道需求增大引起其利润增加的正效应被其批发价、网络渠道售价降低以及实体渠道需求下降引起其利润减少的负效应抵消，导致双渠道制造商的总利润不断减少。

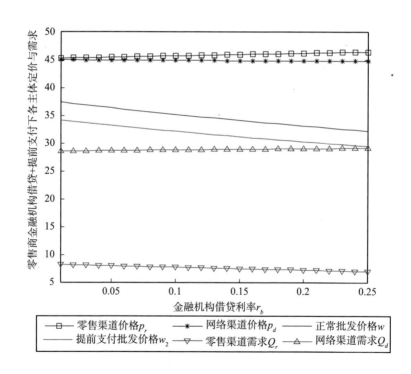

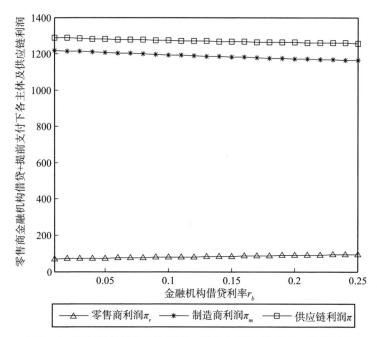

**图7-1 "零售商金融机构借贷+提前支付"模式下，借贷利率
对各主体定价、需求和利润的影响（$B_m = 300$）**

由图7-2可得，在"双边金融机构借贷+提前支付"组合融资模式下，随着借贷利率的提高，零售商和制造商金融机构融资成本均逐渐增加，双渠道产品售价均提高，双渠道需求均下降。与"零售商金融机构借贷+提前支付"组合融资模式下各主体利润变化情况一致，随着借贷利率的提高，零售商的利润增加，而制造商的利润减少。

例7.2：本部分通过数值分析来探讨"零售商/双边金融机构借贷+提前支付"组合融资模式下，提前支付批发价敏感系数对各主体运营决策和利润的影响。参数设置如下：$B_r = 180$，$a = 100$，$\theta = 0.3$，$r_b = 0.04$，$c = 10$，$\varphi = 0.4$。

由图7-3可得，在"零售商金融机构借贷+提前支付"组合融资模式下，随着制造商对提前支付批发价敏感性的增强，其提前支付批发价不断降低，给予零售商的提前支付批发价格优惠力度不断加大。此时，为弥补因提前

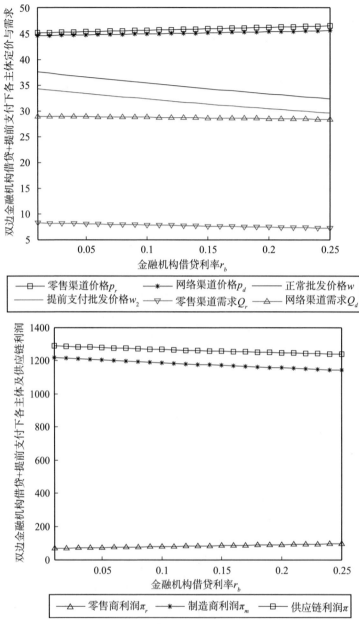

图 7 - 2 "双边金融机构借贷 + 提前支付"模式下，借贷利率
对各主体定价、需求和利润的影响（$B_m = 200$）

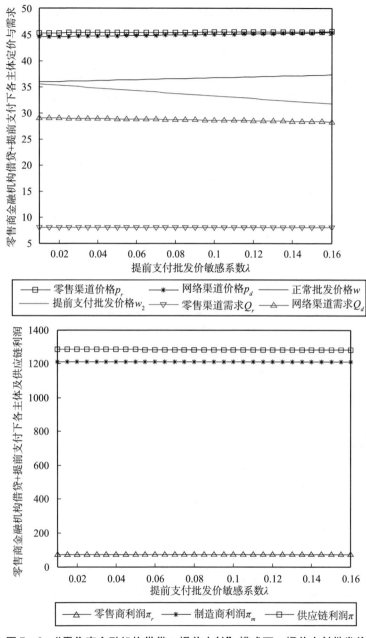

图 7 - 3　"零售商金融机构借贷 + 提前支付"模式下，提前支付批发价
敏感系数对各主体定价、需求和利润的影响（$B_m = 300$）

支付批发价降低造成的利益损失，制造商正常批发价、网络渠道售价不断提高，并引起零售商实体渠道售价不断提高，实体渠道和网络渠道的消费者需求均不断减少。进一步地，零售商渠道需求减少以及正常批发价提高引起其利润下降的负效应被其零售价格提高以及提前订货批发价降低引起其利润增加的正效应抵消，零售商的利润不断增加。而制造商正常批发价、网络渠道售价提高引起其利润增加的正效应被其提前订货批发价降低以及双渠道需求下降引起其利润减少的负效应抵消，制造商的总利润不断减少。

由图 7-4 可得，在"双边金融机构借贷 + 提前支付"组合融资模式下，随着制造商对提前支付批发价敏感性的增强，制造商的提前支付批发价逐渐降低，但正常支付批发价逐渐提高，即制造商通过提高正常支付批发价来弥补提前支付批发价优惠造成的损失，最终导致双渠道售价、需求及利润均不发生变化。

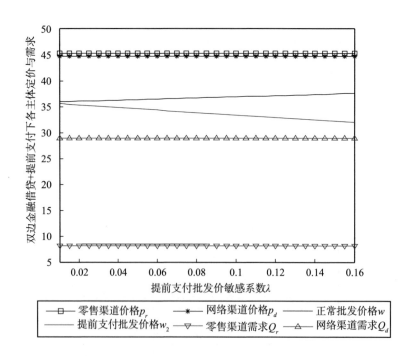

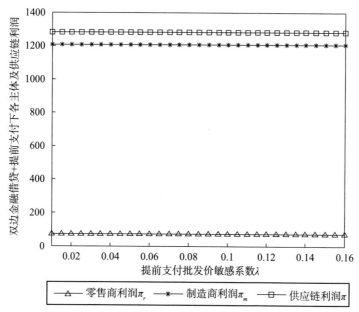

图 7 - 4 "双边金融机构借贷 + 提前支付"模式下，提前支付批发价
敏感系数对各主体定价、需求和利润的影响（$B_m = 200$）

例 7.3：企业初始资金规模、金融机构借贷利率等对供应链企业融资成本、运营决策和利润产生重要的影响，并影响企业对三种不同组合融资模式的选择策略。下面，在制造商不同的自有资金规模下（制造商资金约束程度不同），基于不同借贷利率对比分析三种融资模式下企业利润大小，探讨各企业对不同组合融资模式的选择策略。具体模型参数设置如下：$B_r = 180$，$a = 100$，$\theta = 0.3$，$c = 10$，$\varphi = 0.4$，$\lambda = 0.09$。

由表 7 - 1 可得，在双边资金的约束下，供应链组合融资模式不仅有效解决了各企业资金约束困境，且零售商也可以获得多于无资金约束时其所得的利润。原因是，在"制造商金融机构借贷 + 延期支付"组合融资模式下，制造商通过设置较低的正常批发价格来激励资金约束的零售商用全部货款订货，减少零售商延期支付货款数量，零售商因此获得了更多的正常批发价优惠，节约了批发成本，进而增加了零售商的利润。而在"零售商金融机构借贷 + 提前支付"和"双边金融机构借贷 + 提前支付"组合融资模式下，制造商又通过设置较低的提前支付批发价来激励零售商提前付款以解决制造商生产资金不足困

表7-1　不同组合融资模式下，各企业利润以及供应链总利润

参数	无资金约束			制造商资金约束不严重（$B_m=300$）						制造商资金约束较严重（$B_m=200$）					
				制造商金融机构借贷+延期支付			零售商金融机构借贷+提前支付			制造商金融机构借贷+延期支付			双边金融机构借贷+提前支付		
	π_r^0	π_m^0	π^0	π_r^1	π_m^1	π^1	π_r^{A1}	π_m^{A1}	π^{A1}	π_r^1	π_m^1	π^1	π_r^{A2}	π_m^{A2}	π^{A2}
$r_b=0.01$	68.06	1223.1	1291.1	84.73	1205.4	1290.1	70.00	1218.9	1288.9	84.73	1204.4	1289.1	69.15	1219.1	1288.3
$r_b=0.06$	68.06	1223.1	1291.1	83.29	1201.9	1285.2	74.97	1204.8	1279.8	83.29	1195.9	1279.2	74.66	1200.6	1275.3
$r_b=0.11$	68.06	1223.1	1291.1	81.87	1198.5	1280.4	80.08	1192.2	1272.3	81.87	1187.5	1269.4	80.30	1183.6	1263.9
$r_b=0.16$	68.06	1223.1	1291.1	80.47	1195.3	1275.8	85.31	1181.0	1266.3	80.47	1179.3	1259.8	86.06	1167.9	1253.9
$r_b=0.21$	68.06	1223.1	1291.1	79.09	1192.2	1271.3	90.68	1170.9	1261.5	79.09	1171.2	1250.3	91.94	1153.3	1245.3

境，零售商获得了更多的提前支付批发价优惠，进而增加了零售商利润。然而，上述不同的组合融资模式能够有效实施，依赖于制造商对批发价的再设计，制造商通过承受一定量的批发利润损失有效解决了供应链双边资金约束困难，而这些代价的付出，造成制造商的利润往往少于无资金约束时其所得的利润。进一步地，在双边资金约束下，无论供应链采用哪一种组合融资模式，供应链的总利润总是少于无资金约束下供应链的总利润，即企业资金约束困境对供应链利润产生消极影响，企业通过向外部金融机构借贷并借助链条内部商业信用合同，可以有效解决整个链条双边资金约束困难，但供应链仍然需要付出一定的代价，其需要将部分利润补偿给提供金融支持的外部金融机构。

进一步地，对比金融机构不同借贷利率下的供应链各主体利润，发现当金融机构借贷利率相对较低时（$r_b \leqslant 0.11$），无论制造商资金约束是否严重（$B_m = 300$ 或 $B_m = 200$），零售商在"制造商金融机构借贷 + 延期支付"组合融资模式下所得的利润不仅多于其在"零售商金融机构借贷 + 提前支付"组合融资模式下所得的利润，也同时多于"双边金融机构借贷 + 提前支付"组合融资模式下所得的利润，此时零售商将偏向选择"制造商金融机构借贷 + 延期支付"组合融资模式。否则，零售商将偏向选择"零售商金融机构借贷 + 提前支付"（$B_m = 300$）或"双边金融机构借贷 + 提前支付"组合融资模式（$B_m = 200$）。

最后，对制造商来说，当金融机构借贷利率相对较低时（$r_b \leqslant 0.06$），无论制造商资金约束是否严重（$B_m = 300$ 或 $B_m = 200$），其在"零售商金融机构借贷 + 提前支付"以及"双边金融机构借贷 + 提前支付"组合融资模式下所得的利润均多于其在"制造商金融机构借贷 + 延期支付"组合融资模式下所得的利润，此时制造商将偏向选择"零售商金融机构借贷 + 提前支付"（$B_m = 300$）或"双边金融机构借贷 + 提前支付"组合融资模式（$B_m = 200$）。否则，无论制造商资金约束是否严重（$B_m = 300$ 或 $B_m = 200$），制造商将偏爱选择"制造商金融机构借贷 + 延期支付"组合融资模式。

7.5　本　章　小　结

本章基于上、下游企业均存在资金约束的双渠道供应链，研究了"制造商金融机构借贷＋延期支付"、"零售商金融机构借贷＋提前支付"以及"双边金融机构借贷＋提前支付"三种不同组合融资模式下供应链各企业的最优运营决策和利润，分析了上、下游企业自有资金规模、借贷利率等对各企业博弈策略的影响。研究指出，在双边资金的约束下，供应链组合融资模式不仅有效解决了各企业资金约束的困难，且零售商往往可以获得多于其无资金约束时所得的利润；对比不同的组合融资模式，发现对零售商而言，当金融机构借贷利率相对较低时，其偏向选择"制造商金融机构借贷＋延期支付"组合融资模式，否则，其更加偏向选择"零售商/双边金融机构借贷＋提前支付"组合融资模式。而对制造商而言，当金融机构借贷利率相对较低时，其偏向选择"零售商/双边金融机构借贷＋提前支付"组合融资模式，否则，其更加偏向选择"制造商金融机构借贷＋延期支付"组合融资模式。

第8章

双边资金约束下考虑退货风险的双渠道供应链融资策略

　　资金约束问题对供应链各主体运营决策来说至关重要。当供应链中仅一方存在资金约束困境时，可以采取供应链内部商业信用融资方式，即提前支付或延期支付部分货款来缓解资金约束困难。而当上、下游企业同时面临资金约束困境时，供应链各主体则可以通过外部金融机构融资，金融机构借贷与商业信用的融资组合更好地帮助各企业有效解决资金约束的问题。随着电子商务的快速发展，网络购物也成为消费者消费的重要渠道，"6·18""双十一"等线上购物节也越来越普遍。供应商不仅可以通过传统的线下零售方式销售商品，还可以开设直销渠道来满足消费者的购物需求。除此之外，因为消费者在网络渠道购买商品时无法切身体验商品，所以与传统线下零售渠道相比，网络渠道的消费者退货率要明显高于实体渠道，故消费者退货行为成为双渠道供应链中影响各主体运营决策和利润的重要因素，尤其是当企业存在资金约束时，退货行为对其资金占用、产品销售和利润影响更大也更为复杂，而这也正是本章研究的重点。

　　目前，在双渠道供应链融资决策问题的研究中，已有文献主要关注供应链中仅其中一方存在资金约束的情况，极少考虑双边资金约束的情形，而这种情形在双渠道供应链又比较普遍，上、下游企业可能都存在资金约束的困境。此时，仅依靠其中一方进行融资决策是很难解决整个供应链的资金约束问题的，这正是本章的研究重点。此外，本章还将顾客退货行为因素考虑在内。因此，本章针对上、下游企业同时存在资金约束的双渠道供应链，研究在不同融资组合模式下各企业的最优运营决策和利润，探讨了退货率、企业自有资金规模等因素对各企业运营决策的影响，并分析不同市场条件下双渠道供应链各主体对不同组合融资模式的选择偏好。

8.1　模　型　设　定

在双边资金约束的环境下，采用"制造商金融机构借贷 + 延期支付"以及"零售商金融机构借贷 + 提前支付"两种不同的融资组合模式来解决企业资金不足的问题。

本部分先给出供应链双方均无资金约束时，各企业的最优运营决策和利润。

供应链双方的需求函数分别为：

零售商实体渠道的需求：

$$Q_r = \varphi a - p_r - (1-s)rg + \alpha_1 p_m + \beta_1 rg \tag{8.1}$$

制造商网络渠道的需求：

$$Q_m = (1-\varphi)a - p_m - rg + \alpha_2 p_r + \beta_2 (1-s)rg \tag{8.2}$$

其中，a 为市场潜在的需求规模；p_r、p_m 分别为零售商、制造商的产品零售价；φ 为实体渠道产品的市场占有率，反映了消费者对不同渠道产品的购买偏好，φ 越大，表明消费者越偏向实体渠道购买产品，否则消费者更偏向网络渠道购买产品；s 为零售商实体渠道售前服务水平（SA 服务水平），提升 SA 服务水平的成本为 $\eta s^2/2$，η 为成本系数（$\eta > 0$）；r 为制造商网络渠道的退货率，实体渠道提供售前服务后的退货率必然小于 r，令为 $(1-s)r$；g 为消费者单件退货成本（产品单位为"件"），消费者的退货成本主要包括退货的时间成本、交易成本、严格的退货政策导致的经济损失（如物流成本一般由消费者承担）。消费者选择网络渠道时的期望退货成本为 rg，选择实体渠道时的期望退货成本为 $(1-s)rg$；$\alpha_i < 1$（$i = 1, 2$）分别为由于对方渠道价格所引起的消费者转移程度；$\beta_i < 1$（$i = 1, 2$）分别为由于对方渠道退货成本所引起的消费者转移程度；c 和 w 分别为制造商单位产品的生产成本和批发价，为了方

便计算，且不影响本章结论，令 $\alpha_1 = \alpha_2 = \alpha$，$\beta_1 = \beta_2 = \beta$。

传统零售商和双渠道制造商的利润函数分别为：

$$\pi_r = (p_r - w)\left[\varphi a - p_r - (1 - s)rg + \alpha p_m + \beta rg\right] - \eta s^2/2 \tag{8.3}$$

$$\begin{aligned}\pi_m = &\ w\left[\varphi a - p_r - (1 - s)rg + \alpha p_m + \beta rg\right] + p_m\left[(1 - \varphi)a\right.\\ &\left. - p_m - rg + \alpha p_r + \beta(1 - s)rg\right] - c\left[a - p_r - p_m\right.\\ &\left. + \alpha(p_m + p_r) + (2 - s)(\beta - 1)rg\right]\end{aligned} \tag{8.4}$$

假设制造商为供应链的领导者，首先，确定其产品的零售价 p_m 和产品批发价 w 实现利润最大化；其次，零售商观察到制造商决策后再确定自身实体渠道的零售价 p_r。采用逆向归纳法进行计算，可得定理 8.1。

定理 8.1： 无资金约束时，各企业最优运营决策分别为：

$$\begin{cases} p_r^0 = \dfrac{\begin{aligned}&gr\left[3 + \alpha^2(\beta - 1) + \beta(2s\alpha - 2\alpha - 3) + s(\alpha^2 - 3) + 2\alpha\right]\\ &+ a\left[\varphi(\alpha^2 + 2\alpha - 3) - 2\alpha\right] + c\left[\alpha^3 + \alpha^2 - \alpha - 1\right]\end{aligned}}{4(\alpha^2 - 1)} \\[3mm] p_m^0 = \dfrac{a + c(1 - \alpha^2) + a\varphi(\alpha - 1) + gr\left[(\beta - 1)(\alpha + 1) + s(\alpha - \beta)\right]}{2(1 - \alpha^2)} \\[3mm] w^0 = \dfrac{c(1 - \alpha^2) + a\left[\varphi + \alpha(1 - \varphi)\right] + gr\left[(\beta - 1)(\alpha + 1) + s(1 - \beta\alpha)\right]}{2(1 - \alpha^2)} \end{cases} \tag{8.5}$$

将式（8.5）代入式（8.1）~式（8.4），可得各企业最优需求和利润。

下面，分析在此模式下，由于对方渠道退货成本所引起的消费者转移程度对各主体运营决策和收益的影响，可得性质 8.1。

性质 8.1：（ⅰ）$\dfrac{\partial p_r^0}{\partial \beta} > 0$，$\dfrac{\partial p_m^0}{\partial \beta} > 0$，$\dfrac{\partial w^0}{\partial \beta} > 0$；

（ⅱ）$\dfrac{\partial Q_r^0}{\partial \beta} > 0$，$\dfrac{\partial Q_m^0}{\partial \beta} > 0$，$\dfrac{\partial (Q_r^0 + Q_m^0)}{\partial \beta} > 0$，$\dfrac{\partial \pi_r^0}{\partial \beta} > 0$，$\dfrac{\partial \pi_m^0}{\partial \beta} > 0$。

由性质 8.1 中的（ⅰ）可得，当供应链双方均无资金约束时，随着对方渠道退货成本所引起的消费者转移程度的增加，制造商的网络渠道定价、批发价也不断提高，导致零售商实体渠道的零售价也不断提高。在消费者比较注重渠道之间退货风险差异的情况下，制造商只能通过提高批发价和网络渠道零售价来实现利润最大化。进一步地，由性质 8.1 中的（ⅱ）可得，由于对方渠道退货成本所引起的消费者转移程度与制造商网络渠道的需求、零售商实体渠道的需求、供应链总需求成正比，同时也与各企业自身的利润成正比，结果表明，对方渠道消费者发生退货行为，导致消费者购买商品发生渠道的转移，消费者对制造商和零售商的需求都有所增加，因此它们的利润也不断增加。

8.2 "制造商金融机构借贷+延期支付"组合融资模式

在"制造商金融机构借贷+延期支付"组合融资模式下，一方面，制造商通过外部金融机构进行借贷来解决自身生产资金不足的困境；另一方面，又要为零售商提供延期支付契约，即允许其部分货款推迟支付，帮助其缓解零售商订货资金不足的困境。假设零售商和双渠道制造商的自有资金规模分别为 B_r 和 B_m，制造商从银行等金融机构借贷的金额为 $L_m = c(Q_r + Q_m) - B_m$。销售完成后，制造商需要向金融机构归还的本息为 $(c(Q_r + Q_m) - B_m)(1 + r_b)$，其中，$r_b$ 为外部金融机构的贷款年利率。为激励零售商先用其自有资金 B_r 支付一部分货款，制造商对延期支付产品定一个新的较高的批发价，$w_1 = we^\lambda$（$\lambda > 0$），λ 为延期支付批发价格敏感系数，λ 越大，延期支付产品的批发价就越高。

零售商和双渠道制造商的利润函数分别为：

$$\pi_r^1 = p_r[\varphi a - p_r - (1-s)rg + \alpha p_m + \beta rg] - B_r$$
$$- we^\lambda \left[\varphi a - p_r - (1-s)rg + \alpha p_m + \beta rg - \frac{B_r}{w}\right] - \frac{\eta s^2}{2} \quad (8.6)$$

$$\pi_m^1 = p_m[(1-\varphi)a - p_m - rg + \alpha p_r + \beta(1-s)rg] + B_r$$
$$+ we^\lambda \left[\varphi a - p_r - (1-s)rg + \alpha p_m + \beta rg - \frac{B_r}{w}\right]$$
$$- c(Q_m + Q_r) - L_m r_b \quad (8.7)$$

与供应链双方均无资金约束情形的计算方法相似，采用逆向归纳法，可得定理8.2。

定理8.2：在"制造商金融机构借贷+延期支付"组合融资模式下，企业最优运营决策分别为：

$$
\begin{cases}
p_r^1 = \dfrac{\begin{array}{c} c(\alpha^3 + \alpha^2 - \alpha - 1 - r_b) + cr_b\alpha(\alpha^2 + \alpha - 1) + gr[(\beta + s - 1) \\ (\alpha^2 - 3) + 2\alpha(\beta s - \beta + 1)] + a[\varphi(\alpha^2 + 2\alpha - 3) - 2\alpha] \end{array}}{4(\alpha^2 - 1)} \\[4mm]
p_m^1 = \dfrac{a[1 + \varphi(\alpha - 1)] + c(1 - \alpha^2)(1 + r_b) + gr[\beta(\alpha - s + 1) + \alpha(s - 1) - 1]}{2(1 - \alpha^2)} \\[4mm]
w^1 = \dfrac{c(1 + r_b)(1 - \alpha^2) + a(\varphi + \alpha - \varphi\alpha) + gr[\beta - 1 + s - \alpha + \alpha\beta(1 - s)]}{2e^\lambda(1 - \alpha^2)} \\[4mm]
w_1^1 = \dfrac{c(1 + r_b)(1 - \alpha^2) + a(\varphi + \alpha - \varphi\alpha) + gr[\beta - 1 + s - \alpha + \alpha\beta(1 - s)]}{2(1 - \alpha^2)}
\end{cases}
$$

$$\text{(8.8)}$$

将式（8.8）代入式（8.1）~式（8.2）和式（8.6）~式（8.7）可得企业最优需求和利润。

下面，分析在此模式下，由于对方渠道退货成本所引起的消费者转移程度对各主体运营决策和收益的影响，可得性质 8.2。

性质 8.2：（ⅰ）$\dfrac{\partial p_r^1}{\partial \beta} > 0$，$\dfrac{\partial p_m^1}{\partial \beta} > 0$，$\dfrac{\partial w^1}{\partial \beta} > 0$；

（ⅱ）$\dfrac{\partial Q_r^1}{\partial \beta} > 0$，$\dfrac{\partial Q_m^1}{\partial \beta} > 0$，$\dfrac{\partial(Q_r^1 + Q_m^1)}{\partial \beta} > 0$，$\dfrac{\partial \pi_r^1}{\partial \beta} > 0$，$\dfrac{\partial \pi_m^1}{\partial \beta} > 0$。

由性质 8.2 可得，在"制造商金融机构借贷 + 延期支付"组合融资模式下，分析对方渠道退货成本所引起的消费者转移程度对制造商和零售商运营决策及利润的影响。具体分析与供应链双方均无资金约束时的情形类似，这里不再赘述。

下面，进一步分析在双边资金约束下，当双渠道制造商采用"金融机构借贷 + 延期支付"组合融资模式时，零售商和制造商的初始资金规模对供应链各主体运营决策和收益的影响，可得性质 8.3。

性质 8.3：（ⅰ）$\dfrac{\partial p_r^1}{\partial B_r} = \dfrac{\partial p_m^1}{\partial B_r} = \dfrac{\partial w^1}{\partial B_r} = \dfrac{\partial Q_r^1}{\partial B_r} = \dfrac{\partial Q_m^1}{\partial B_r} = \dfrac{\partial(Q_r^1 + Q_m^1)}{\partial B_r} = 0$，$\dfrac{\partial \pi_r^1}{\partial B_r} > 0$，

$\dfrac{\partial \pi_m^1}{\partial B_r} < 0$。

（ⅱ）$\dfrac{\partial p_r^1}{\partial B_m} = \dfrac{\partial p_m^1}{\partial B_m} = \dfrac{\partial w^1}{\partial B_m} = \dfrac{\partial Q_r^1}{\partial B_m} = \dfrac{\partial Q_m^1}{\partial B_m} = \dfrac{\partial(Q_r^1 + Q_m^1)}{\partial B_m} = 0$，$\dfrac{\partial \pi_r^1}{\partial B_m} = 0$，$\dfrac{\partial \pi_m^1}{\partial B_m} > 0$。

由性质 8.3 可得，在"制造商金融机构借贷 + 延期支付"组合融资模式下，自有资金规模对上、下游企业的运营决策和需求均无影响。同样地，制造商自有资金规模对零售商的利润也没有影响。零售商和制造商的自有资金规模对自身的利润都产生了积极的影响，随着其自有资金的持有量不断增加，其融资成本均会降低，利润就会增加。而零售商的自有资金持有量越多，其对延期支付契约的依赖程度就会越低，制造商通过延期支付契约来获取收益的能力就会减弱，导致其利润减少。

下面，进一步分析"制造商金融机构借贷 + 延期支付"组合融资模式下金融机构借贷利率以及制造商延期支付批发价敏感系数对供应链各主体运作策略、需求和利润的影响，从而得性质 8.4。

性质 8.4：（ⅰ）$\dfrac{\partial p_r^1}{\partial r_b}>0$，$\dfrac{\partial p_m^1}{\partial r_b}>0$，$\dfrac{\partial w^1}{\partial r_b}>0$，$\dfrac{\partial Q_r^1}{\partial r_b}<0$，$\dfrac{\partial Q_m^1}{\partial r_b}<0$，$\dfrac{\partial (Q_r^1+Q_m^1)}{\partial r_b}<0$，

$\dfrac{\partial \pi_m^1}{\partial r_b}<0$；当 $s<\dfrac{c(1-\alpha)(1+r_b)+gr(1-\beta)}{gr}$，且 $a<-\dfrac{c(\alpha-1)(1+r_b)+gr(\beta+s-1)}{\varphi}$

时，$\dfrac{\partial \pi_r^1}{\partial r_b}>0$，否则，$\dfrac{\partial \pi_r^1}{\partial r_b}\leq 0$。

（ⅱ）$\dfrac{\partial p_r^1}{\partial \lambda}=\dfrac{\partial p_m^1}{\partial \lambda}=0$，$\dfrac{\partial w^1}{\partial \lambda}<0$，$\dfrac{\partial w_1^1}{\partial \lambda}<0$，$\dfrac{\partial Q_r^1}{\partial \lambda}=\dfrac{\partial Q_m^1}{\partial \lambda}=\dfrac{\partial (Q_r^1+Q_m^1)}{\partial \lambda}=0$，$\dfrac{\partial \pi_r^1}{\partial \lambda}>0$，$\dfrac{\partial \pi_m^1}{\partial \lambda}<0$。

由性质 8.4 中的（ⅰ）可得，在"制造商金融机构借贷 + 延期支付"组合融资模式下，随着金融机构借贷利率的提高，制造商网络渠道的零售价、正常批发价也不断提高，相应地零售商实体渠道的价格也不断提高，导致消费者对制造商网络渠道需求和零售商实体渠道需求均减少，供应链的总需求也随之减少。当零售商的售前服务水平和市场潜在需求规模满足一定条件时，零售商的利润与金融机构借贷利率成正比。进一步地，由性质 8.4 中的（2）可得，制造商延期支付批发价敏感性的增强对制造商网络渠道定价、零售商实体渠道定价均没有影响，而正常批发价和延期支付批发价均有所下降，实体渠道和网络渠道的需求并没有发生变化。随着制造商延期支付批发价敏感性的增强，制造商的利润不断减少，而零售商的利润不断增加。

8.3　"零售商金融机构借贷 + 提前支付" 组合融资模式

本部分基于在双边资金约束的环境下，双渠道制造商的资金约束问题不是十分严重，其自有资金生产规模满足 $cQ_m < B_m < c(Q_m + Q_r)$，即制造商的自有生产资金可以满足网络渠道的产品需求，却不能满足零售商实体渠道的产品需求。此时，下游零售商采用 "金融机构借贷 + 提前支付" 组合融资模式，一方面，零售商向外部金融机构借贷来解决自身订货资金不足的问题；另一方面，其通过向上游制造商提前支付部分货款以有效解决实体渠道生产资金不足的困境。制造商对零售商提前支付的部分货款给予一个新的较低的批发价，$w_2 = we^{-\lambda}$（$\lambda > 0$），以激励零售商提前支付部分款项。其中，λ 是提前支付批发价敏感系数，λ 越大，提前支付货物的批发价就越低。此时，易得零售商的借贷金额为 $L_r = c(Q_r + Q_m) - B_m + w\left[Q_r - \dfrac{c(Q_r + Q_m) - B_m}{we^{-\lambda}}\right] - B_r$，借贷利息为 $L_r r_b$。

零售商和双渠道制造商的利润函数分别为：

$$\begin{aligned}
\pi_r^2 = {} & p_r\left[\varphi a - p_r - (1-s)rg + \alpha p_m + \beta rg\right] - \left[c(Q_r + Q_m) - B_m\right] \\
& - w\left[Q_r - \frac{c(Q_r + Q_m) - B_m}{we^{-\lambda}}\right] - L_r r_b - \frac{\eta s^2}{2}
\end{aligned} \tag{8.9}$$

$$\begin{aligned}
\pi_m^2 = {} & c(Q_r + Q_m) - B_m + w\left[Q_r - \frac{c(Q_r + Q_m) - B_m}{we^{-\lambda}}\right] \\
& + p_m\left[(1-\varphi)a - p_m - rg + \alpha p_r + \beta(1-s)rg\right] - c(Q_r + Q_m)
\end{aligned} \tag{8.10}$$

此时，π_r 是关于 p_r 的凹函数，易得零售商实体渠道的最优价格为：

$$p_r^2 = \frac{c(1-\alpha)(w - we^{-\lambda} + 1)(1 + r_b) + (1 + w)\left[a\varphi + gr(\beta + s - 1) + p_m\alpha\right]}{2(w+1)} \tag{8.11}$$

π_m 关于 p_m 和 w 的海塞矩阵为：$H = \begin{pmatrix} \alpha^2 - 2 & \dfrac{\alpha(r_b + 2)}{2} \\ \dfrac{\alpha(r_b + 2)}{2} & -r_b - 1 \end{pmatrix}$。

因金融机构借贷利率不能太高，假设借贷利率满足 $0 < r_b < r_b^{\#}$，其中，$r_b^{\#} = \dfrac{2\sqrt{2\alpha^4 - 6\alpha^2 + 4} - 4(\alpha^2 - 1)}{\alpha^2}$，此时，$|H| > 0$，采用逆向归纳法计算，可得定理 8.3。

定理 8.3：在"零售商金融机构借贷＋提前支付"组合融资模式下，企业最优运营决策分别为：

$$
\begin{cases}
p_r^2 = \dfrac{-e^{-\lambda}(1 + r_b)\{\delta_1 - e^{\lambda}[\delta_2 + gr(\delta_3 + \delta_4)]\}}{I}, \\[3mm]
p_m^2 = \dfrac{-e^{-\lambda}(ae^{\lambda}\delta_5 + c\delta_6 + gre^{\lambda}\delta_7)}{I} \\[3mm]
w^2 = \dfrac{-e^{-\lambda}(c\delta_8 + cr_b\alpha\delta_9 + ae^{\lambda}\delta_{10} + gre^{\lambda}\delta_{11})}{I}, \\[3mm]
w_2^2 = \dfrac{-e^{-2\lambda}(c\delta_8 + cr_b\alpha\delta_9 + ae^{\lambda}\delta_{10} + gre^{\lambda}\delta_{11})}{I}
\end{cases}
\tag{8.12}
$$

其中，$\delta_1 = c(-1 + \alpha)\{-\alpha(4 + r_b)(1 + \alpha) + e^{\lambda}[r_b(-2 + \alpha^2) + 2(-1 + \alpha^2)]\}$，$\delta_2 = a\{-(4 + r_b)\alpha + \varphi[-6 + (4 + r_b)\alpha + 2\alpha^2]\}$，$\delta_3 = 6 + 4\alpha + r_b\alpha - 2\alpha^2 + 2s(-3 + \alpha^2)$，$\delta_4 = \beta[-6 + (4 + r_b)(-1 + s)\alpha + 2\alpha^2]$，$\delta_5 = 4(1 - \varphi - r_b) + \varphi(4\alpha + 3r_b\alpha - 4r_b)$，$\delta_6 = 4 + 4r_b - 4\alpha^2 + r_b\alpha[e^{\lambda}(1 - \alpha)(1 + r_b) - 4\alpha]$，$\delta_7 = 4(1 - s)(\beta + \beta r_b - \alpha) - 4(r_b - \alpha\beta + 1) - 3r_b\alpha(1 - s - \beta)$，$\delta_8 = 4e^{\lambda}\alpha(1 + \alpha - \alpha^2) + 4(1 + r_b)(2 - e^{\lambda}) + 4\alpha(\alpha^2 - 2\alpha - 1)$，$\delta_9 = \alpha(1 - \alpha)[e^{\lambda}(r_b + 5) - r_b] + 6(\alpha^2 - 1) + 4e^{\lambda} - 8\alpha$，$\delta_{10} = 2\alpha(1 - \varphi)(r_b + 2) + \varphi(4 + r_b\alpha^2)$，$\delta_{11} = 4(1 + \alpha)(\beta - 1) + r_b\alpha(1 - s)(2\beta - \alpha) - r_b\alpha(2 - \beta\alpha) + 4s(1 - \beta\alpha)$，$I = r_b^2\alpha^2 + 8r_b\alpha^2 - 8r_b + 8\alpha^2 - 8$。

将式（8.12）代入式（8.1）～式（8.2）和式（8.9）～式（8.10），可得各企业最优需求和利润。

下面，分析在双边资金约束下，当下游零售商采用"金融机构借贷＋提前支付"组合融资模式时，零售商和双渠道制造商的初始资金规模对供应链各主体运营决策和收益的影响，可得性质 8.5。

性质 8.5：（ⅰ） $\dfrac{\partial p_r^2}{\partial B_r} = \dfrac{\partial p_m^2}{\partial B_r} = \dfrac{\partial w^2}{\partial B_r} = \dfrac{\partial Q_r^2}{\partial B_r} = \dfrac{\partial Q_m^2}{\partial B_r} = \dfrac{\partial(Q_r^2 + Q_m^2)}{\partial B_r} = 0$，$\dfrac{\partial \pi_r^2}{\partial B_r} > 0$，

$\dfrac{\partial \pi_m^2}{\partial B_r} = 0$；

（ii）$\dfrac{\partial p_r^2}{\partial B_m} = \dfrac{\partial p_m^2}{\partial B_m} = \dfrac{\partial w^2}{\partial B_m} = \dfrac{\partial Q_r^2}{\partial B_m} = \dfrac{\partial Q_m^2}{\partial B_m} = \dfrac{\partial (Q_r^2 + Q_m^2)}{\partial B_m} = 0$，$\dfrac{\partial \pi_r^2}{\partial B_m} > 0$，$\dfrac{\partial \pi_m^2}{\partial B_m} < 0$。

由性质 8.5 可得，在"零售商金融机构借贷 + 提前支付"组合融资模式下，上、下游企业的自有资金规模不影响各主体最优运营决策和需求，零售商的自有资金规模对自身利润会产生积极影响，而制造商的自有资金规模对其利润则产生消极影响，零售商自有资金规模对制造商的利润没有任何影响，零售商的利润随着制造商自有资金持有量的不断增加而增加。

8.4　数值仿真及分析

例 8.1：本部分通过数值分析来探讨"零售商金融机构借贷 + 提前支付"融资组合模式下金融机构借贷利率对各主体运营决策和利润的影响。模型参数设置如下：$B_r = 180$，$B_m = 300$，$a = 100$，$\alpha = \beta = s = r = 0.3$，$c = 10$，$\varphi = 0.4$，$\lambda = 0.09$，$\eta = 1$，$g = 7$。

由图 8 - 1 可知，在"零售商金融机构借贷 + 提前支付"融资组合模式下，随着零售商金融机构借贷利率的不断增加，其融资成本也不断增加。此时，制造商为了激励零售商进行金融机构借贷（解决零售商资金约束困境）并提前支付部分货款（解决上游制造商资金约束困境），制造商为零售商提供的正常批发价和提前支付批发价均随着借贷利率的增加而不断降低。因零售商的融资成本不断增加，零售商的实体渠道价格也不断提升，其消费者需求不断减少。因上游制造商网络渠道不存在资金约束的问题，其通过降低网络渠道的价格来吸引更多的消费者转到网络渠道，网络渠道的消费者需求不断增加。进一步地，零售商实体渠道需求减少引起其利润减少的负效应被零售商实体渠道零售价格的提高以及正常批发价和提前支付批发价下降使其利润增加的正效应抵消，使零售商的利润不断增加。而双渠道制造商由于其网络需求增加引起其利润增加的正效应被其网络渠道价格下降以及正常批发价和提前支付批发价下降使其利润减少的负效应抵消，导致其利润不断减少，供应链的总利润也不断减少。

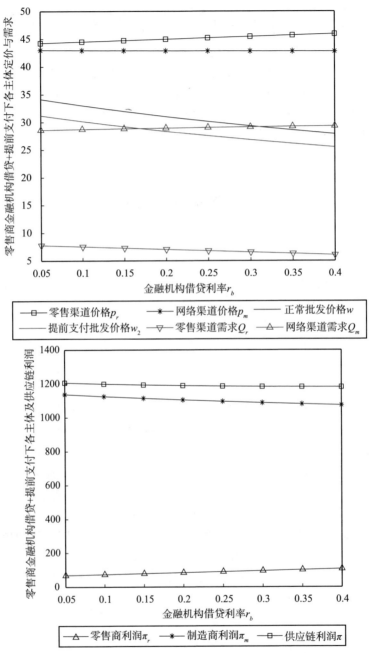

图 8 - 1 "零售商金融机构借贷 + 提前支付"情形下，借贷利率对供应链的影响

例 8.2：本部分通过数值分析来探讨"零售商金融机构借贷 + 提前支付"融资组合模式下零售商提前支付批发价敏感系数对各主体运营决策和利润的影响。模型参数设置如下：$B_r = 180$，$B_m = 470$，$a = 100$，$\alpha = \beta = s = r = 0.3$，$c = 18$，$\varphi = 0.4$，$\eta = 1$，$g = 7$，$r_b = 0.04$。

由图 8 – 2 可知，在"零售商金融机构借贷 + 提前支付"融资组合模式下，随着制造商对提前支付批发价敏感性不断增强，其提前支付批发价不断降低，同时其给予零售商的提前支付批发价优惠力度也不断加大。此时，双渠道制造商为了获得更多的销量，降低了其正常批发价以及其网络渠道价格，并引起零售商实体渠道价格的下降。制造商网络渠道价格以及零售商实体渠道价格的下降使其自身渠道消费者需求增加。进一步地，零售商正常批发价、提前支付批发价下降以及其实体渠道消费者需求增加使其利润增加的正效应被其实体渠道价格下降导致其利润减少的负效应抵消，零售商的利润不断减少。而双渠道制造商正常批发价、提前支付批发价以及网络渠道售价下降导致其利润减少的负效应被其网络渠道消费者需求增加使其利润增加的正效应抵消，制造商的利润不断增加，供应链的总利润不断减少。

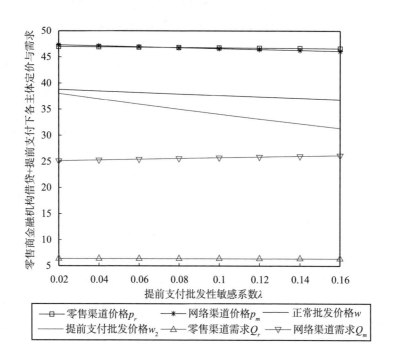

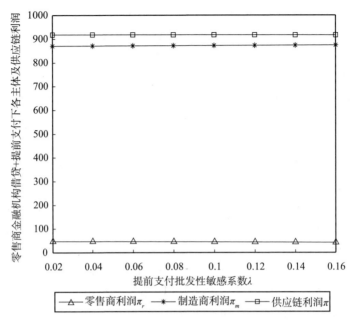

图 8 - 2 "零售商金融机构借贷 + 提前支付"情形下，提前支付批发价敏感系数对供应链的影响

例 8. 3：本部分通过数值分析来探讨"零售商金融机构借贷 + 提前支付"融资组合模式下，由于对方渠道退货成本所引起的消费者转移程度对各主体运营决策和利润的影响。模型参数设置如下：$B_r = 180$，$B_m = 300$，$a = 100$，$\alpha = s = r = 0.3$，$\lambda = 0.09$，$c = 10$，$\varphi = 0.4$，$\eta = 1$，$g = 7$，$r_b = 0.04$。

由表 8 - 1 可得，在"零售商金融机构借贷 + 提前支付"融资组合模式下，随着由于对方渠道退货成本所引起的消费者转移程度的不断提高，制造商正常批发价、提前支付批发价、网络渠道价均有所提高，引起零售商实体渠道价格也不断提高。进一步地，对方渠道退货成本导致消费者转移程度不断加大，即消费者购买商品发生渠道转移，使制造商和零售商的消费者需求不断增加。零售商的消费者退货行为引起的其利润减少的负效应被其实体渠道需求、价格上升引起的正效应抵消，零售商的利润不断增加。同样地，制造商网络渠道消费者退货行为导致其利润减少的负效应也被其网络渠道需求、批发价以及其售价上升使其利润增加的正效应抵消，制造商的利润也不断增加。

表 8-1 **在"零售商金融机构借贷 + 提前支付"融资组合模式下，**
供应链各主体运营决策及收益

参数	在双边资金约束下，"零售商金融机构借贷 + 提前支付"融资组合模式								
	p_r	p_m	w	w_2	Q_r	Q_m	π_r	π_m	π
$\beta = 0.05$	43.75	42.74	34.05	31.12	7.71	28.35	66.01	1119.06	1185.07
$\beta = 0.10$	43.84	42.80	34.12	31.18	7.74	28.40	66.36	1123.38	1189.74
$\beta = 0.15$	43.94	42.86	34.18	31.24	7.76	28.44	66.72	1127.69	1194.42
$\beta = 0.20$	44.04	42.92	34.25	31.30	7.79	28.49	67.08	1132.02	1199.10
$\beta = 0.25$	44.13	42.97	34.32	31.36	7.81	28.53	67.44	1136.36	1203.80

例 8.4：退货率的差异对供应链的影响。具体模型参数设置如下：$B_r = 160$，$B_m = 300$，$a = 100$，$\alpha = s = \beta = 0.3$，$\lambda = 0.5$，$c = 10$，$\varphi = 0.4$，$\eta = 1$，$g = 18$，$r_b = 0.04$。

由图 8-3、图 8-4、图 8-5 可知，在无资金约束、"制造商金融机构借贷 + 延期支付"组合融资、"零售商金融机构借贷 + 提前支付"组合融资的三种情形下，网络渠道退货率的增加导致各渠道零售价以及批发价的降低。即随着网络渠道退货量占销售量的比例增加时，实体渠道的退货率也有所增加。此时，制造商会降低批发价来鼓励零售商销售产品，这也体现了双渠道供应链中上、下游企业的合作关系，同时制造商为了防止其销售渠道顾客流失过多，会实行低价策略以吸引消费者，进而引起零售商实体渠道价格的降低。退货率的增加意味着客户实际需求的减少，所以消费者对网络渠道需求和实体渠道需求都有所减少。进一步地，随着退货率的增加，制造商的利润均会不断减少，而零售商的利润均会逐渐增加，且制造商的利润远远大于零售商的利润。即对于零售商而言，其实体渠道价格、消费者需求减少所引起其利润减少的负效应被批发价格下降使其利润增加的正效应抵消，因此，零售商的利润不断增加。而对于制造商而言，网络渠道的利润损失大于零售渠道的批发收入，故制造商的利润不断减少。

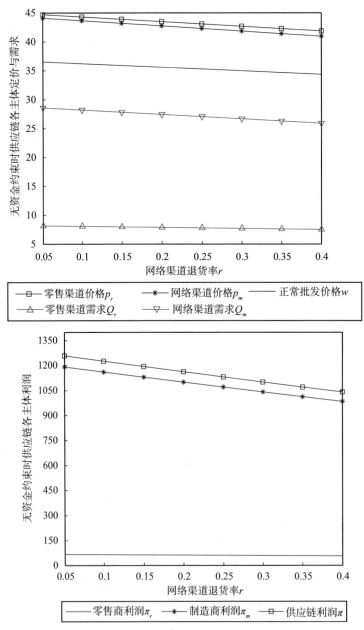

图 8 - 3 在无资金约束情形下，网络渠道退货率对供应链的影响

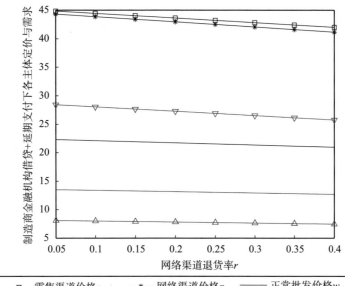

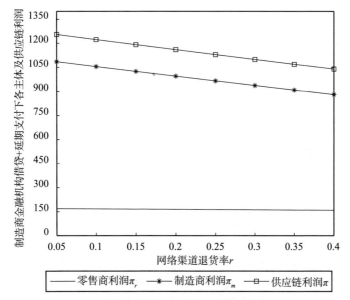

图 8 – 4　"制造商金融机构借贷＋延期支付"情形下，
网络渠道退货率对供应链的影响

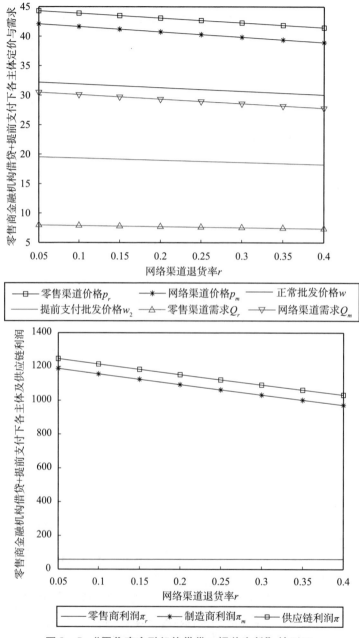

图 8-5 "零售商金融机构借贷 + 提前支付"情形下,
网络渠道退货率对供应链的影响

例 8.5： 金融机构借贷利率对供应链企业的融资成本、运营决策和利润产生重要影响。下面，分析当借贷利率发生变化时，不同融资组合模式下各企业的利润，并探讨各企业对不同组合融资模式的选择策略。具体模型参数设置如下：$B_r = 180$，$B_m = 300$，$a = 100$，$\alpha = s = \beta = r = 0.3$，$\lambda = 0.09$，$c = 10$，$\varphi = 0.4$，$\eta = 1$，$g = 7$。

由表 8－2 可得，在双边资金约束下，供应链融资组合模式不仅可以有效解决各企业资金约束困境，且零售商可以获得高于无资金约束时的利润。这是因为，在"制造商金融机构借贷＋延期支付"融资组合模式下，制造商通过制定较低的正常批发价格来激励零售商用其自有资金支付部分货款，进而减少了零售商延期订货的数量，零售商也因此获得了更多的正常批发价优惠，节约了批发成本，进而增加了利润。而在"零售商金融机构借贷＋提前支付"融资组合模式下，制造商又通过制定较低的提前支付批发价来激励零售商提前付款以缓解制造商生产资金不足的问题，零售商获得了更多的提前支付批发价优惠，节约了批发成本，从而增加了自身的利润。但是，上述不同的融资组合模式能够有效实施，主要依赖于制造商对批发价的再设计，制造商也因此会承担一定的批发利润损失才能有效解决双边资金约束问题，这就造成了制造商的利润往往低于无资金约束时的利润。进一步地，在双边资金约束的情况下，无论供应链选取哪一种融资组合模式，供应链的总利润都低于无资金时的利润，即企业资金约束问题会对供应链利润产生消极影响，导致部分利润流向供应链外部的第三方。

表 8－2　　　　　不同组合融资模式下，各企业利润及供应链的总利润

参数	无资金约束			制造商金融机构借贷＋延期支付			零售商金融机构借贷＋提前支付		
	π_r^0	π_m^0	π^0	π_r^1	π_m^1	π^1	π_r^2	π_m^2	π^2
$r_b = 0.01$	30.65	1331.30	1361.95	47.40	1313.57	1360.97	64.82	1148.90	1213.72
$r_b = 0.06$	30.65	1331.30	1361.95	46.45	1309.73	1356.18	69.82	1135.55	1205.37
$r_b = 0.11$	30.65	1331.30	1361.95	45.50	1306.04	1351.54	74.95	1123.63	1198.58
$r_b = 0.16$	30.65	1331.30	1361.95	44.57	1302.49	1347.06	80.21	1112.95	1193.16
$r_b = 0.21$	30.65	1331.30	1361.95	43.66	1299.09	1342.75	85.60	1103.37	1188.97

进一步地，对比不同借贷利率下供应链各主体的利润发现，当金融机构利率较低时（$r_b \leqslant 0.21$），零售商在"零售商金融机构借贷 + 提前支付"组合融资模式下的利润始终高于"制造商金融机构借贷 + 延期支付"组合融资模式下所得的利润，此时，零售商更偏向采用"零售商金融机构借贷 + 提前支付"组合融资模式。

最后，对制造商来说，当金融机构借贷利率小于某一值时（$r_b \leqslant 0.21$），制造商在"制造商金融机构借贷 + 延期支付"组合融资模式下的利润始终高于"零售商金融机构借贷 + 提前支付"组合融资模式下所得的利润，此时，制造商更偏向采用"制造商金融机构借贷 + 延期支付"组合融资模式。

例 8.6：退货率对供应链企业的运作策略也会产生重要影响。下面，分析网络渠道退货率在三种不同模式下对各主体利润的影响。模型参数设置如下：$B_r = 460$，$B_m = 510$，$a = 100$，$\alpha = 0.8$，$s = \beta = \varphi = 0.3$，$\lambda = 0.055$，$c = 13$，$r_b = 0.045$，$\eta = 1$，$g = 9$。

由表 8 - 3 可得，随着网络渠道退货率的不断提高，供应链各企业的利润在三种模式下（无资金约束情况、"制造商金融机构借贷 + 延期支付"以及"零售商金融机构借贷 + 提前支付"组合融资模式）均不断减少，结果表明，退货率的提高会对供应链各主体的利润产生消极的影响。

表 8 - 3   不同组合融资模式下，各企业利润及供应链的总利润

参数	无资金约束			制造商金融机构借贷 + 延期支付			零售商金融机构借贷 + 提前支付		
	π_r^0	π_m^0	π^0	π_r^1	π_m^1	π^1	π_r^2	π_m^2	π^2
$r = 0.1$	45.65	5508.48	5554.13	71.27	5478.83	5550.10	47.33	5478.75	5526.08
$r = 0.2$	44.44	5384.21	5428.65	70.06	5354.86	5424.92	46.84	5354.92	5401.76
$r = 0.3$	43.25	5261.36	5304.61	68.88	5232.31	5301.19	46.37	5232.51	5278.88
$r = 0.4$	42.08	5139.92	5182.00	67.70	5111.18	5178.88	45.91	5111.50	5157.41
$r = 0.5$	40.91	5019.91	5060.82	66.55	4991.47	5058.02	45.46	4991.90	5037.36

进一步地，对比不同退货率下各主体的利润发现，当网络渠道退货率小于某一值时（$r \leqslant 0.5$），零售商在"制造商金融机构借贷 + 延期支付"组合融资模式下的利润始终高于"零售商金融机构借贷 + 提前支付"组合融资模式下

所得的利润，此时，零售商更偏向采用"制造商金融机构借贷＋延期支付"组合融资模式。而对于制造商来说，当网络渠道退货率小于某一阈值时（$r \leqslant 0.1$），制造商在"制造商金融机构借贷＋延期支付"组合融资模式下的利润高于"零售商金融机构借贷＋提前支付"组合融资模式下所得的利润，制造商更偏向采用"制造商金融机构借贷＋延期支付"融资组合模式；否则，制造商更偏向采用"零售商金融机构借贷＋提前支付"融资组合模式。

8.5　本　章　小　结

本章针对一个双渠道制造商和一个传统零售商组成的供应链系统，考虑消费者退货情形，研究当上、下游企业均存在资金约束时，不同融资组合模式（"制造商金融机构借贷＋延期支付"融资组合以及"零售商金融机构借贷＋提前支付"融资组合）下各主体的最优运营决策和利润，并探讨了消费者消费转移程度、企业自有资金规模、退货率、金融机构借贷利率等因素对供应链各主体运营决策的影响。研究指出，在双边资金约束下，融资组合模式可以有效解决供应链的资金约束问题，且零售商也可以获得高于无资金约束时的利润。对比不同的融资组合模式发现，当金融机构借贷利率小于某一值时，零售商始终偏向采用"零售商金融机构借贷＋提前支付"融资组合模式，而制造商始终偏向采用"制造商金融机构借贷＋延期支付"组合融资模式。当网络渠道退货率小于某一阈值时，制造商更加偏向采用"制造商金融机构借贷＋延期支付"组合融资模式；否则，其更加偏向采用"零售商金融机构借贷＋提前支付"组合融资模式；而零售商在此范围内始终偏向采用"制造商金融机构借贷＋延期支付"组合融资模式。

第9章

双边资金约束下风险厌恶的
双渠道供应链融资策略

随着电子商务的快速发展，制造商依托线下零售商销售产品的同时，也开通了线上直销渠道，供应链双渠道销售模式变得越来越普遍。然而，线上直销渠道增加制造商市场份额的同时，也提高了其运营成本，导致制造商资金不足的问题也越来越普遍。而大多数的零售商因规模较小，也常常面临资金约束的困境。当双渠道供应链存在双边资金约束时，"银行借贷＋贸易信贷"以及"双边银行借贷"组合融资模式成为解决其资金不足困境的有效途径。然而，在上述两种不同融资组合模式下，企业运营决策和利润可能发生变化，尤其是中小型零售企业因规模较小、抗风险能力较弱，往往存在风险厌恶特性，并对上、下游企业运营决策和利润产生更为复杂的影响。因而，研究零售商基于风险厌恶特性的情况，双渠道供应链组合融资策略具有重要的意义。

由此，供应链中企业融资决策问题得到了广泛的关注。然而，大多数的文献主要考虑供应链仅上游或下游企业存在资金不足困境，较少考虑上、下游企业同时存在资金约束的情况，更鲜有探讨双边资金约束下企业风险厌恶特性对双渠道供应链组合融资策略的影响。因此，本章基于双边资金约束环境，分别构建双渠道供应链"银行借贷＋贸易信贷"以及"双边银行借贷"组合融资决策模型，分析企业初始资金规模、零售商风险厌恶特性等因素对企业运营决策和利润的影响，为企业产品价格的制定以及融资模式选择提供决策依据。

9.1　模 型 设 定

基于制造商和零售商均存在资金约束的供应链，其中，零售商为风险厌恶者，而制造商为风险中性者，并通过零售商以及自身线上直销渠道销售产品。考虑采用"银行借贷＋贸易信贷"以及"双边银行借贷"两种不同的组合融资模式来解决双渠道供应链双边资金约束问题。为了方便比较，首先分析上、下游企业均不存在资金约束时，各主体最优运营决策和利润。

根据周永务等（2018）的研究，可得实体渠道和线上渠道的需求分别为：
零售商实体渠道需求：

$$Q_r = s\bar{a} - p_r + \theta_1 p_d \tag{9.1}$$

制造商线上渠道需求：

$$Q_d = (1-s)\bar{a} - p_d + \theta_2 p_r \tag{9.2}$$

其中，$\bar{a}$ 为市场随机需求规模，其均值为 a，方差为 σ^2。p_r 和 p_d 分别为零售商和制造商产品售价，s 和 $1-s$ 分别为线下渠道和线上渠道的产品市场占有率。$\theta_i < 1$（$i=1$，2）为线下渠道与线上渠道替代系数，令 $\theta_1 = \theta_2 = \theta$。

根据徐广业等（2014）的研究，企业在风险厌恶特性下会综合考虑其期望收益与方差。可得，风险厌恶零售商的效用函数为：

$$U(\pi_r) = (p_r - w)(sa - p_r + \theta p_d) - \lambda_r (p_r - w)^2 s^2 \sigma^2 \tag{9.3}$$

风险中性的双渠道制造商期望利润函数为：

$$E(\pi_m) = (w-c)(sa - p_r + \theta p_d) + (p_d - c)\left[(1-s)a - p_d + \theta p_r\right] \tag{9.4}$$

其中，w 和 c 分别为制造商产品批发价和生产成本。$\lambda_r \geq 0$ 为风险厌恶系数，λ_r 值越大，表明零售商对风险越厌恶。

本章考虑制造商为供应链领导者，博弈顺序如下：首先，制造商确定批发价 w 以及线上产品售价 p_d；其次，零售商再确定线下产品售价 p_r。采用逆推法，首先考虑制造商决策给定时，零售商的最优定价决策。

9.1.1　风险厌恶零售商的最优定价决策

从式（9.3）可得，零售商效用函数是关于其产品售价的凹函数，从而有：

$$p_r^0 = \frac{sa + \theta p_d + w(1 + 2\lambda_r s^2 \sigma^2)}{2(1 + \lambda_r s^2 \sigma^2)} \tag{9.5}$$

9.1.2 制造商的最优定价决策

将式（9.5）代入式（9.4），可得：

$$E(\pi_m) = (w - c)\left[sa - \frac{sa + \theta p_d + w(1 + 2\lambda_r s^2 \sigma^2)}{2(1 + \lambda_r s^2 \sigma^2)} + \theta p_d \right]$$

$$+ (p_d - c)\left\{ (1 - s)a - p_d + \frac{\theta[sa + \theta p_d + w(1 + 2\lambda_r s^2 \sigma^2)]}{2(1 + \lambda_r s^2 \sigma^2)} \right\} \tag{9.6}$$

由式（9.6）可得，$E(\pi_m)$ 关于 w 与 p_d 的海塞矩阵为负定，$E(\pi_m)$ 是关于 (w, p_d) 的联合凹函数。可得定理9.1。

定理9.1：在无资金约束的情况下，供应链上、下游企业最优定价决策分别为：

$$\begin{cases} p_r^0 = \dfrac{(3 - \theta^2 - 2\theta)sa + 2\theta a + c(1 + \theta)(1 - \theta^2) + 2\lambda_r s^2 \sigma^2(c - c\theta^2 + \theta a + sa - s\theta a)}{4(1 - \theta^2)(1 + \lambda_r s^2 \sigma^2)} \\[4mm] p_d^0 = \dfrac{a(1 - s + \theta s) + c(1 - \theta^2)}{2(1 - \theta^2)} \quad w^0 = \dfrac{a(\theta + s - \theta s) + c(1 - \theta^2)}{2(1 - \theta^2)} \end{cases}$$

$$\tag{9.7}$$

供应链上、下游企业渠道需求和利润分别为：

$$\begin{cases} Q_r^0 = \dfrac{(as - c + c\theta)(1 + 2\lambda_r s^2 \sigma^2)}{4(1 + \lambda_r s^2 \sigma^2)} \\[4mm] Q_d^0 = \dfrac{\theta(as - c + c\theta) + 2(1 + \lambda_r s^2 \sigma^2)(a - as - c + c\theta)}{4(1 + \lambda_r s^2 \sigma^2)} \\[4mm] U(\pi_r^0) = \dfrac{(as - c + c\theta)^2}{16(1 + \lambda_r s^2 \sigma^2)} \\[4mm] E(\pi_m^0) = \dfrac{a^2(1 + \lambda_r s^2 \sigma^2)(2\theta s - 2\theta s^2 + 1 - 2s + 2s^2)}{4(1 - \theta^2)(1 + \lambda_r s^2 \sigma^2)} \\[4mm] \qquad\quad + \dfrac{a(2cs - 4c - as^2 - 2c\theta s) + c^2(3 - 2\theta - \theta^2) - 4c\lambda_r s^2 \sigma^2(a - c + c\theta)}{8(1 + \lambda_r s^2 \sigma^2)} \end{cases}$$

$$\tag{9.8}$$

分析零售商风险厌恶特性对双渠道供应链运营决策和利润的影响。可得性质9.1。

性质9.1：（ⅰ）$\dfrac{\partial p_r^0}{\partial \lambda_r} < 0$，$\dfrac{\partial p_d^0}{\partial \lambda_r} = 0$，$\dfrac{\partial w^0}{\partial \lambda_r} = 0$；

（ⅱ）$\dfrac{\partial Q_r^0}{\partial \lambda_r} > 0$，$\dfrac{\partial Q_d^0}{\partial \lambda_r} < 0$，$\dfrac{\partial (Q_r^0 + Q_d^0)}{\partial \lambda_r} > 0$；

（ⅲ）$\dfrac{\partial \pi_r^0}{\partial \lambda_r} < 0$，$\dfrac{\partial \pi_m^0}{\partial \lambda_r} > 0$。

由性质9.1的（ⅰ）和（ⅱ）可得，在无资金约束的情况下，随着零售商风险厌恶特性的增强，其对市场需求波动风险更为敏感，产品售价降低，消费者的需求增加，而制造商线上渠道产品售价不变，需求减少。因双渠道产品总体售价相对降低，刺激了消费者的需求，双渠道供应链的总需求增加。进一步地，由性质9.1的（ⅲ）可得，随着零售商风险厌恶特性的增强，其利润减少，此时消费者对零售商的需求增加（多销）引起其利润增加的正效应被其产品售价降低（薄利）引起其利润减少的负效应抵消。而对制造商来说，尽管其线上渠道需求减少，但其零售批发渠道以及双渠道总需求增加，因此制造商的总利润增加。

下面，分析在双边资金约束的情况下，双渠道供应链在"银行借贷 + 贸易信贷"以及"双边银行借贷"两种不同的组合融资模式下最优运营决策和利润。

9.2　"银行借贷 + 贸易信贷"组合融资模式

在"银行借贷 + 贸易信贷"组合融资模式下，一方面制造商通过银行借贷来满足自身生产的资金需求，另一方面为资金约束的零售商提供贸易信贷合同，允许其将部分货款延期支付。设制造商和零售商初始资金持有量分别为 B_m 和 B_r，银行借贷利率为 r_b，制造商需要从银行借贷资金为 $L_m = c(Q_r + Q_d) - B_m$，需支付给银行的借贷利息为 $L_m r_b$。零售商先用全部初始资金 B_r 支付部分货款，剩余货款延期支付，而制造商对延期支付的产品设定一个新的批发价，$w_1 = we^k$（$k > 0$），其中，k 为延期支付批发价敏感系数，k 越大，表明延期支付产品的批发价越高。

风险厌恶零售商的效用函数为：

$$U(\pi_r) = (p_r - we^k)(sa - p_r + \theta p_d) + B_r(e^k - 1) - \lambda_r(p_r - we^k)^2 s^2 \sigma^2$$

$$(9.9)$$

风险中性的双渠道制造商期望利润函数为：

$$E(\pi_m) = B_r + we^k\left(sa - p_r + \theta p_d - \frac{B_r}{w}\right) + p_d[(1-s)a - p_d + \theta p_r]$$

$$-c[sa - p_r + \theta p_d + (1-s)a - p_d + \theta p_r] - L_m r_b \qquad (9.10)$$

仍然采用逆推法，首先考虑当制造商产品售价决策给定时零售商的最优产品售价。

9.2.1　风险厌恶零售商的最优定价决策

由式（9.9）易得，零售商效用函数是关于其产品售价的凹函数，从而有：

$$p_r^1 = \frac{sa + \theta p_d + we^k(1 + 2\lambda_r s^2 \sigma^2)}{2(1 + \lambda_r s^2 \sigma^2)}$$

$$(9.11)$$

9.2.2　制造商的最优定价决策

将式（9.11）代入式（9.10），可得：

$$E(\pi_m) = B_r + r_b B_m + c(r_b + 1)(p_d - \theta p_d - a) - p_d(p_d + as - a)$$

$$-\frac{[sa + \theta p_d + we^k(1 + 2\lambda_r s^2 \sigma^2)][c(\theta - 1)(1 + r_b) - \theta p_d + we^k]}{2(1 + \lambda_r s^2 \sigma^2)}$$

$$+ we^k\left(as + \theta p_d - \frac{B_r}{w}\right) \qquad (9.12)$$

由式（9.12）易得，$E(\pi_m)$ 是关于 (w, p_d) 的联合凹函数。可得定理 9.2。

定理 9.2：在"银行借贷 + 贸易信贷"组合融资模式下，供应链企业最优定价决策分别为：

$$
\begin{cases}
p_r^1 = \dfrac{(as - c + c\theta - cr_b + c\theta r_b)(1 - \theta^2) + 2(1 + \lambda_r s^2 \sigma^2)\left[a(\theta + s - \theta s) + c(1 - \theta^2)(1 + r_b)\right]}{4(1 - \theta^2)(1 + \lambda_r s^2 \sigma^2)} \\[3mm]
p_d^1 = \dfrac{a(1 - s + \theta s) + c(1 + r_b)(1 - \theta^2)}{2(1 - \theta^2)} \\[3mm]
w^1 = \dfrac{a(\theta + s - \theta s) + c(1 + r_b)(1 - \theta^2)}{2e^k(1 - \theta^2)} \qquad w_1^1 = \dfrac{a(\theta + s - \theta s) + c(1 + r_b)(1 - \theta^2)}{2(1 - \theta^2)}
\end{cases}
$$

$$(9.13)$$

供应链上、下游企业渠道需求和利润分别为：

$$
\begin{cases}
Q_r^1 = \dfrac{(as - c + c\theta - cr_b + c\theta r_b)(1 + 2\lambda_r s^2 \sigma^2)}{4(1 + \lambda_r s^2 \sigma^2)} \\[3mm]
Q_d^1 = \dfrac{2\lambda_r s^2 \sigma^2\left[a(1 - s) - c(1 - \theta)(1 + r_b)\right] + c\theta(1 + \theta)(1 + r_b) + 2(a - c - as - cr_b) + a\theta s}{4(1 + \lambda_r s^2 \sigma^2)} \\[3mm]
U(\pi_r^1) = \dfrac{(as + c\theta - c - cr_b + c\theta r_b)^2}{16(1 + \lambda_r s^2 \sigma^2)} + B_r(e^k - 1) \\[3mm]
E(\pi_m^1) = \dfrac{\xi_1 + \xi_2 - \xi_3}{8(1 + \lambda_r s^2 \sigma^2)} + \dfrac{a^2(2\theta s - 2s - 2\theta s^2 + 2s^2 + 1)}{4(1 - \theta^2)}
\end{cases}
$$

$$(9.14)$$

其中，$\xi_1 = 4\sigma^2\left[\lambda_r s^2 c^2(1 + r_b^2) - \lambda_r a c s^2(1 + r_b) + 2\lambda_r r_b s^2(B_m + c^2) - 2\lambda_r B_r s^2(e^k - 1)\right]$，$\xi_2 = 3c^2(1 + r_b)^2 - a^2 s^2 - 2ac(1 + r_b)(2 - s) + 8B_m r_b + 8B_r - 8B_r e^k$，$\xi_3 = c\theta(1 + r_b)(c\theta + c\theta r_b + 2c + 2as + 2cr_b + 4\lambda_r cs^2\sigma^2 + 4\lambda_r cr_b s^2\sigma^2)$。

分析在"银行借贷 + 贸易信贷"组合融资模式下，零售商风险厌恶特性对企业运营决策和利润的影响。可得性质 9.2。

性质 9.2：（ⅰ）$\dfrac{\partial p_r^1}{\partial \lambda_r} < 0$，$\dfrac{\partial p_d^1}{\partial \lambda_r} = 0$，$\dfrac{\partial w^1}{\partial \lambda_r} = \dfrac{\partial w_1^1}{\partial \lambda_r} = 0$；

（ⅱ）$\dfrac{\partial Q_r^1}{\partial \lambda_r} > 0$，$\dfrac{\partial Q_d^1}{\partial \lambda_r} < 0$，$\dfrac{\partial (Q_r^1 + Q_d^1)}{\partial \lambda_r} > 0$；

（ⅲ）$\dfrac{\partial \pi_r^1}{\partial \lambda_r} < 0$，$\dfrac{\partial \pi_m^1}{\partial \lambda_r} > 0$。

由性质 9.2 可得，在"银行借贷 + 贸易信贷"组合融资模式下，零售商风险厌恶特性对各企业运营决策与利润的影响与无资金约束的情形类似，这里就不再赘述。

下面，分析在"银行借贷＋贸易信贷"组合融资模式下，企业初始资金规模对各主体运营决策和利润的影响。可得性质9.3。

性质9.3：（ i ） $\frac{\partial p_r^1}{\partial B_r} = \frac{\partial p_d^1}{\partial B_r} = \frac{\partial w^1}{\partial B_r} = \frac{\partial w_1^1}{\partial B_r} = \frac{\partial Q_r^1}{\partial B_r} = \frac{\partial Q_d^1}{\partial B_r} = \frac{\partial (Q_r^1 + Q_d^1)}{\partial B_r} = 0$, $\frac{\partial \pi_r^1}{\partial B_r} > 0$, $\frac{\partial \pi_m^1}{\partial B_r} < 0$ ；

（ ii ） $\frac{\partial p_r^1}{\partial B_m} = \frac{\partial p_d^1}{\partial B_m} = \frac{\partial w^1}{\partial B_m} = \frac{\partial w_1^1}{\partial B_m} = \frac{\partial Q_r^1}{\partial B_m} = \frac{\partial Q_d^1}{\partial B_m} = \frac{\partial (Q_r^1 + Q_d^1)}{\partial B_m} = 0$, $\frac{\partial \pi_r^1}{\partial B_m} = 0$, $\frac{\partial \pi_m^1}{\partial B_m} > 0$ 。

由性质9.3可得，在"银行借贷＋贸易信贷"组合融资模式下，初始资金持有量对上、下游企业定价决策和需求没有影响。但是，当零售商持有的初始资金量增加时，其对贸易信贷的依赖程度降低，信贷融资成本减少，零售商的利润增加，而制造商从贸易信贷中所得的额外利润减少，制造商的总利润减少。当制造商持有的初始资金量增加时，其对银行借贷的依赖程度减弱，借贷融资成本减少，制造商的总利润增加，而零售商对贸易信贷依赖程度不变，因此利润无变化。

对比无资金约束与资金约束下的"银行借贷＋贸易信贷"组合融资模式，可得结论9.1。

结论9.1：（ i ） $p_r^0 < p_r^1$, $p_d^0 < p_d^1$, $w^0 < w_1^1$ ；当 $r_b < r_b^*$ 时， $w^0 > w^1$ ，否则 $w^0 \leqslant w^1$ ；

（ ii ） $Q_r^0 > Q_r^1$, $Q_d^0 > Q_d^1$, $Q_r^0 + Q_d^0 > Q_r^1 + Q_d^1$ ；

（ iii ）当 $a < a^*$ 时，有 $\pi_r^0 < \pi_r^1$ ；否则， $\pi_r^0 \geqslant \pi_r^1$ 。

其中， $r_b^* = \frac{(e^k - 1)(a\theta + as + c - c\theta^2 - a\theta s)}{c(1 - \theta^2)}$, $a^* = \frac{c^2 r_b (2 + r_b)(1 - \theta)^2 + 16 B_r (e^k - 1)(1 + \lambda_r s^2 \sigma^2)}{2 s c r_b (1 - \theta)}$ 。

由结论9.1易得，在"银行借贷＋贸易信贷"组合融资模式下，上、下游企业因银行借贷或贸易信贷融资导致成本增加，供应链线上渠道和线下渠道产品售价均提高，各渠道的消费者需求均减少，延期支付批发价也高于无资金约束时的正常批发价。但是，当银行借贷利率相对较低时，组合融资模式下的正常批发价会低于无资金约束时的正常批发价，此时，制造商主要依托相对较高延期支付批发价来弥补其融资成本。进一步地，组合融资模式解决了零售商资金不足的问题，当市场潜在需求较少时，零售商可能获得高于其无资金约束时所得的利润。

9.3　"双边银行借贷"组合融资模式

在"双边银行借贷"组合融资模式下，上、下游企业均从银行借贷来解决自身资金不足的问题，可得制造商和零售商的借贷金额分别为 $L_m = c(Q_r + Q_d) - B_m$ 和 $L_r = wQ_r - B_r$，需支付给银行的利息分别为 $L_m r_b$ 和 $L_r r_b$。

风险厌恶零售商的效用函数为：

$$U(\pi_r) = (p_r - w - wr_b)(sa - p_r + \theta p_d) + B_r r_b - \lambda_r (p_r - w - wr_b)^2 s^2 \sigma^2$$

(9.15)

风险中性的双渠道制造商的期望利润函数为：

$$E(\pi_m) = (w - c)(sa - p_r + \theta p_d) + (p_d - c)[(1 - s)a - p_d + \theta p_r] - L_m r_b$$

(9.16)

仍然采用逆推法，首先考虑当制造商产品售价决策给定时零售商最优产品售价。

9.3.1　风险厌恶零售商的最优定价决策

由式（9.15）可得，零售商效用函数是关于其产品售价的凹函数，从而有：

$$p_r = \frac{sa + \theta p_d + w + r_b w + 2w\lambda_r s^2 \sigma^2 (1 + r_b)}{2(1 + \lambda_r s^2 \sigma^2)}$$

(9.17)

9.3.2　双渠道制造商的最优定价决策

将式（9.17）代入式（9.16），可得：

$$E(\pi_m) = r_b B_m - ac + ap_d + cp_d - p_d^2 - acr_b - c\theta p_d - asp_d + cp_d r_b + asw + \theta p_d w - c\theta p_d r_b$$
$$+ \frac{[sa + w + \theta p_d + r_b w + 2w\lambda_r s^2\sigma^2(1+r_b)][cr_b(1-\theta) - \theta(c-p_d) + c - w]}{2(1+\lambda_r s^2\sigma^2)}$$

$$(9.18)$$

双渠道制造商期望利润函数 $E(\pi_m)$ 关于 (p_d, w) 的海塞矩阵为：

$$H = \begin{bmatrix} \dfrac{\theta^2}{1+\lambda_r s^2\sigma^2} - 2 & \dfrac{\theta(2\lambda_r s^2\sigma^2+1)(2+r_b)}{2(1+\lambda_r s^2\sigma^2)} \\ \dfrac{\theta(2\lambda_r s^2\sigma^2+1)(2+r_b)}{2(1+\lambda_r s^2\sigma^2)} & -\dfrac{(2\lambda_r s^2\sigma^2+1)(1+r_b)}{(1+\lambda_r s^2\sigma^2)} \end{bmatrix},$$

其中，$|H| = \dfrac{4(2+2\lambda_r s^2\sigma^2-\theta^2)(2\lambda_r s^2\sigma^2+1)(1+r_b) - \theta^2(2\lambda_r s^2\sigma^2+1)^2(2+r_b)^2}{4(1+\lambda_r s^2\sigma^2)^2}$。

可得性质9.4。

性质9.4：在"双边银行借贷"组合融资模式下，制造商期望利润函数 $E(\pi_m)$ 分别是 p_d 和 w 的凹函数，但不是 (p_d, w) 的联合凹函数。

从性质9.4易得，在"双边银行借贷"组合融资模式下，双渠道制造商的期望利润关于产品批发价和线上渠道产品售价的海塞矩阵并非始终为负定。因此，下面分两种情形来讨论。

情形一：当 $0 < r_b < r_b^{\#}$ 时，恒有 $|H| > 0$，此时，$E(\pi_m)$ 是关于 (p_d, w) 的联合凹函数，其中，$r_b^{\#} = \dfrac{2\sqrt{2(1-\theta^2)(1+\lambda_r s^2\sigma^2)(2-\theta^2+2\lambda_r s^2\sigma^2)} + 4(1-\theta^2)(1+\lambda_r s^2\sigma^2)}{\theta^2(1+2\lambda_r s^2\sigma^2)}$。可得定理9.3。

定理9.3：在"双边银行借贷"组合融资模式下，供应链上、下游企业的最优定价决策分别为：

$$p_r^{A1} = \frac{\zeta\zeta_1 - 2(2r_b - \theta^2 r_b - 2\theta^2 + 2)\zeta_2}{\zeta_0\zeta} \qquad p_d^{A1} = \frac{\xi_3 + 2\lambda_r s^2\delta^2\zeta_4}{\zeta}$$

$$w^{A1} = \frac{\zeta_5 - 2\lambda_r s^2\delta^2\zeta_6}{\zeta} \qquad (9.19)$$

供应链上、下游企业的需求和利润分别为：

$$
\begin{cases}
Q_r^{A1} = \dfrac{(1 + 2\lambda_r s^2 \sigma^2)\zeta_2}{\zeta} \quad Q_d^{A1} = \dfrac{\zeta_7 + \zeta_8 + 2\lambda_r \delta^2 s^2 (\zeta_9 + \zeta_{10})}{\zeta} \\[3mm]
U(\pi_r^{A1}) = B_r r_b - \dfrac{\zeta_2 (1 + 2\lambda_r s^2 \sigma^2)\psi_1 \zeta_0 + \lambda_r s^2 \sigma^2 \psi_1^2}{\zeta^2 \zeta_0^2} \quad E(\pi_m^{A1}) = \dfrac{r_b B_m \zeta^2 - \psi_2 - \psi_3}{\zeta^2}
\end{cases}
$$

$$(9.20)$$

其中，$\zeta = 8r_b - 8\theta^2 r_b - 8\theta^2 - \theta^2 r_b^2 + 8 - 2\lambda_r s^2 \delta^2(\theta^2 r_b^2 + 4\theta^2 r_b + 4\theta^2 - 4r_b - 4)$，$\zeta_0 = \theta^2 r_b^2 + 4\theta^2 r_b + 4\theta^2 - 4r_b - 4$，$\zeta_1 = (1 + r_b)(2c\theta^2 - 2a\theta - 2as - 4cr_b - 2c - 2cr_b^2 + c\theta r_b^2 + 3c\theta^2 r_b^2 + c\theta^2 r_b^2 - a\theta r_b + 2a\theta s + c\theta r_b + a\theta r_b s)$，$\zeta_2 = (1 + r_b)[as(1 - \theta)(2\theta + \theta r_b + 2) - cr_b^2(1 - \theta^2)(2 - \theta) - r_b(4c + a\theta - 3c\theta - 4c\theta^2 + 3c\theta^3) - 2c(1 - \theta)^2(1 + \theta)]$，$\zeta_3 = (1 + r_b)(4a + 4c + c\theta r_b^2 + c\theta r_b + 4cr_b - c\theta^2 r_b^2 - 5c\theta^2 r_b - 4c\theta^2) - as(4 - 4\theta + 4r_b - 3\theta r_b)$，$\zeta_4 = 2a + 2c + 2ar_b - 2as + 4cr_b - 2c\theta^2 + 2cr_b^2 + 2c\theta r_b^2 - 5cr_b\theta^2 + c\theta r_b^3 - 4c\theta^2 r_b^2 - c\theta^2 r_b^3 + 2a\theta s + cr_b\theta - 2ar_b s + a\theta r_b s$，$\zeta_5 = as(4 - 4\theta - 2\theta r_b + r_b\theta^2) - 4c\theta^2 + 4a\theta + 4c + cr_b^2(4 + \theta^3 - 3\theta^2 - 2\theta) + (8c + 2a\theta - 2c\theta - 7c\theta^2 + c\theta^3)r_b$，$\zeta_6 = 2c\theta^2 - 2a\theta - 2as - 4cr_b - 2c - 2cr_b^2 + c\theta r_b^2 + 3cr_b\theta^2 + c\theta^2 r_b^2 - a\theta r_b + 2a\theta s + cr_b\theta + a\theta r_b s$，$\zeta_7 = c\theta r_b^3(1 - \theta^2) - 2cr_b^2(\theta^4 + 2\theta^3 - 3\theta^2 - 2\theta + 2) + r_b(4a - 8c + 5c\theta - 3a\theta^2 + 12c\theta^2 - 5c\theta^3 - 4c\theta^4)$，$\zeta_8 = 2(1 - \theta^2)(c\theta^2 + c\theta + 2a - 2c) - as(1 - \theta)(2\theta + 4r_b + \theta r_b - 2\theta^2 r_b - 2\theta^2 + 4)$，$\zeta_9 = c\theta r_b^3(1 - \theta^2) - 2cr_b^2(2\theta^3 - \theta^2 - 2\theta + 1) + r_b(2a - 4c + 5c\theta - a\theta^2 + 4c\theta^2 - 5c\theta^3)$，$\zeta_{10} = 2(1 - \theta^2)(a - c + c\theta) - as(1 - \theta)(2\theta + 2r_b + \theta r_b + 2)$，$\psi_1 = [\zeta_5 - 2\zeta_6 \lambda_r s^2 \sigma^2 + r_b(\zeta_5 - 2\zeta_6 \lambda_r s^2 \sigma^2)]\zeta_0 - \zeta\zeta_1 + \zeta_2(4r_b - 2\theta^2 r_b - 4\theta^2 + 4)$，$\psi_2 = cr_b\zeta[2\lambda_r s^2 \sigma^2(\zeta_9 + \zeta_{10}) + \zeta_7 + \zeta_8 + \zeta_2(1 + 2\lambda_r s^2 \sigma^2)]$，$\psi_3 = (c\zeta - 2\lambda_r s^2 \sigma^2 \zeta_4 - \zeta_3)[2\lambda_r s^2 \sigma^2(\zeta_9 + \zeta_{10}) + \zeta_7 + \zeta_8] + \zeta_2(c\zeta - \zeta_5 + 2\lambda_r s^2 \sigma^2 \zeta_6)(1 + 2\lambda_r s^2 \sigma^2)$。

下面，分析在"双边银行借贷"组合融资模式下，初始资金规模对上、下游企业运营决策和利润的影响。可得性质 9.5。

性质 9.5：（ⅰ）$\dfrac{\partial p_r^{A1}}{\partial B_r} = \dfrac{\partial p_d^{A1}}{\partial B_r} = \dfrac{\partial w^{A1}}{\partial B_r} = \dfrac{\partial Q_r^{A1}}{\partial B_r} = \dfrac{\partial Q_d^{A1}}{\partial B_r} = \dfrac{\partial(Q_r^{A1} + Q_d^{A1})}{\partial B_r} = 0$，$\dfrac{\partial \pi_r^{A1}}{\partial B_r} > 0$，$\dfrac{\partial \pi_m^{A1}}{\partial B_r} = 0$；

（ⅱ）$\dfrac{\partial p_r^{A1}}{\partial B_m} = \dfrac{\partial p_d^{A1}}{\partial B_m} = \dfrac{\partial w^{A1}}{\partial B_m} = \dfrac{\partial Q_r^{A1}}{\partial B_m} = \dfrac{\partial Q_d^{A1}}{\partial B_m} = \dfrac{\partial(Q_r^{A1} + Q_d^{A1})}{\partial B_m} = 0$，$\dfrac{\partial \pi_r^{A1}}{\partial B_m} = 0$，$\dfrac{\partial \pi_m^{A1}}{\partial B_m} > 0$。

由性质 9.5 可得，在"双边银行借贷"组合融资模式下，初始资金规模对上、下游企业最优运营决策和需求均没有影响。但与"银行借贷 + 贸易信贷"组合融资模式情形不同，随着企业自身初始资金规模的扩大，企业从银行借贷金额减少，且借贷利息下降，各企业利润均增加。因供应链中无贸易信贷契约，所以各企业利润不受对方企业初始资金规模的影响。

情形二： 当 $r_b \geq r_b^{\#}$ 时，恒有 $|H| \leq 0$，制造商期望利润函数 $E(\pi_m)$ 不是 (p_d, w) 的联合凹函数。运用两阶段优化方法，在 p_d 给定的情况下，先寻找到最优的 w，并代入制造商利润函数，再寻找最优的 p_d 来最大化制造商的利润。

由式（9.18）可得，对任意给定的线上产品售价 p_d，制造商最优的产品批发价 w 为：

$$w = \frac{c(1-\theta)(1+r_b) + \theta p_d}{2} + \frac{sa + \theta p_d}{2(1+r_b)} \tag{9.21}$$

将式（9.21）代入式（9.18），制造商期望利润函数变换为：

$$E(\pi_m) = A p_d^2 + B p_d + C \tag{9.22}$$

其中，$A = \dfrac{2\lambda_r s^2 \delta^2 (\theta^2 r_b^2 + 4\theta^2 r_b + 4\theta^2 - 4r_b - 4) - 8r_b + 8\theta^2 r_b + 8\theta^2 + \theta^2 r_b^2 - 8}{8(1+r_b)(1+\lambda_r s^2 \sigma^2)} > 0$，

$B = a(1-s) + c(1-\theta^2) + \dfrac{a\theta s(1+2\lambda_r s^2 \delta^2) + \Gamma(1+r_b)}{4(1+r_b)(1+\lambda_r s^2 \delta^2)} > 0$，$C = B_m r_b - ac(r_b +$

$1) + \dfrac{[c(\theta-1)(r_b+1)^2(1+2\lambda_r s^2 \delta^2) - as(3+2\lambda_r s^2 \delta^2)][c(\theta-1)(r_b+1)^2 + as]}{8(1+\lambda_r s^2 \delta^2)(r_b+1)} -$

$\dfrac{asc(\theta-1)(r_b+1)^2 - a^2 s^2}{2(r_b+1)}$，$\Gamma = a\theta s(3+2\lambda_r s^2 \delta^2) + cr_b[4+\theta-5\theta^2+2\lambda_r s^2 \delta^2(2+\theta-$

$3\theta^2)] + c\theta r_b^2(1-\theta)(1+2\lambda_r s^2 \delta^2)$。

由式（9.22）可得，制造商期望利润是其线上渠道产品售价的增函数，但因双渠道的需求不能为负，应满足 $Q_r \geq 0$，$Q_d \geq 0$。可得定理9.4。

定理9.4： 在"双边银行借贷"组合融资模式下，供应链上、下游企业最优产品售价和需求分别为：

$$
\begin{cases}
p_r^{A2} = \dfrac{(1+r_b)[sa - c(1-\theta)(1+r_b)]}{r_b} \quad p_d^{A2} = \dfrac{sa - c(1-\theta)(1+r_b)^2}{\theta r_b} \\[3mm]
w^{A2} = \dfrac{sa - c + c\theta}{r_b} - c(1-\theta) \quad Q_r^{A2} = 0 \\[3mm]
Q_d^{A2} = \dfrac{cr_b(1-\theta)(1-\theta^2)(2+r_b) + a\theta r_b(1+\theta s - s) - (1-\theta^2)(sa - c + c\theta)}{\theta r_b}
\end{cases}
$$

$$\tag{9.23}$$

从定理9.4易得，在"双边银行借贷"组合融资模式下，风险厌恶零售商的需求为零，其不再有动机进行银行借贷融资，而制造商将有足够的动机为零售商提供贸易信贷契约以满足零售商订货需求，并赚取更多产品的批发利润。

9.4　数值仿真及分析

9.4.1　相关假设和参数赋值

文中所得部分理论解非常复杂，无法直接通过对理论解的分析得到"双边银行借贷"组合融资模式下零售商风险厌恶特性对供应链的影响，更难以得到制造商延期支付批发价敏感性对上、下游企业融资模式选择策略的影响。因而，一方面，本部分通过数值分析对文中部分理论结果做直观再现和数值验证；另一方面，也补充了理论解分析尚难以得到的一些结果和管理启示。参考王道平等（2022）、唐丹和庄新田（2021）、赵晟莹和卢祥远（2020）等的处理方法，本部分相关假设和参数赋值分别如下所示。

（1）根据中国人民银行授权全国银行间同业拆借中心公布的数据，2020年7月贷款市场报价利率：1年期为3.85%，5年期以上为4.65%。因而，本部分假设银行提供给企业的贷款利率介于短期利率（1年期）和长期利率（5年期以上）之间，设定为4%。

（2）根据《中国家电网购分析报告》数据，分品类看，2018年三大传统白电（空调、冰箱、洗衣机）市场规模合计3713亿元，线上渠道占比分别为30.7%、35.2%、40.4%，其中，厨卫线上占比最低，仅为25.6%，小家电线上占比最高，达到了59.1%。而前瞻产业研究院报告指出，2020年上半年新冠疫情之下我国彩电线上销售比重达64.1%。因而，本部分对线下渠道市场占有率s分别赋值45%和60%，以反映线下渠道需求规模比重分别较低和较高的情况。

（3）本章用$\lambda_r \geq 0$表示零售商对风险的厌恶程度，λ_r值越大，表明零售商对风险越厌恶。参考曹宗宏等（2019）、刘英和慕银平（2021）、柏庆国等（2019）、许民利等（2016）的研究，零售商的风险厌恶系数λ_r在例1中的取值范围为$\lambda_r \in (0.1, 0.7)$，在例2中的赋值为$\lambda_r = 0.5$。

9.4.2 数值分析

例9.1： 本部分对"银行借贷＋贸易信贷"组合融资模式下零售商风险厌恶特性对供应链决策和利润的影响结论进行数值验证，并进一步分析"双边银行借贷"组合融资模式下零售商风险厌恶特性对供应链的影响。根据上述相关假设，参考魏杰和常美静（2021）、史思雨和孙静春（2019）等的研究，其他相关参数的赋值为：$B_r = 180$，$B_m = 200$，$a = 100$，$c = 15$，$\theta = 0.3$，$\sigma = 2$，$k = 0.2$，可得图9－1到图9－4。

由图9－1到图9－4可知，无论是在"银行借贷＋贸易信贷"组合融资模式下，还是在"双边银行借贷"组合融资模式下，零售商风险厌恶特性均会降低零售商产品售价，并对制造商线上产品形成价格歧视，有效刺激了消费者对零售商实体店的需求，制造商线上渠道需求减少。因供应链中双渠道产品整体售价相对降低，线上、线下渠道产品总需求增加。尽管零售商风险厌恶特性的增强会减少零售商利润，但会使制造商和供应链的总体利润增加，制造商将有充分的动机与风险厌恶的零售商合作。

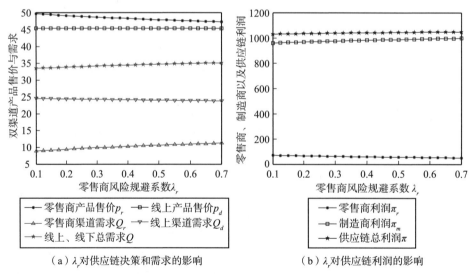

（a）λ_r 对供应链决策和需求的影响　　　（b）λ_r 对供应链利润的影响

图9－1　"银行借贷＋贸易信贷"组合融资模式下，零售商
风险厌恶特性对供应链的影响（$s = 0.45$）

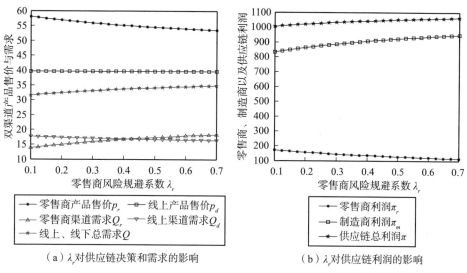

（a）λ_r 对供应链决策和需求的影响 （b）λ_r 对供应链利润的影响

图 9 - 2 "银行借贷 + 贸易信贷"组合融资模式下，零售商
风险厌恶特性对供应链的影响（$s = 0.60$）

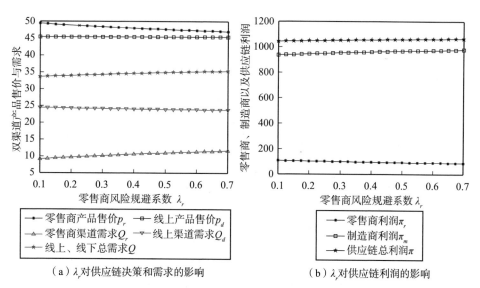

（a）λ_r 对供应链决策和需求的影响 （b）λ_r 对供应链利润的影响

图 9 - 3 "双边银行借贷"组合融资模式下，零售商
风险厌恶特性对供应链的影响（$s = 0.45$）

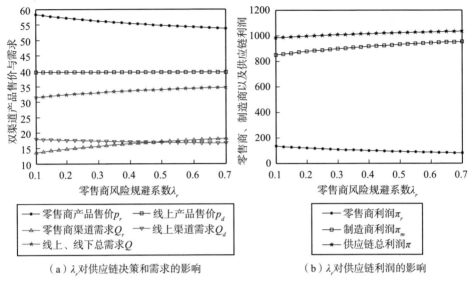

（a）λ_r对供应链决策和需求的影响   （b）λ_r对供应链利润的影响

**图 9 – 4 "双边银行借贷"组合融资模式下，零售商
风险厌恶特性对供应链的影响（$s = 0.60$）**

例 9.2：本部分进一步分析在三种不同的融资模式下，制造商延期支付批发价敏感性对供应链企业运营决策和利润的影响，并探讨上、下游企业对融资组合模式的选择偏好。与例 9.1 中数值赋值方法类似，本部分相关参数的赋值为：$B_r = 180$，$B_m = 200$，$a = 100$，$c = 15$，$\theta = 0.3$，$\sigma = 2$。

由表 9 – 1 可知，在双边资金的约束下，上、下游企业依靠融资组合模式解决资金困境时，供应链线上渠道和线下渠道产品售价均高于无资金约束时的产品售价，此时企业将融资成本以提高产品售价的形式转嫁给下游消费者。与无资金约束模式相比，在两种不同的组合融资模式下，风险厌恶的零售商均可能获得更多利润，而制造商的利润以及供应链的总利润往往会减少。

进一步地，对比不同组合融资模式下各企业的利润，当延期支付批发价敏感性较低时，制造商在"银行借贷 + 贸易信贷"组合融资模式下，利润高于其在"双边银行借贷"组合融资模式下的利润。此时，其偏爱选择"银行借贷 + 贸易信贷"组合融资模式，否则，制造商将偏爱选择"双边银行借贷"组合融资模式。而随着制造商延期支付批发价敏感程度的增加，零售商由偏爱"双边银行借贷"组合融资模式逐渐转变为偏爱"银行借贷 + 贸易信贷"组合

表 9 - 1　不同融资模式下上、下游企业运营决策和利润

参数		无资金约束模式					双边资金约束下，供应链"银行借贷 + 贸易信贷"组合融资模式					双边资金约束下，供应链"双边银行借贷"组合融资模式				
		p_r	p_d	π_r	π_m	π	p_r	p_d	π_r	π_m	π	p_r	p_d	π_r	π_m	π
$s=0.45$	$k=0.01$	47.4	45.1	52.9	1018.2	1071.1	47.7	45.4	53.5	1003.4	1056.8	48.0	45.4	55.9	987.8	1043.7
	$k=0.11$	47.4	45.1	52.9	1018.2	1071.1	47.7	45.4	72.6	984.2	1056.8	48.0	45.4	55.9	987.8	1043.7
	$k=0.21$	47.4	45.1	52.9	1018.2	1071.1	47.7	45.4	93.7	963.1	1056.8	48.0	45.4	55.9	987.8	1043.7
	$k=0.31$	47.4	45.1	52.9	1018.2	1071.1	47.7	45.4	117.1	939.8	1056.8	48.0	45.4	55.9	987.8	1043.7
	$k=0.41$	47.4	45.1	52.9	1018.2	1071.1	47.7	45.4	142.9	913.9	1056.8	48.0	45.4	55.9	987.8	1043.7
	$k=0.51$	47.4	45.1	52.9	1018.2	1071.1	47.7	45.4	171.4	885.4	1056.8	48.0	45.4	55.9	987.8	1043.7
$s=0.6$	$k=0.01$	54.3	39.4	89.0	974.9	1063.9	54.5	39.7	89.3	960.5	1049.8	54.8	39.6	91.5	930.7	1022.2
	$k=0.11$	54.3	39.4	89.0	974.9	1063.9	54.5	39.7	108.5	941.4	1049.8	54.8	39.6	91.5	930.7	1022.2
	$k=0.21$	54.3	39.4	89.0	974.9	1063.9	54.5	39.7	129.6	920.2	1049.8	54.8	39.6	91.5	930.7	1022.2
	$k=0.31$	54.3	39.4	89.0	974.9	1063.9	54.5	39.7	152.9	896.9	1049.8	54.8	39.6	91.5	930.7	1022.2
	$k=0.41$	54.3	39.4	89.0	974.9	1063.9	54.5	39.7	178.8	871.1	1049.8	54.8	39.6	91.5	930.7	1022.2
	$k=0.51$	54.3	39.4	89.0	974.9	1063.9	54.5	39.7	207.3	842.5	1049.8	54.8	39.6	91.5	930.7	1022.2

融资模式。对供应链整体来说，贸易信贷契约一定程度上减弱了其对外部银行资金的依赖，供应链外部融资成本减少，并导致"银行借贷 + 贸易信贷"组合融资模式下供应链的总利润要多于"双边银行借贷"组合融资模式下的利润。

9.5　本章小结

本章针对上、下游企业均存在资金约束且零售商具有风险厌恶特性的双渠道供应链，研究了"银行借贷 + 贸易信贷"以及"双边银行借贷"两种不同组合融资模式下供应链的运作策略和利润，并讨论了企业初始资金规模、零售商风险厌恶特性、制造商延期支付批发价敏感性等因素对企业运营决策和利润的影响。主要研究结论如下：（1）在不同的组合融资模式下，企业初始资金规模、零售商风险厌恶特性、制造商延期支付批发价敏感性的变化会对各主体运营决策和利润分配产生不同的影响；（2）在双边资金的约束下，供应链组合融资模式有效解决了上、下游企业资金约束困境，且风险厌恶的零售商可能获得高于其无资金约束时所得利润；（3）随着制造商延期支付批发价敏感性的增强，制造商由偏向采用"银行借贷 + 贸易信贷"组合融资模式开始转变为偏向采用"双边银行借贷"组合融资模式，而零售商由偏向采用"双边银行借贷"组合融资模式逐渐转变为偏向采用"银行借贷 + 贸易信贷"组合融资模式。

第 10 章

双边资金约束下公平关切的
双渠道供应链融资策略

　　银行借贷与贸易信贷是供应链中资金约束企业最常见的两种融资方式。当供应链的上、下游企业均存在资金约束时，供应链企业可采用如下方法解决其资金不足的问题：（1）"双边银行借贷"融资组合模式，即上游制造商和下游零售商均通过银行借贷来解决资金约束困境；（2）"银行借贷＋贸易信贷"融资组合模式，即上游制造商通过银行借贷解决自身资金约束困境，并允许下游存在资金约束的零售商部分货款推迟支付，以解决零售商订货资金不足的问题。然而，不同的融资组合模式对供应链各主体运营决策和收益产生不同的影响，进而影响企业对不同融资组合模式的选择偏好。与此同时，行为研究表明，供应链成员通常具有公平偏好行为，他们既关注自己所获利润，也关心自己能否得到公平的待遇，导致企业运营及融资决策变得更加复杂。随着电子商务的发展，许多制造商开始选择双渠道模式销售，即在传统渠道销售模式下，增加网络直销渠道，例如 IBM、惠普、三星、索尼等。在双渠道供应链中，制造商不仅是零售商产品的供应者，同时其自身网络渠道也销售产品，此时他们之间的竞合关系更为复杂，不同融资组合模式以及制造商公平偏好特性对双渠道供应链各主体的运营决策和收益的影响也因此变得更加复杂。因而，研究双边资金约束下带有公平偏好制造商的双渠道供应链融资策略具有十分重要的意义。

目前，关于企业融资决策问题的研究主要集中在单渠道供应链领域，对双渠道供应链融资决策问题的研究还相对不足，且少数关于双渠道供应链融资决策的研究主要是针对供应链单边资金约束情况，未考虑上、下游企业同时存在资金约束的问题，更鲜有探讨双边资金约束下企业公平偏好特性对供应链融资策略的影响。因此，本章基于上述研究背景，针对上、下游企业同时存在资金约束且制造商存在公平偏好特性的双渠道供应链，研究"双边银行借贷"以及"银行借贷 + 贸易信贷"两种不同融资组合模式下供应链各主体最优运作策略和收益，并进一步讨论上、下游企业初始资金规模、制造商公平偏好特性以及延期支付批发价敏感性等因素对供应链成员运营决策及收益的影响，最后比较分析不同市场条件下各主体对上述两种不同的融资组合模式的选择偏好。

10.1　模 型 设 定

本章基于同时存在资金约束的双渠道制造商和传统零售商组成的供应链，其中，制造商具有公平偏好特性，考虑采用如下方法解决供应链双边资金约束的问题：（1）"双边银行借贷"融资组合模式，即上游制造商和下游零售商均通过银行借贷来解决自身资金约束困境；（2）"银行借贷 + 贸易信贷"融资组合模式，即上游制造商通过银行借贷解决自身的资金约束困境，并允许下游存在资金约束困境的零售商部分货款推迟支付，以解决零售商订货资金不足的问题。为了方便比较，首先给出当公平偏好的制造商与零售商均不存在资金约束时，双渠道供应链各主体的最优决策和收益。

参考周永务等（2018）的研究，得到零售商实体渠道需求函数与制造商网络渠道需求函数分别为：

零售商实体渠道的需求：

$$d_1 = \varphi a - p_1 + \theta_1 p_2 \tag{10.1}$$

制造商网络渠道的需求：

$$d_2 = (1 - \varphi)a - p_2 + \theta_2 p_1 \tag{10.2}$$

其中，a 为市场潜在需求规模，φ 为零售商渠道占有的市场需求比例，$1 - \varphi$ 为制造商网络渠道占有的市场需求比例，p_1 和 p_2 分别为零售商和制造商各自渠道的产品销售价格，$\theta_i < 1$ （$i = 1$，2）分别为由于对方渠道价格所引起的消费者转移程度，制造商单位产品生产成本为 c，产品批发价格为 w。为了方便计算，令 $\theta_1 = \theta_2 = \theta$。

当制造商不存在公平偏好时，供应链各主体的收益函数分别为：

零售商的收益函数为：

$$\pi_r = (p_1 - w)(\varphi a - p_1 + \theta p_2) \qquad (10.3)$$

制造商的收益函数为：

$$\pi_m = (w - c)(\varphi a - p_1 + \theta p_2) + (p_2 - c)\left[(1 - \varphi)a - p_2 + \theta p_1\right] \qquad (10.4)$$

参考王磊等（2015）的研究，当制造商存在公平偏好时，其效用函数为：$u_m = \pi_m - \beta(\gamma \pi_r - \pi_m)$，其中，$0 < \beta < 1$ 为制造商的公平偏好系数，$\gamma > 0$，表示公平比例。本章公平参考点为参与方的相对利润，并假设当己方的利润少于对方相对利润时，公平效用为负值，如果超过对方相对利润，则获得正的公平效用。

因此，当双渠道制造商存在公平偏好时，其效用函数为：

$$u_m = (w - c)(\varphi a - p_1 + \theta p_2) + (p_2 - c)\left[(1 - \varphi)a - p_2 + \theta p_1\right] - \beta(\gamma \pi_r - \pi_m) \qquad (10.5)$$

本章考虑在双渠道供应链中，制造商处于核心地位，属于供应链领导者，与零售商进行 stackelberg 博弈。博弈顺序如下：首先，制造商给出产品批发价格 w 以及网络渠道产品售价 p_2；其次，零售商观察到制造商的决策后再确定自身实体渠道产品定价 p_1。

采用逆推法，并记上标 0 为供应链不存在资金约束时的情形。由式（10.3）易得，当制造商决策给定时，零售商的收益函数是关于 p_1 的凹函数，因此可得：

$$p_1^0 = \frac{\varphi a + \theta p_2 + w}{2} \qquad (10.6)$$

将式（10.6）代入式（10.5）易得，存在公平偏好的双渠道制造商效用函数为：

$$u_m = (p_2 - c)(1 + \beta)\left[a(1 - \varphi) - p_2 + \frac{\theta(w + \varphi a + \theta p_2)}{2}\right]$$
$$+ \frac{(w - c)(1 + \beta)(\varphi a + \theta p_2 - w)}{2} - \frac{\beta \gamma (\varphi a + \theta p_2 - w)^2}{4} \qquad (10.7)$$

由式（10.7）易得，存在公平偏好的双渠道制造商效用函数 u_m 关于 $(p_2,\ w)$ 的海塞矩阵是负定的，即 u_m 是关于 $(p_2,\ w)$ 的联合凹函数，从而可得定理 10.1。

定理 10.1： 在无资金约束的情形下，双渠道供应链各主体的最优决策分别为：

$$
\begin{cases}
p_1^0 = \dfrac{c(1+\beta) + (\varphi a + \theta c)(1+\beta+\beta\gamma)}{2(2+\beta\gamma+2\beta)} + \dfrac{a(\varphi+\theta-\theta\varphi)}{2(1-\theta^2)} \\[4mm]
p_2^0 = \dfrac{a(1-\varphi+\varphi\theta) + c(1-\theta^2)}{2(1-\theta^2)} \\[4mm]
w^0 = \dfrac{\varphi a(1-\theta)(2+2\gamma+\theta\gamma) + c(1-\theta^2)(2+\theta\gamma) + a\theta(\gamma+2)}{2(1-\theta^2)(\gamma+2)} \\[4mm]
\qquad - \dfrac{\gamma(\varphi a - c + c\theta)}{(\gamma+2)(2+\beta\gamma+2\beta)}
\end{cases}
\tag{10.8}
$$

从而，易得零售商和制造商的需求和收益分别为：

$$
\begin{cases}
d_1^0 = \dfrac{(1+\beta)(\varphi a - c + c\theta)}{2(2+2\beta+\beta\gamma)},\quad d_2^0 = \dfrac{a(1-\varphi+\theta\varphi) - c(1-\theta^2)}{2} - \dfrac{\theta(1+\beta)(\varphi a - c + c\theta)}{2(2+2\beta+\beta\gamma)} \\[4mm]
\pi_r^0 = \dfrac{(1+\beta)^2\ (\varphi a - c + c\theta)^2}{4\ (2+2\beta+\beta\gamma)^2} \\[4mm]
u_m^0 = \dfrac{a^2(1+\beta)\left[1+\theta+(1-2\varphi)^2(1-\theta)\right]}{8(1-\theta^2)} \\[4mm]
\qquad - \dfrac{(1+\beta)\left[a^2\varphi^2(1+\beta+\beta\gamma) - 2ac\varphi(1-\theta)(1+\beta+\beta\gamma) + c\xi_0\right]}{4(2+2\beta+\beta\gamma)}
\end{cases}
\tag{10.9}
$$

其中，$\xi_0 = 2a(2+2\beta+\beta\gamma) - c(1-\theta)(3+\theta)(1+\beta) - bc\gamma(1-\theta^2)$。

下面，进一步分析无资金约束情形下制造商的公平偏好程度对双渠道产品定价、需求以及零售商收益的影响，可得性质 10.1。

性质 10.1：（ⅰ）$\dfrac{\partial p_1^0}{\partial \beta} > 0$，$\dfrac{\partial p_2^0}{\partial \beta} = 0$，$\dfrac{\partial w^0}{\partial \beta} > 0$；

（ⅱ）$\dfrac{\partial d_1^0}{\partial \beta} < 0$，$\dfrac{\partial d_2^0}{\partial \beta} > 0$，$\dfrac{\partial (d_1^0 + d_2^0)}{\partial \beta} < 0$；

（ⅲ）$\dfrac{\partial \pi_r^0}{\partial \beta} < 0$。

由性质 10.1 易得，当供应链资金充足时，制造商网络渠道产品售价不受其公平偏好程度的影响，而产品批发价格与其公平偏好程度成正比。随着制造商公平偏好程度的增大，一方面，制造商通过维持自身网络渠道售价不变来保障其直销渠道的价格竞争优势；另一方面，制造商通过提高产品批发价从零售商处分得更多的单位产品批发利润，以此减少其收益分配不公平感受。此时，零售商因批发价的提升，实体渠道产品定价也随之上升，将单位产品批发价提升对其带来的单位边际收益减少的消极效应转嫁给了下游消费者，最终由消费者买单。进一步地，因制造商网络渠道产品售价不变，而零售商实体渠道产品售价提高，因此，越来越多的消费者转到网络渠道来购买产品，从而导致消费者对零售商渠道需求不断减少，而对制造商网络渠道需求不断增加。因双渠道产品整体定价的相对提高（网络渠道价格不变而实体渠道价格上升），市场消费者整体需求减少，即制造商网络渠道需求增加的正效应被实体渠道需求减少的负效应抵消，双渠道的总需求不断减少，制造商公平偏好特性对供应链总需求产生了消极影响。最后，由性质 10.1 的（iii）也可以得出，制造商公平偏好特性对下游零售商的收益产生消极影响，随着制造商公平偏好程度的增加，零售商产品售价提高引起其收益增加的正效应被其需求下降引起收益减少的负效应抵消，零售商的收益不断减少。

结论 10.1：当供应链资金充足时，零售商更愿意与无公平偏好的双渠道制造商展开合作。

结论 10.1 指出了在供应链资金充足情形下零售商对双渠道制造商的选择偏好。然而，在生产实践中，上、下游企业都可能会面临资金不足的困境。下面，将进一步探讨供应链存在双边资金约束时，两种不同的融资组合模式下（"双边银行借贷"以及"银行借贷 + 贸易信贷"）双渠道供应链各主体的最优运作策略和收益变化。

10.2 "银行借贷 + 贸易信贷" 融资组合模式

本部分考虑上游公平偏好的双渠道制造商与下游零售商同时存在资金约束时，供应链采用"银行借贷 + 贸易信贷"融资组合模式来解决链条双边资金约束的问题。在此模式下，一方面，制造商通过银行借贷来解决自身资金约束困境；另一方面，为资金约束的零售商提供贸易信贷合同，允许零售商部分货款延期支付，进而解决零售商订货资金不足的问题。假设存在资金约束的制造商和零售商的初始资金规模分别为 B_m 和 B_r，易得制造商从银行借贷金额为 $L_m = c(d_1 + d_2) - B_m$。假设银行的借贷利率为 r_b，则制造商需要向银行支付的借贷利息为 $L_m r_b$。为了激励订货资金不足的零售商先用其全部初始资金 B_r 支付部分产品货款，制造商对零售商推迟支付的产品将制定一个新的相对较高的批发价格，$w_1 = we^k$（$k > 0$），其中，k 为制造商延期支付批发价敏感系数，k 越大，表明零售商支付给制造商的延期支付产品批发价格越高。

从而，易得零售商和双渠道制造商的收益函数分别为：

$$\pi_r = p_1(\varphi a - p_1 + \theta p_2) - B_r - we^k\left(\varphi a - p_1 + \theta p_2 - \frac{B_r}{w}\right) \tag{10.10}$$

$$\pi_m = B_r + we^k\left(\varphi a - p_1 + \theta p_2 - \frac{B_r}{w}\right) + p_2\left[(1-\varphi)a - p_2 + \theta p_1\right]$$
$$- c(d_1 + d_2) - L_m r_b \tag{10.11}$$

因此可得，当双渠道制造商存在公平偏好时，其效用函数为：

$$u_m = B_r + we^k\left(\varphi a - p_1 + \theta p_2 - \frac{B_r}{w}\right) + p_2\left[(1-\varphi)a - p_2 + \theta p_1\right]$$
$$- c(d_1 + d_2) - L_m r_b - \beta(\gamma \pi_r - \pi_m) \tag{10.12}$$

式（10.12）为双边资金约束下供应链采用"银行借贷 + 贸易信贷"融资组合模式的情形。与无资金约束情形的计算方法类似，采用逆推法，首先考虑当制造商决策给定时零售商的最优决策。

10.2.1　零售商最优决策

由式（10.10）易得，零售商收益函数是关于其产品定价 p_1 的凹函数，因此可得：

$$p_1^1 = \frac{\varphi a + \theta p_2 + we^k}{2} \tag{10.13}$$

10.2.2　制造商最优策略

将式（10.13）代入式（10.12）易得，存在公平偏好的双渠道制造商的效用函数转化为：

$$u_m = -\frac{(2+2\beta+\beta\gamma)e^{2k}w^2}{4}$$

$$+\left(\frac{ce^k(1+\beta)(1+r_b)(1-\theta)+a\varphi e^k(1+\beta)+\beta\gamma e^k(a\varphi+\theta p_2)}{2}+\theta p_2 e^k(1+\beta)\right)w$$

$$+\frac{ac\varphi(1+\beta)(1+r_b)(1-\theta)-c\theta p_2(1+\beta)(1+r_b)(1+\theta)+\theta p_2(1+\beta)(a\varphi+\theta p_2)}{2}$$

$$-\frac{\beta\gamma(a\varphi+\theta p_2)^2}{4}+B_r(1-e^k)(1+\beta+\beta\gamma)+B_m r_b(1+\beta)$$

$$-c(a-p_2)(1+\beta)(1+r_b)+ap_2(1+\beta)(1-\varphi)-p_2^2(1+\beta) \qquad (10.14)$$

由式（10.14）易得，公平偏好双渠道制造商的效用函数 u_m 关于（p_2，w）的海塞矩阵是负定的，即 u_m 是关于（p_2，w）的联合凹函数，从而可得定理 10.2。

定理 10.2：在"银行借贷＋贸易信贷"融资组合模式下，双渠道供应链各主体的最优决策分别为：

$$
\begin{cases}
p_1^1 = \dfrac{c(1+r_b)(1+\beta)(1+\theta)+a\varphi(1+\beta+\beta\gamma)+\theta c\beta\gamma(r_b+1)}{2(2+2\beta+\beta\gamma)} \\
\qquad +\dfrac{a(\theta-\theta\varphi+\varphi)}{2(1-\theta^2)} \\[4pt]
p_2^1 = \dfrac{a(1-\varphi+\theta\varphi)+c(1+r_b)(1-\theta^2)}{2(1-\theta^2)} \\[4pt]
w^1 = \dfrac{\begin{array}{c}c(1+r_b)(1-\theta^2)(2+2\beta+\beta\theta\gamma)+2a\theta(1+\beta)(1-\varphi)\\+2a\varphi(1+\beta+\beta\gamma)+a\beta\theta\gamma(1-\varphi-\theta\varphi)\end{array}}{2e^k(1-\theta^2)(2+2\beta+\beta\gamma)} \\[4pt]
w_1^1 = \dfrac{\begin{array}{c}c(1+r_b)(1-\theta^2)(2+2\beta+\beta\theta\gamma)+2a\theta(1+\beta)(1-\varphi)\\+2a\varphi(1+\beta+\beta\gamma)+a\beta\theta\gamma(1-\varphi-\theta\varphi)\end{array}}{2(1-\theta^2)(2+2\beta+\beta\gamma)}
\end{cases}
\qquad (10.15)
$$

从而，易得零售商和双渠道制造商的需求和收益分别为：

$$
\begin{cases}
d_1^1 = \dfrac{(1+\beta)\left[\varphi a - c(1-\theta)(1+r_b)\right]}{2(2\beta+\beta\gamma+2)} \\[4mm]
d_2^1 = \dfrac{\begin{aligned}(2\beta+\beta\gamma+2)\left[a(1-\varphi+\theta\varphi)-c(1-\theta^2)(1+r_b)\right]- \\ \theta(1+\beta)\left[\varphi a-c(1-\theta)(1+r_b)\right]\end{aligned}}{2(2\beta+\beta\gamma+2)} \\[4mm]
\pi_r^1 = \dfrac{(1+\beta)^2\left[\varphi a-c(1+r_b)(1-\theta)\right]^2}{4(2+2\beta+\beta\gamma)^2}+B_r(e^k-1) \\[4mm]
u_m^1 = \dfrac{(1+\beta)^2(\xi_1-\xi_4)+(2\beta+\beta\gamma+2)(1+\beta)(\xi_2-\xi_3)}{4(1-\theta^2)(2+2\beta+\beta\gamma)^2} \\[2mm]
\qquad\quad -B_r(e^k-1)(1+\beta+\beta\gamma)+B_m r_b(1+\beta)
\end{cases}
\tag{10.16}
$$

其中，$\xi_1=\left[\varphi a-c(1-\theta)(1+r_b)\right]\left[c(1+r_b)(1-\theta^2)(2+2\beta+\beta\theta\gamma)+2a\theta(1+\beta)(1-\varphi)+2a\varphi(1+\beta+\beta\gamma)+a\beta\theta\gamma(1-\varphi-\theta\varphi)\right]$，$\xi_2=\left[a(1-\varphi+\theta\varphi)+c(1+r_b)(1-\theta^2)\right]\{(2\beta+\beta\gamma+2)\left[a(1-\varphi+\theta\varphi)-c(1-\theta^2)(1+r_b)\right]-\theta(1+\beta)\left[\varphi a-c(1-\theta)(1+r_b)\right]\}$，$\xi_3=2c(1+r_b)(1-\theta^2)\{(1+\beta)(1-\theta)\left[\varphi a-c(1-\theta)(1+r_b)\right]+(2\beta+\beta\gamma+2)\left[a(1-\varphi+\theta\varphi)-c(1-\theta^2)(1+r_b)\right]\}$，$\xi_4=\beta\gamma(1-\theta^2)\left[\varphi a-c(1+r_b)(1-\theta)\right]^2$。

下面，进一步分析在双边资金约束的情况下，供应链采用"银行借贷＋贸易信贷"融资组合模式时，制造商的公平偏好程度对双渠道产品定价、需求以及零售商收益的影响，可得性质 10.2。

性质 10.2：（ⅰ）$\dfrac{\partial p_1^1}{\partial\beta}>0$，$\dfrac{\partial p_2^1}{\partial\beta}=0$，$\dfrac{\partial w^1}{\partial\beta}>0$，$\dfrac{\partial w_1^1}{\partial\beta}>0$；

（ⅱ）$\dfrac{\partial d_1^1}{\partial\beta}<0$，$\dfrac{\partial d_2^1}{\partial\beta}>0$，$\dfrac{\partial(d_1^1+d_2^1)}{\partial\beta}<0$；

（ⅲ）$\dfrac{\partial\pi_r^1}{\partial\beta}<0$。

由性质 10.2 可得，在双边资金约束的情况下，供应链采用"银行借贷＋贸易信贷"融资组合模式时，制造商公平偏好程度对供应链各主体运作策略、需求和收益的影响与其无资金约束的情形一致。因而，这里就不再加以详细论述。

结论 10.2：在双边资金约束的情况下，供应链采用"银行借贷＋贸易信贷"融资组合模式时，零售商仍然更愿意与无公平偏好的双渠道制造商展开合作。

下面，进一步分析在双边资金的约束下，供应链采用"银行借贷 + 贸易信贷"融资组合模式时，零售商和制造商的初始资金规模对供应链各主体运营决策和收益的影响，可得性质 10.3。

性质 10.3：（i）$\dfrac{\partial p_1^1}{\partial B_r}=\dfrac{\partial p_2^1}{\partial B_r}=\dfrac{\partial w^1}{\partial B_r}=\dfrac{\partial w_1^1}{\partial B_r}=\dfrac{\partial d_1^1}{\partial B_r}=\dfrac{\partial d_2^1}{\partial B_r}=\dfrac{\partial(d_1^1+d_2^1)}{\partial B_r}=0$，$\dfrac{\partial \pi_r^1}{\partial B_r}>0$，$\dfrac{\partial u_m^1}{\partial B_r}<0$；

（ii）$\dfrac{\partial p_1^1}{\partial B_m}=\dfrac{\partial p_2^1}{\partial B_m}=\dfrac{\partial w^1}{\partial B_m}=\dfrac{\partial w_1^1}{\partial B_m}=\dfrac{\partial d_1^1}{\partial B_m}=\dfrac{\partial d_2^1}{\partial B_m}=\dfrac{\partial(d_1^1+d_2^1)}{\partial B_m}=0$，$\dfrac{\partial \pi_r^1}{\partial B_m}=0$，$\dfrac{\partial u_m^1}{\partial B_m}>0$。

由性质 10.3 可得，在"银行借贷 + 贸易信贷"融资组合模式下，上、下游企业初始资金规模不影响各主体的最优运营决策和需求，但对各主体收益产生影响。随着零售商初始资金规模的扩大，零售商资金约束困境得到缓解，需要推迟支付给制造商的货物量减少，节约了一定量的延期支付货款成本（延期支付批发价高于正常支付批发价），从而实现了零售商收益的不断增加。此时，制造商通过延期支付合同获取较高批发价及批发收益的能力减弱，制造商的总收益不断减少。进一步地，随着制造商初始资金规模的扩大，制造商资金约束困境得到缓解，其对金融机构的资金借贷减少，需要支付的借贷利息额也随之减少，进而实现制造商收益的不断增加。而此时零售商对延期支付合同的依赖程度没有变化，零售商的收益保持不变。

对比供应链无资金约束情形与双边资金约束下"银行借贷 + 贸易信贷"融资组合模式情形，我们可得结论 10.3。

结论 10.3：（i）$p_1^0<p_1^1$，$p_2^0<p_2^1$，$w^0<w_1^1$；当 $r_b<r_b^*$ 时，$w^0>w^1$，否则 $w^0\leqslant w^1$；

（ii）$d_1^0>d_1^1$，$d_2^0>d_2^1$，$d_1^0+d_2^0>d_1^1+d_2^1$；

（iii）当 $a<a^*$ 时，恒有 $\pi_r^0<\pi_r^1$；当 $a\geqslant a^*$ 时，如果 $r_b<r_b^\#$，有 $\pi_r^0<\pi_r^1$，否则，$\pi_r^0\geqslant \pi_r^1$。其中，$r_b^*=(e^k-1)\left[\dfrac{a\varphi+c+c\theta}{c(1+\theta)}+\dfrac{2\beta\gamma a\varphi(1-\theta)+a\theta(2+2\beta+\beta\gamma)}{c(1-\theta^2)(2\beta+\beta\theta\gamma+2)}\right]$，$a^*=\dfrac{2(2+2\beta+\beta\gamma)\sqrt{B_r(e^k-1)}+c(1-\theta)(1+\beta)}{\varphi(1+\beta)}$，$r_b^\#=\dfrac{\varphi a(1+\beta)-c(1-\theta)(1+\beta)-\sqrt{(1+\beta)^2(\varphi a-c+c\theta)^2-4B_r(2+2\beta+\beta\gamma)^2(e^k-1)}}{c(1-\theta)(1+\beta)}$。

由结论 10.3 易得，在双边资金的约束下，供应链企业采用"银行借贷 + 贸易信贷"融资组合模式时，制造商提供给零售商的延期支付批发价始终高于无资金约束时其正常批发价格，此时，制造商将自身的银行借贷融资成本部分转嫁给了进行延期支付融资的零售商。而"银行借贷 + 贸易信贷"融资组合模式下，制造商提供给零售商的正常批发价不一定始终高于无资金约束时的正常批发价，当银行借贷利率相对较低时，制造商提供的正常批发价低于无资金约束时的正常批发价，此时为了激励零售商将所有资金用于进行正常订货，其给予了零售商部分批发价优惠，此时，制造商银行借贷融资成本主要通过延期支付批发价的提高来获得一定的弥补。而当银行借贷利率较高时，制造商融资成本较高，其提供的正常批发价高于无资金约束时的正常批发价。此时，制造商通过两个阶段批发价的提高（正常批发价和延期支付批发价）将部分融资成本转嫁给了下游零售商。进一步地，"银行借贷 + 贸易信贷"融资组合模式下，供应链各主体均付出了相应的融资成本，此时零售商实体渠道和制造商网络渠道的产品售价均高于无资金约束时的产品售价，两主体将部分融资成本转嫁给了下游消费者。因"银行借贷 + 贸易信贷"融资组合模式下双渠道产品售价提高，导致双渠道需求均低于无资金约束下各渠道的需求。

进一步地，在双边资金约束的情况下，"银行借贷 + 贸易信贷"融资组合模式有效解决了零售商的资金约束困境，尽管消费者对零售商渠道需求有一定的减少，但零售商渠道单位产品售价提高，从而零售商收益并非始终低于其无资金约束时的收益。当市场潜在需求规模相对较低时，零售商始终获得高于其无资金约束时所得的收益；而当市场潜在需求规模相对较高时，制造商较低的借贷利率减少了零售商批发价成本，仍然能使零售商获得高于其无资金约束时所得的收益。对零售商来说，当供应链上游制造商愿意提供贸易信贷合同时，一定条件下的适当的负债（延期支付）会有效增加零售商的收益，这也一定程度上解释了现代市场经济中，很多企业会选择甚至偏爱负债经营的这种普遍经济现象。

10.3 "双边银行借贷"融资组合模式

本部分考虑上游公平偏好的双渠道制造商与下游零售商同时存在资金约束问题时，供应链采用"双边银行借贷"融资组合模式来解决供应链双边资金约束的问题。在此模式下，制造商和零售商均通过银行借贷来解决自身资金约束困境，从而易得双渠道制造商和传统零售商的银行借贷金额分别为 $L_m = c(d_1 + d_2) - B_m$

和 $L_r = wd_1 - B_r$，需要向银行支付的借贷利息分别为 $L_m r_b$ 和 $L_r r_b$。

从而，易得零售商和双渠道制造商的收益函数分别为：

$$\pi_r = (p_1 - w)(\varphi a - p_1 + \theta p_2) - [w(\varphi a - p_1 + \theta p_2) - B_r]r_b \quad (10.17)$$

$$\pi_m = (w - c)(\varphi a - p_1 + \theta p_2) + (p_2 - c)[(1 - \varphi)a - p_2 + \theta p_1] - [c(d_1 + d_2) - B_m]r_b \quad (10.18)$$

从而可得，公平偏好双渠道制造商的效用函数为：

$$u_m = (w - c)(\varphi a - p_1 + \theta p_2) + (p_2 - c)[(1 - \varphi)a - p_2 + \theta p_1] - [c(d_1 + d_2) - B_m]r_b - \beta(\gamma \pi_r - \pi_m) \quad (10.19)$$

式（10.19）为双边资金约束下供应链采用"双边银行借贷"融资组合模式的情形。采用逆推法，首先考虑当制造商决策给定时零售商的最优决策。

10.3.1 零售商最优决策

由式（10.17）易得，零售商收益函数是关于其产品定价 p_1 的凹函数，因此可得：

$$p_1^A = \frac{\varphi a + \theta p_2 + w(1 + r_b)}{2} \quad (10.20)$$

10.3.2 制造商最优决策

将式（10.20）代入式（10.19）易得，公平偏好的双渠道制造商的效用函数转化为：

$$u_m = \frac{2\psi_1 + 2\psi_2 + 4\psi_3 - \beta\gamma(a\varphi + \theta p_2)^2 - (1 + r_b)(2\beta + \beta\gamma + \beta\gamma r_b + 2)w^2}{4} \quad (10.21)$$

其中，$\psi_1 = w[c(1 + r_b)^2(1 - \theta)(1 + \beta) + (1 + \beta)(2\theta p_2 + \theta p_2 r_b + \varphi a) + \beta\gamma(1 + r_b)(\varphi a + \theta p_2)]$，$\psi_2 = \theta^2 p_2^2(1 + \beta) - c\theta p_2(1 + \beta)(1 + r_b)(1 + \theta) + ac\varphi(1 + \beta)(1 + r_b - \theta r_b) + a\theta\varphi(1 + \beta)(p_2 - c)$，$\psi_3 = B_m r_b(1 + \beta) - B_r\beta\gamma r_b - c(1 + \beta)(1 + r_b)(a - p_2) + p_2(1 + \beta)(a - a\varphi - p_2)$。

由式（10.21）易得，公平偏好的双渠道制造商效用函数 u_m 关于 (p_2, w) 的海塞矩阵为：

$$H = \begin{bmatrix} -(1+\beta)(2-\theta^2) - \dfrac{\beta\gamma\theta^2}{2} & \dfrac{\theta(2\beta + r_b + \beta\gamma + \beta r_b + \beta\gamma r_b + 2)}{2} \\[3mm] \dfrac{\theta(2\beta + r_b + \beta\gamma + \beta r_b + \beta\gamma r_b + 2)}{2} & -\dfrac{(1+r_b)(2\beta + \beta\gamma + \beta\gamma r_b + 2)}{2} \end{bmatrix}$$

其中，$|H| = \dfrac{(1+\beta)\big[8(1+r_b)(1+\beta)(1-\theta^2) + 4\beta\gamma(1+r_b)^2(1-\theta^2) - \theta^2 r_b^2(1+\beta)\big]}{4}$。

由上述海塞矩阵可得性质 10.4。

性质 10.4：在"双边银行借贷"融资组合模式下，公平偏好的双渠道制造商效用函数 u_m 分别是 p_2 和 w 的凹函数，但不是 (p_2, w) 的联合凹函数。

由性质 10.4 可得，公平偏好的双渠道制造商的效用函数并非始终是 (p_2, w) 的联合凹函数。因此，下面具体分两种情形来讨论。

情形一：当 $|H| > 0$ 时，公平偏好的双渠道制造商效用函数 u_m 关于 (p_2, w) 的海塞矩阵是负定，即 u_m 是关于 (p_2, w) 的联合凹函数，此时有 $8(1+r_b)(1+\beta)(1-\theta^2) + 4\beta\gamma(1+r_b)^2(1-\theta^2) > \theta^2 r_b^2(1+\beta)$。与"银行借贷 + 贸易信贷"融资组合模式下的计算方法类似，可得定理 10.3。

定理 10.3：在"双边银行借贷"融资组合模式下，双渠道供应链最优决策分别为：

$$\begin{cases} p_1^{A1} = \dfrac{a\theta + c\theta(1+r_b)(1-\theta^2) + a\varphi(2-\theta^2-\theta)}{2(1-\theta^2)} - \dfrac{\zeta_1(2r_b - \theta^2 r_b + 2 - 2\theta^2)}{2(1-\theta^2)\theta r_b \zeta} \\[3mm] p_2^{A1} = \dfrac{\zeta\big[a(1-\varphi+\theta\varphi) + c(1+r_b)(1-\theta^2)\big] - \zeta_1}{2(1-\theta^2)\zeta} \\[3mm] w^{A1} = \dfrac{c\theta}{2} + \dfrac{a(\theta + 2\varphi - \theta^2\varphi - \theta\varphi)}{2(1-\theta^2)(1+r_b)} - \dfrac{(4r_b - 3\theta^2 r_b + 4 - 4\theta^2)\zeta_1}{2\theta r_b \zeta(1-\theta^2)(1+r_b)} \end{cases}$$

$$\text{(10.22)}$$

从而易得，零售商和双渠道制造商的需求和收益分别为：

$$\begin{cases} d_1^{A1} = \dfrac{(1+r_b)\zeta_1}{\theta r_b \zeta}, \quad d_2^{A1} = \dfrac{r_b \zeta\big[a(1-\varphi+\theta\varphi) - c(r_b+1)(1-\theta^2)\big] - \zeta_1(r_b+2)}{2r_b \zeta} \\[3mm] \pi_r^{A1} = \dfrac{\zeta_1^2(1+r_b)^2}{\theta^2 r_b^2 \zeta^2} + B_r r_b \\[3mm] u_m^{A1} = (1+\beta)\left\{ \dfrac{\zeta_1\zeta_2}{2\theta r_b \zeta} + \dfrac{\zeta_3^2\zeta^2 + \zeta_1^2 - 2a(1-\varphi+\theta\varphi)\zeta\zeta_1}{4(1-\theta^2)\zeta^2} + B_m r_b \right\} - \dfrac{\zeta_1^2 \zeta_4}{\theta^2 r_b^2 \zeta^2} - \beta\gamma B_r r_b \end{cases}$$

$$\text{(10.23)}$$

170

其中，$\zeta = 8(1+r_b)(1+\beta)(1-\theta^2) + 4\beta\gamma(1+r_b)^2(1-\theta^2) - \theta^2 r_b^2(1+\beta)$，$\zeta_1 = \theta r_b(1+\beta)(1-\theta^2)[2a\varphi - c(4-3\theta)r_b - 2c(1-\theta) - c(2-\theta)r_b^2] - a\theta^2 r_b^2(1+\beta)(1-\varphi+\theta\varphi)$，$\zeta_2 = c\theta(1+r_b)(r_b+2) + 2a\varphi - 2c(1+r_b)^2$，$\zeta_3 = a(1-\varphi+\theta\varphi) - c(1+r_b)(1-\theta^2)$，$\zeta_4 = (1+r_b)(2+2\beta+\beta\gamma+\beta\gamma r_b)$。

下面，进一步分析在双边资金的约束下，供应链采用"双边银行借贷"融资组合模式时零售商和制造商的初始资金规模对供应链各主体运营决策和收益的影响，可得性质 10.5。

性质 10.5：（ⅰ）$\dfrac{\partial p_1^{A1}}{\partial B_r} = \dfrac{\partial p_2^{A1}}{\partial B_r} = \dfrac{\partial w^{A1}}{\partial B_r} = \dfrac{\partial d_1^{A1}}{\partial B_r} = \dfrac{\partial d_2^{A1}}{\partial B_r} = \dfrac{\partial(d_1^{A1}+d_2^{A1})}{\partial B_r} = 0$，$\dfrac{\partial \pi_r^{A1}}{\partial B_r} > 0$，$\dfrac{\partial u_m^{A1}}{\partial B_r} < 0$；

（ⅱ）$\dfrac{\partial p_1^{A1}}{\partial B_m} = \dfrac{\partial p_2^{A1}}{\partial B_m} = \dfrac{\partial w^{A1}}{\partial B_m} = \dfrac{\partial d_1^{A1}}{\partial B_m} = \dfrac{\partial d_2^{A1}}{\partial B_m} = \dfrac{\partial(d_1^{A1}+d_2^{A1})}{\partial B_m} = 0$，$\dfrac{\partial \pi_r^{A1}}{\partial B_m} = 0$，$\dfrac{\partial \pi_m^{A1}}{\partial B_m} > 0$。

由性质 10.5 可得，在双边资金的约束下，与"银行借贷 + 贸易信贷"融资组合模式情形类似，当供应链采用"双边银行借贷"融资组合模式时，上、下游企业初始资金规模不影响各主体的最优运营决策和需求，但对各主体收益产生重要影响。随着零售商初始资金的增加，零售商资金约束情况减弱，从银行借贷的金额减少，借贷利息减少，零售商的收益随自身初始资金规模的扩大而增加，因制造商存在公平偏好特性，此时零售商收益的增加给制造商带来收益分配不公平的负效应，制造商效用下降。进一步地，随着制造商初始资金规模的扩大，制造商资金约束情况减弱，从银行借贷的金额减少，借贷利息减少，制造商的收益随着自身初始资金规模的扩大而增加，因供应链中无内部贸易信贷契约的影响，所以零售商收益与制造商初始资金无关。

情形二：当 $|H| \leqslant 0$ 时，公平偏好的双渠道制造商效用函数 u_m 不是（p_2，w）的联合凹函数。此时，我们运用两阶段优化技术，先给定制造商网络渠道价格 p_2，找到最优的批发价格 w，并代入制造商效用函数 u_m，得到仅关于 p_2 的制造商效用函数，再找出最优的 p_2 使制造商效用达到最大。

由式（10.21）易得，对任意给定的 p_2，最优批发价 w 为：

$$w = \frac{\varphi a + \theta p_2}{2(1+r_b)} + \frac{2c(1-\theta)(1+\beta)(1+r_b) + \theta p_2(2+2\beta+\beta\gamma) + a\beta\gamma\varphi}{2(2\beta+\beta\gamma+\beta\gamma r_b+2)}$$

$$(10.24)$$

将式（10.24）代入式（10.21）易得，公平偏好的双渠道制造商效用函数转化为：

$$u_m = A p_2^2 + B p_2 + C \qquad (10.25)$$

其中，$A = \dfrac{2(1+\beta)\left[\theta^2 r_b^2 (1+\beta) - 8(1+r_b)(1+\beta)(1-\theta^2) - 4\beta\gamma(1+r_b)^2(1-\theta^2)\right]}{8(1+r_b)(2\beta+\beta\gamma+2+\beta\gamma r_b)}$

> 0，$B = \dfrac{2(1+\beta)^2 \Gamma_1 + (1+\beta)\Gamma_2}{4(2\beta+\beta\gamma+\beta\gamma r_b+2)} + \dfrac{a\theta\varphi(1+\beta)}{4(1+r_b)} > 0$，$C = B_m r_b(1+\beta) - B_r \beta\gamma r_b -$

$ac(1+\beta)(1+r_b)(1-\varphi+\theta\varphi) + \Gamma_3 - \dfrac{(1+\beta)\left[a\beta^2\gamma^2\varphi - 4c(1-\theta)(1+\beta)^2\right]^2}{8\beta^3\gamma^3(2\beta+\beta\gamma+\beta\gamma r_b+2)}$，

$\Gamma_1 = 4(a - a\varphi + c - c\theta^2) + 3a\theta\varphi + cr_b(1-\theta)(\theta r_b + 5\theta + 4)$，$\Gamma_2 = 4\beta c\gamma(1-\theta^2)$

$(1+r_b)^2 + a\beta\theta\gamma\varphi(3+4r_b) + 4a\beta\gamma(1-\varphi)(1+r_b)$，$\Gamma_3 = \dfrac{a^2\varphi^2(1+\beta)}{8(1+r_b)} +$

$\dfrac{c^2(1-\theta)^2(1+\beta)^4}{\beta^3\gamma^3} + \dfrac{c^2(1-\theta)^2(1+r_b)^2(1+\beta)^2}{4\beta\gamma} - \dfrac{ac\varphi(1-\theta)(1+\beta)^2}{2\beta\gamma} -$

$\dfrac{c^2(1-\theta)^2(1+r_b)(1+\beta)^3}{2\beta^2\gamma^2}$。

从而，得到公平偏好的双渠道制造商效用 u_m 关于其网络渠道价格 p_2 始终单调递增，因为渠道需求为非负，即满足 $d_1 \geq 0$，$d_2 \geq 0$，从而我们可得定理 10.4。

定理 10.4：在"双边银行借贷"融资组合模式下，双渠道供应链各主体的最优决策和需求分别为：

$$\begin{cases} p_1^{A2} = \dfrac{(1+r_b)\left[\varphi a - c(1-\theta)(1+r_b)\right]}{r_b}，\ p_2^{A2} = \dfrac{\varphi a - c(1-\theta)(1+r_b)^2}{\theta r_b} \\[3mm] w^{A2} = \dfrac{\varphi a - c + c\theta}{r_b} - c(1-\theta)，\ d_1^{A2} = 0 \\[3mm] d_2^{A2} = \dfrac{cr_b(1-\theta)(1-\theta^2)(2+r_b) + a\theta r_b(1+\theta\varphi-\varphi) - (1-\theta^2)(\varphi a - c + c\theta)}{\theta r_b} \end{cases}$$

$$(10.26)$$

由定理 10.4 可得，在"双边银行借贷"融资组合模式下，零售商的渠道需求为零，其无法再通过销售产品获得收益。因而，零售商会放弃银行借贷融资模式，只以自己的初始资金订货（资金不足）。此时，制造商将有足够的动机为零售商提供贸易信贷合同来解决零售商订货资金不足困境，以更好地满足零售商的订货需求，以获得更多的批发收益。

10.4　数值仿真及分析

例 10.1：本部分通过数值分析验证论文的有关结论，并进一步详细分析不同情形下制造商公平偏好程度对双渠道供应链各主体以及供应链总收益的影响。具体模型参数设置如下：$a=100$，$c=15$，$\theta=0.3$，$\varphi=0.6$，$k=0.2$，$r_b=0.04$，$\gamma=0.8$。

由图 10-1、图 10-2 可以看出，在无资金约束以及双边资金约束下的"银行借贷 + 贸易信贷"融资组合模式下，随着制造商公平偏好程度的增加，双渠道供应链各主体运作决策、需求变化规律分别与性质 10.1 和性质 10.2 一致，这里就不再加以详细的解释。由图 10-3 可以看出，在"双边银行借贷"融资组合模式下，随着制造商公平偏好程度的增加，零售商实体渠道以及制造商网络渠道产品销售价格均逐渐提高，且零售商实体渠道价格提高的程度高于

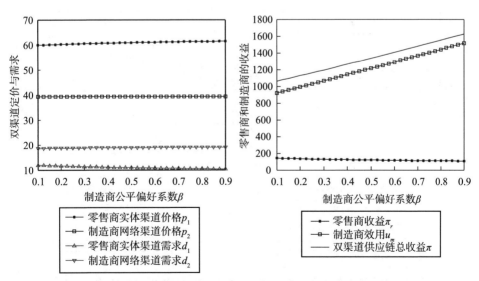

图 10-1　无资金约束情形下，制造商公平偏好对博弈均衡的影响

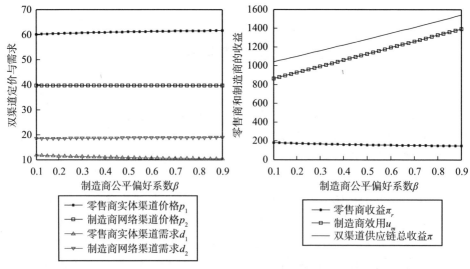

图 10-2 双边资金约束时，"银行借贷 + 贸易信贷"融资组合模式下的
制造商公平偏好对博弈均衡的影响（$B_r = 180$，$B_m = 200$）

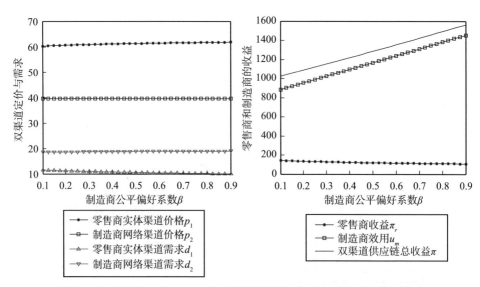

图 10-3 双边资金约束时，"双边银行借贷"融资组合模式下的制造商
公平偏好对博弈均衡的影响（$B_r = 180$，$B_m = 200$）

制造商网络渠道价格提高的程度。此时，消费者对零售商实体渠道的需求逐渐减少，而对制造商网络渠道需求逐渐增加。进一步地，由图 10 - 1 到图 10 - 3可以看出，在不同的情形下，随着制造商公平偏好程度的增加，零售商的收益均不断减少，而制造商和供应链的总收益不断增加，即制造商公平偏好程度的增加对零售商的收益产生消极影响，制造商通过提高批发价格以及网络渠道定价策略的设计，赚取了零售商和下游消费者更多的利润，最终，制造商和供应链总收益的增加由零售商和下游消费者买单。

例 10.2：本部分进一步分析在不同融资模式下，制造商延期支付批发价敏感系数不断变化时，零售商、制造商以及供应链总收益的变化，并分析各主体对不同融资组合模式的选择偏好。具体模型参数设置如下：$B_r = 190$，$B_m = 200$，$a = 100$，$c = 15$，$\theta = 0.3$，$\varphi = 0.6$，$r_b = 0.04$，$\gamma = 0.8$，$\beta = 0.5$。

由表 10 - 1 可知，当供应链存在双边资金约束时，在两种不同的融资组合模式下，资金约束的零售商均可能获得高于其无资金约束时所得的收益，即适度的资金约束情况对零售商可能是有益的。而双渠道制造商的收益通常低于其无资金约束时所得的收益。

表 10 - 1   **不同融资模式下，供应链各主体收益以及总收益**

参数	无资金约束模式			双边资金约束下，供应链"银行借贷 + 贸易信贷"融资组合模式			双边资金约束下，供应链"双边银行借贷"融资组合模式		
	零售商收益 π_r	制造商效用 u_m	供应链收益 π	零售商收益 π_r	制造商效用 u_m	供应链收益 π	零售商收益 π_r	制造商效用 u_m	供应链收益 π
$k = 0.01$	119.2271	1215.9	1335.1	119.1220	1197.6	1316.7	119.4417	1167.0	1286.5
$k = 0.11$	119.2271	1215.9	1335.1	139.3053	1159.3	1298.6	119.4417	1167.0	1286.5
$k = 0.21$	119.2271	1215.9	1335.1	161.6113	1116.9	1278.5	119.4417	1167.0	1286.5
$k = 0.31$	119.2271	1215.9	1335.1	186.2632	1070.0	1256.5	119.4417	1167.0	1286.5
$k = 0.41$	119.2271	1215.9	1335.1	213.5078	1018.3	1231.8	119.4417	1167.0	1286.5

进一步地，在双边资金的约束下，当制造商延期支付批发价敏感性相对较低时（$k \leqslant 0.01$），零售商在"银行借贷 + 贸易信贷"融资组合模式下所得的收益低于其在"双边银行借贷"融资组合模式下所得的收益，此时零售商更

加偏向采用"双边银行借贷"融资组合模式；否则，零售商将更加偏向采用"银行借贷 + 贸易信贷"融资组合模式。而对制造商而言，当其延期支付批发价敏感性相对较低时（$k \leqslant 0.01$），其更加偏向采用"银行借贷 + 贸易信贷"融资组合模式；否则，其更加偏向采用"双边银行借贷"融资组合模式。对整个供应链来说，在双边资金约束的情况下，当制造商延期支付批发价敏感性相对较低时（$k \leqslant 0.11$），"银行借贷 + 贸易信贷"融资组合模式要优于"双边银行借贷"融资组合模式。否则，"双边银行借贷"融资组合模式对整个供应链来说是占优势的。

10.5　本　章　小　结

　　本章针对上、下游企业均存在资金约束且制造商具有公平偏好特性的双渠道供应链，研究了"双边银行借贷"以及"银行借贷 + 贸易信贷"两种不同融资组合模式下的供应链运作策略和收益，并指出在双边资金的约束下，当供应链采用不同的融资组合模式时，企业初始资金规模、制造商公平偏好特性以及延期支付批发价敏感性等因素的变化会对各主体决策和收益产生不同影响；供应链融资组合模式不仅有效解决了各主体资金约束困境，且零售商可能获得高于其无资金约束时所得的收益；对比两种不同的融资组合模式，发现对零售商而言，当制造商延期支付批发价敏感性较低时，其偏向采用"双边银行借贷"融资组合模式；否则，其将偏向采用"银行借贷 + 贸易信贷"融资组合模式。而对制造商而言，当其延期支付批发价敏感性较低时，其偏向采用"银行借贷 + 贸易信贷"融资组合模式；否则，其将偏向采用"双边银行借贷"融资组合模式。

第 11 章

总结及展望

11.1 全书总结

本书基于电子商务环境，以双渠道供应链为研究对象，基于博弈论、行为学理论、金融学理论等对双渠道供应链的运作策略和融资方法等问题进行了研究。首先，基于无资金约束情况，探讨双渠道供应链定价、服务等运作策略设计；其次，将上述研究拓展到双边资金约束的情况，探讨当上、下游企业均存在资金约束问题时，各主体运作策略的变化及融资方式的选择等。研究视角不断拓展：不仅考虑了企业无行为偏好特征情况下双渠道供应链的运作策略及融资方式，也探讨了企业风险厌恶、公平关切等行为特征对供应链的运作策略及融资方式选择偏好的影响。本书的主要结论如下所示。

（1）针对一个传统零售商和一个双渠道制造商组成的供应链系统，探讨了存在"展厅效应"时，制造商服务成本分摊契约以及网络渠道收益共享契约的选择策略。研究指出，制造商通过上述两种契约的设计都能有效刺激零售商的服务动机，提高其服务水平，并进一步增加供应链各主体渠道的需求和收益。在不同的市场条件下，制造商将为零售商提供不同的契约设计策略。对比两种不同的契约模式，无论"展厅效应"如何，制造商和零售商一般都比较偏爱服务成本分摊契约。在信息对称和不对称的环境下，分别构建了消费者服务"搭便车"行为下双渠道供应链的运营决策模型，分析了零售商信息谎报行为对双渠道制造商服务成本补贴策略及各主体需求和收益的影响。研究指出，在信息对称和不对称的情形下，上游双渠道制造商均并非始终为零售商提供服务成本补贴。消费者服务"搭便车"行为对零售商的收益产生消极影响，而对双渠道制造商的收益也并非始终是有益的。进一步地，在信息不对称的情况下，当制造商提供服务成本补贴时，零售商会通过谎报服务信息来获得更多收益，此时双渠道制造商的利益受损。制造商通过"服务成本补贴+转移支付"双契约的联合设计，可以有效拟制零售商的信息谎报行为，促使零售商公开其真实的运营信息，并实现零售商和制造商收益均高于信息谎报下其所得的收益。

（2）针对一个双渠道制造商和一个双渠道零售商组成的混合渠道供应链系统，分别研究了无纵向持股、零售商持股制造商、制造商持股零售商以及上下游企业交叉持股模式下供应链各主体的最优策略和收益，并对比分析了持股比例对各主体运营策略和收益的影响，并指出在交叉持股模式下，当企业持股比例满足一定条件时，不仅供应链的总收益高于无持股模式下其获得的收益，且制造商和零售商的收益也均高于无持股情形下其所得的收益，上、下游企业的绩效以及供应链的总绩效都实现了提升。在制造商存在规模不经济的环境下，分别针对集中决策模式和分散决策契约模式建立了基于一致定价和促销努力的双渠道供应链协调策略模型，给出了不同运作模式下供应链各主体的最优决策和利润，并进一步分析了规模不经济系数和服务负溢出效应对供应链各主体的运作决策、需求和收益的影响。研究指出，规模不经济的双渠道供应链在分散决策批发价契约下无法实现供应链协调；而分散决策网络渠道收益共享契约能够实现双渠道总收益等于集中决策模式下供应链的收益，但无法保障各主体的收益始终高于批发价契约下其所得的收益；带有固定补偿的收益共享契约通过对固定补偿值的有效设计，不仅可以保障双渠道总收益等于集中决策模式下供应链的收益，且可以始终保障各主体收益不低于分散决策批发价契约下其所得的收益，从而实现各主体利益双赢以及供应链的有效协调。

（3）在随机需求环境下，构建了四种不同情形的零售商和双渠道制造商利用契约机制进行竞争的供应链决策模型，并给出了各情形下供应链成员的最优决策和利润。研究发现，相对于供应链无任何契约的情形，双渠道供应链中各主体均提供契约来增加自身需求和利润的策略并非始终是有效的，一定条件下，供应链各主体的利润均会受损。当供应链中仅零售商为下游顾客提供提前订货折扣契约，而制造商不提供任何契约时，供应链各主体的利润均达到最大。因而，对双渠道制造商来说，当零售商采用一定契约策略增加其渠道需求，同时减少制造商网络渠道需求时，制造商最优的策略并非采用"敌对"的契约来进一步增加自身网络渠道的需求，而是采用消费者"搭便车"行为策略，不为下游顾客提供任何契约优惠，也能从零售商渠道获得更多的批发收益，并最终实现自身总收益的最大化。

（4）针对上、下游企业均存在资金约束的双渠道供应链，构建了"制造商金融机构借贷＋延期支付"、"零售商金融机构借贷＋提前支付"以及"双边金融机构借贷＋提前支付"三种不同组合融资模式下的供应链融资决策模型，分析了企业自有资金规模、借贷利率等因素对各成员决策和利润的影响。研究发现，供应链组合融资模式不仅有效解决了企业资金约束的问题，且零售商往往可以获得高于其无资金约束时所得的利润；对比不同的组合融资模式发现，对零售商而言，当借贷利率相对较低时，其偏向采用"制造商金融机构借贷＋延期支付"组合融资模式；否则，"零售商/双边金融机构借贷＋提前支付"组合融资模式更受青睐。而对制造商而言，当借贷利率相对较低时，其偏向采用"零售商/双边金融机构借贷＋提前支付"组合融资模式；否则，"制造商金融机构借贷＋延期支付"组合融资模式更受青睐。

（5）针对存在双边资金约束的双渠道供应链系统，研究了顾客存在退货风险情境下双渠道制造商与传统零售商运营决策和融资策略。分别构建了"制造商金融机构借贷＋延期支付""零售商金融机构借贷＋提前支付"两种不同组合融资模式下的供应链融资决策模型，并分析了顾客退货率、消费者转移程度、企业自有资金规模等对供应链各主体运营决策和利润的影响。研究发现，在消费者存在退货风险的情况下，双边资金约束的供应链通过组合融资模式可以有效解决资金约束的问题，且零售商可以获得高于无资金约束时的利润；对比不同的融资组合模式发现，当网络渠道退货率小于某一阈值时，制造商更加偏向采用"制造商金融机构借贷＋延期支付"组合融资模式；否则，其更加偏向采用"零售商金融机构借贷＋提前支付"组合融资模式，而零售商在此范围内始终偏向采用"制造商金融机构借贷＋延期支付"组合融资模式。

（6）针对双边资金约束的双渠道供应链，考虑零售商风险厌恶特性，构建了"银行借贷＋贸易信贷"以及"双边银行借贷"两种不同融资组合模式下的企业融资决策模型，探讨了企业初始资金规模、零售商风险厌恶特性等因素对各成员运作策略和利润的影响。研究发现，组合融资模式能够有效解决双渠道供应链的双边资金约束问题，而且可能使风险厌恶的零售商获得高于其无资金约束时所得的利润；随着制造商延期支付批发价敏感程度的增加，制造商由偏向采用"银行借贷 + 贸易信贷"组合融资模式转变为偏向采用"双边银行借贷"组合融资模式，而零售商由偏向采用"双边银行借贷"组合融资模式逐渐转变为偏向采用"银行借贷 + 贸易信贷"组合融资模式。

（7）针对上、下游企业均存在资金约束，且制造商具有公平偏好特性的双渠道供应链，构建了"双边银行借贷"以及"银行借贷 + 贸易信贷"两种不同融资组合模式下的供应链融资决策模型，并分析了企业初始资金规模、制造商公平偏好特性以及延期支付批发价敏感性等因素对各成员决策及收益的影响，最后用数值分析验证并拓展结论。结果表明，企业初始资金规模、制造商公平偏好特性以及延期支付批发价敏感性等因素的变化会对各主体决策和收益产生不同影响；供应链融资组合模式不仅有效解决了各主体资金约束困境，且零售商可能获得高于其无资金约束时所得的收益；对比两种不同的融资组合模式发现，对零售商而言，当制造商延期支付批发价敏感性较低时，零售商偏向采用"双边银行借贷"融资组合模式；否则，零售商将偏向采用"银行借贷 + 贸易信贷"融资组合模式。而对制造商而言，当其延期支付批发价敏感性较低时，其偏向采用"银行借贷 + 贸易信贷"融资组合模式；否则，其将偏向采用"双边银行借贷"融资组合模式。

11.2 研 究 展 望

本书通过对双渠道环境的现实情形进行抽象和简化，并基于形式化需求函数构建了与双渠道企业运作实践更为接近的理论模型，研究了不同情形下双渠道供应链的运作策略的若干问题，并取得了一定的研究成果。但由于实际中，双渠道供应链所处的环境更加复杂和多变，需要考虑和涉及的因素委实太多，因此仍然存在许多相关问题有待今后进一步的研究。

（1）本书只考虑了单一阶段双渠道供应链各主体的定价、服务等运作策略，并未考虑各主体的定价、服务等策略在不同阶段的变化情况。而实际中，双渠道供应链中各主体定价、服务等是可以不断改变的，尤其是网络渠道的定价变化更是频繁。因此，研究电子商务环境下的双渠道供应链产品动态定价和服务策略问题，是未来一个很重要的研究方向。

（2）本书主要考虑了双渠道环境下消费者售前服务"搭便车"行为，而现实中，还存在另外一种消费者网络信息"搭便车"的现象，即消费者在网上查询和了解产品的相关信息，最后选择在距离自己较近的传统零售店进行购买。因而，进一步研究市场中消费者存在这种双向"搭便车"行为的双渠道供应链运作问题是非常有必要的。

（3）本书主要考虑在信息对称的情形下，双渠道供应链渠道销售模式的选择和运作策略。而商业实践中的供应链各主体的信息经常处于不对称的状态。因而，渠道信息不对称情形下的多渠道系统的定价、服务、协调等问题还需要进一步深入地研究。

参 考 文 献

［1］ Antia K D, Bergen M, Dutta S. Competing with gray markets ［J］. *MIT Sloan Management Review*, 2004, 46 (1): 63 – 69.

［2］ Balasubramanian S. Mail versus Mall: A strategic analysis of competition between direct marketers and conventional retailers ［J］. *Marketing Science*, 1998, 17 (3): 181 – 195.

［3］ Boyaci T. Competitive stocking and coordination in a multiple-channel distribution system ［J］. *IIE Transactions*, 2005, 37 (5): 407 – 427.

［4］ Brynjolfsson E, Smith M D. Frictionless commerce? A comparison of Internet and conventional retailers ［J］. *Management Science*, 2000, 46 (4): 563 – 585.

［5］ Carlton D W, Chevalier J A. Free riding and sales strategies for the internet ［J］. *The Journal of Industrial Economics*, 2001, 49 (4): 441 – 461.

［6］ Cattani K, Gilland W, Heese H S, et al. Boiling frogs: Pricing strategies for a manufacturer adding a direct channel that competes with the traditional channel ［J］. *Production and Operations Management*, 2006, 15 (1): 40 – 56.

［7］ Chen J, Zhang H, Sun Y. Implementing coordination contracts in a manufacturer Stackelberg dual-channel supply chain ［J］. *Omega*, 2012, 40 (5): 571 – 583.

［8］ Dan B, Liu C, Xu G, et al. Pareto improvement strategy for service – based free – riding in a dual – channel supply chain ［J］. *Asia – Pacific Journal of Operational Research*, 2014, 31 (6): 1 – 27.

［9］ Dan B, Xu G, Liu C. Pricing policies in a dual-channel supply chain with retail services ［J］. *International Journal of Production Economics*, 2012, 139 (1): 312 – 320.

［10］ Fan H H, Zhou Y W. Pricing and inventory strategy of dual-channel supply chain under random demand and retailer's capital constraint ［J］. *International Journal of Cognitive Informatics and Natural Intelligence*, 2015, 9 (1): 30 – 46.

［11］ Gilbert S M, Cvsa V. Strategic commitment to price to stimulate downstream innovation in a supply chain ［J］. *European Journal of Operational Research*, 2003, 150: 617 – 639.

［12］ Gupta A, Su B C, Walter Z. An empirical study of consumer switching from traditional to electronic channels: A purchase-decision process perspective ［J］. *International Journal of Electronic Commerce*, 2004, 8 (3): 131 – 161.

［13］ Hua G, Wang S, Cheng T E. Price and lead time decisions in dual-channel supply chains ［J］. *European Journal of Operational Research*, 2010, 205 (1): 113 – 126.

［14］ Huang S, Yang C, Zhang X. Pricing and production decisions in dual-channel supply chains with demand disruptions ［J］. *Computers & Industrial Engineering*, 2012, 62 (1): 70 – 83.

［15］ Huang W, Swaminathan J M. Introduction of a second channel: Implications for pricing and profits ［J］. *European Journal of Operational Research*, 2009, 194 (1): 258 – 279.

［16］ Chiang W, Monahan G E. Managing inventories in a two-echelon dual-channel supply chain ［J］. *European Journal of Operational Research*, 2005, 162 (2): 325 – 341.

［17］ Kurata H, Yao D Q, Liu J J. Pricing policies under direct vs. indirect channel competition and national vs. store brand competition ［J］. *European Journal of Operational Research*, 2007, 180 (1): 262 – 281.

［18］ Li B, Chen P, Li Q, et al. Dual-channel supply chain pricing decisions with a risk-averse retailer ［J］. *International Journal of Production Research*, 2014, 52 (23): 7132 – 7147.

［19］ Mccardle K, Rajaram K, Tang C. Advance booking discount programs under retail competition ［J］. *Management Science*, 2004, 50 (5): 701 – 708.

［20］ Modak N M, Kelle P. Managing a dual-channel supply chain under price and delivery-time dependent stochastic demand ［J］. *European Journal of Operational Research*, 2019, 272 (1): 147 – 161.

[21] Modak N M. Exploring Omni-channel supply chain under price and delivery time sensitive stochastic demand [J]. *Supply Chain Forum: An International Journal*, 2017, 18 (4): 218 –230.

[22] Moon Y, Yao T, Friesz T L. Dynamic Pricing and Inventory Policies: A strategic analysis of dual channel supply chain design [J]. *Service Science*, 2010, 2 (3): 196 –215.

[23] Park S Y, Keh H T. Modelling hybrid distribution channels: A game-theoretic analysis [J]. *Journal of Retailing and Consumer Services*, 2003, 10 (3): 155 –167.

[24] Pu X, Gong L, Han X. Consumer free riding: Coordinating sales effort in a dual-channel supply chain [J]. *Electronic Commerce Research & Applications*, 2017, 22: 1 –12.

[25] Rohm A J, Swaminathan V. A typology of online shoppers based on shopping motivations [J]. *Journal of Business Research*, 2004, 57 (7): 748 –757.

[26] Saha S, Modak N, Panda S, et al. Managing a retailer's dual-channel supply chain under price and delivery time-sensitive demand [J]. *Journal of Modelling in Management*, 2018, 13 (2): 351 –374.

[27] Singley R B, Williams M R. Free riding in retail stores: An investigation of its perceived prevalence and costs [J]. *Journal of Marketing Theory and Practice*, 1995, 3 (2): 64 –74.

[28] Takahashi K, Aoi T, Hirotani D, et al. Inventory control in a two-echelon dual-channel supply chain with setup of production and delivery [J]. *International Journal of Production Economics*, 2011, 133 (1): 403 –415.

[29] Telser L G. Why should manufacturers want fair trade? [J]. *Journal of Law and Economics*, 1960, 3: 86 –105.

[30] Wei G, Lin Q, Qin Y. A new buy-back contract coordinating dual-channel supply Chain under stochastic demand [J]. *International Journal of Computer Science Issues*, 2013, 10 (2): 637 –643.

[31] Xiao T J, Yang D Q. Price and service competition of supply chains with risk-averse retailers under demand uncertainty [J]. *International Journal of Production Economics*, 2008, 114 (1): 187 –200.

[32] Xu G, Dan B, Zhang X, et al. Coordinating a dual-channel supply

chain with risk-averse under a two-way revenue sharing contract [J]. *International Journal of Production Economics*, 2014, 147: 171 – 179.

[33] Xu H, Liu Z Z, Zhang S H. A strategic analysis of dual-channel supply chain design with price and delivery lead time considerations [J]. *International Journal of Production Economics*, 2012, 139 (2): 654 – 663.

[34] Xu Q, Liu Z, Shen B. The impact of price comparison service on pricing strategy in a dual-channel supply chain [J]. *Mathematical Problems in Engineering*, 2013, 12: 1 – 13.

[35] Yan R, Pei Z. Retail services and firm profit in a dual-channel market [J]. *Journal of Retailing and Consumer Services*, 2009, 16 (4): 306 – 314.

[36] Yan R. Pricing strategy for companies with mixed online and traditional retailing distribution markets [J]. *Journal of Product & Brand Management*, 2008, 17 (1): 48 – 56.

[37] Yan R. Product brand differentiation and dual-channel store performances of a multi-channel retailer [J]. *European Journal of Marketing*, 2010, 44 (5): 672 – 692.

[38] Yang Y, Wang L, Wang Y, et al. Modeling and optimization of two-stage procurement in dual-channel supply chain [J]. *Information Technology and Management*, 2014, 15 (2): 109 – 118.

[39] Zhou Y W, Guo J S, Zhou W H. Pricing/service strategies for a dual-channel supply chain with free riding and service-cost sharing [J]. *International Journal of Production Economics*, 2018, 196: 198 – 210.

[40] 艾兴政, 马建华, 陈忠, 等. 服务"搭便车"的电子渠道与传统渠道协调机制 [J]. 系统工程学报, 2011, 26 (4): 507 – 514.

[41] 白世贞, 郑胜华, 王永干. 资金约束制造企业双渠道生产与融资决策研究 [J]. 计算机仿真, 2023, 40 (1): 319 – 325.

[42] 柏庆国, 史宝珍, 徐健腾. 风险规避下二级供应链的低碳减排运营策略 [J]. 系统工程, 2019, 37 (3): 86 – 97.

[43] 曹裕, 易超群, 万光羽. 基于"搭便车"行为的双渠道供应链库存竞争和促销策略 [J]. 中国管理科学, 2019, 27 (7): 106 – 115.

[44] 曹裕, 易超群, 万光羽. 基于制造商网络渠道选择的双渠道供应链定价与服务决策研究 [J]. 管理工程学报, 2021, 35 (2): 189 – 199.

[45] 曹宗宏, 张成堂, 赵菊, 等. 基于资金约束的风险厌恶制造商融资策略和渠道选择研究 [J]. 中国管理科学, 2019, 27 (6): 30–40.

[46] 陈良, 胡劲松. 风险规避对不同类型双渠道供应链决策的影响 [J]. 山东大学学报 (理学版), 2018, 53 (5): 30–40.

[47] 池方圆, 徐庆, 陈婷婷. "搭便车" 效应下双渠道供应链收益共享契约设计 [J]. 数学的实践与认识, 2018, 48 (18): 39–53.

[48] 范定祥, 李重莲. 基于产品性价比差异和双渠道商双向公平关切的供应链定价与效用研究 [J]. 工业工程与管理, 2020, 25 (4): 150–158.

[49] 冯平平, 张婷丹, 柴建, 等. 无缺陷退货下考虑转运的双渠道供应链库存决策研究 [J]. 系统科学与数学, 2022, 42 (11): 2973–2997.

[50] 高洁, 刘江, 周宝刚. 双渠道供应链定价和提前期决策 [J]. 商业经济研究, 2017 (6): 20–22.

[51] 龚本刚, 汤家骏, 程晋石, 等. 产能约束下考虑消费者偏好的双渠道供应链决策与协调 [J]. 中国管理科学, 2019, 27 (4): 79–90.

[52] 侯琳琳, 邱菀华. 混合渠道的易逝品分销系统的库存竞争 [J]. 系统工程理论与实践, 2009, 29 (2): 44–52.

[53] 侯玉梅, 赵倩. 不同模式下双渠道供应链成员针对不同生产能力的订货策略 [J]. 统计与决策, 2012 (14): 36–40.

[54] 黄芳, 郑循刚, 代应. 零售商公平偏好对代发货模式下双渠道供应链决策的影响 [J]. 系统管理学报, 2019, 28 (3): 560–568, 578.

[55] 吉清凯, 方刚, 赵达. 有限产能直销优先策略下双渠道供应链的定价博弈模型 [J]. 中国管理科学, 2022, 30 (4): 184–193.

[56] 戢守峰, 姜力文, 赵丹. 不同融资模式下考虑消费者偏好的双渠道供应链订货与定价策略 [J]. 工业工程与管理, 2017, 22 (4): 1–9.

[57] 计国君, 刘茜, 杨光勇. "搭便车" 行为下服务水平对双渠道供应链影响 [J]. 商业研究, 2018 (11): 18–29.

[58] 李芳, 马鑫, 洪佳. 考虑质量不确定的双渠道闭环供应链契约协调研究 [J]. 统计与决策, 2020, 36 (9): 176–180.

[59] 李建斌, 朱梦萍, 戴宾. 双向 "搭便车" 时双渠道供应链定价与销售努力决策 [J]. 系统工程理论与实践, 2016, 36 (12): 3046–3058.

[60] 李诗杨, 但斌, 周茂森, 等. 限价政策与公益性影响下药品双渠道供应链定价与协调策略 [J]. 管理工程学报, 2019, 33 (2): 196–204.

［61］李习栋，马士华. 考虑风险态度和服务溢出效应双渠道供应链下制造商市场策略［J］. 工业工程与管理，2018，23（5）：88 - 94.

［62］李新军，陈亭亭. 供应商资金约束下双渠道供应链融资选择与定价策略——基于期望效用视角的分析［J］. 商业研究，2017（7）：24 - 33.

［63］李怡娜，徐学军. 双分销渠道下短生命周期产品供应链转运策略［J］. 计算机集成制造系统，2010，16（1）：155 - 164.

［64］李重莲，范定祥，王晓蕾. 双向公平关切下双渠道供应链的线上线下融合契约设计［J］. 中国管理科学，2021，29（11）：122 - 133.

［65］李宗活，杨文胜，刘晓红，等. 考虑公平关切的双渠道制造商电子优惠券定价策略［J］. 系统工程学报，2022，37（2）：219 - 230.

［66］梁喜，肖金凤. 基于区块链技术应用的双渠道供应链定价决策研究——考虑消费者对产品真假敏感的分析［J］. 价格理论与实践，2021（6）：145 - 148，167.

［67］梁喜，赵英杰. 考虑3PL企业融资服务的双渠道制造商定价与融资决策［J］. 工业工程，2022，25（4）：28 - 35.

［68］林强，魏光兴. 公平偏好下双渠道供应链最优定价策略与协调［J］. 数学的实践与认识，2017，47（13）：294 - 302.

［69］刘斌，顾琼琼，石苗青. 考虑价格和服务联合决策的双渠道供应链BOPS模式选择［J］. 运筹与管理，2022，31（11）：135 - 141.

［70］刘广东，杨天剑，张雪梅. 生产成本扰动下的风险规避双渠道供应链定价决策［J］. 计算机集成制造系统，2020，26（2）：551 - 564.

［71］刘英，慕银平. 基于讨价还价模型的持股型供应链最优订货与定价策略研究［J］. 中国管理科学，2021，29（6）：160 - 167.

［72］刘峥，徐琪. 不同市场需求在合作策略和非合作策略下双渠道供应链最优订货模型［J］. 东华大学学报（自然科学版），2015，41（5）：696 - 705.

［73］刘峥，徐琪. 考虑风险态度的双渠道供应链协同优化决策［J］. 东华大学学报（自然科学版），2016，42（1）：98 - 103.

［74］陆涛，张世斌. 线上线下双渠道供应链定价策略研究——基于交货期敏感对价格影响的零售商双渠道定价分析［J］. 价格理论与实践，2019（7）：124 - 127.

［75］牛志勇，黄沛，王军. 公平偏好下多渠道零售商线上线下同价策略

选择分析 [J]. 中国管理科学, 2017, 25 (3): 147-155.

[76] 彭浪, 张毕西, 陈晓纯. 考虑服务水平的双渠道供应链定价策略研究 [J]. 数学的实践与认识, 2016, 46 (24): 98-106.

[77] 邱洪全, 陈文英. 生鲜农产品双渠道供应链库存合作策略研究 [J]. 数学的实践与认识, 2019, 49 (3): 1-10.

[78] 邱若臻, 初晓晶, 孙月. 价格和交货期敏感需求下基于鲁棒优化的双渠道供应链决策模型 [J] 中国管理科学, 2023, 31 (9): 114-126.

[79] 曲优, 关志民, 邱若臻, 等. 公平关切与损失规避对混合双渠道供应链订货策略的影响 [J]. 管理学报, 2017, 14 (1): 129-138.

[80] 邵怀鹏, 于文成. 3PL 企业参与的双渠道供应链下制造商融资策略选择 [J]. 工业工程, 2023, 26 (3): 58-66.

[81] 史思雨, 孙静春, 邓飞. 风险规避型零售商资金约束下双渠道闭环供应链的定价决策 [J]. 运筹与管理, 2021, 30 (4): 1-9.

[82] 史思雨, 孙静春. 基于不同融资方式的双渠道供应链定价决策 [J]. 运筹与管理, 2019, 28 (4): 1-8.

[83] 司凤山, 王晶, 戴道明. 考虑服务质量和延迟决策的双渠道供应链演化博弈分析 [J]. 山东大学学报 (理学版), 2020, 55 (1): 86-93, 101.

[84] 谭春桥, 易文桃. 双渠道供应链定价与网络直销交货期策略 [J]. 系统工程学报, 2019, 34 (5): 683-699.

[85] 谭乐平, 宋平, 杨琦峰. 风险规避型双渠道供应链的融资和定价决策 [J]. 计算机工程与应用, 2021, 57 (7): 237-250.

[86] 唐丹, 庄新田. 基于"应收款链"平台的多期供应链融资 [J]. 系统工程, 2021, 39 (4): 56-70.

[87] 唐坤, 张玉林. 考虑收取搭便车消费者产品体验费的双渠道供应链定价 [J]. 工业工程, 2018, 21 (3): 32-40.

[88] 田巍, 杨世信, 葛兵. 消费者"搭便车"下制造商创新投入的供应链双渠道策略研究 [J]. 数学的实践与认识, 2018, 48 (24): 1-11.

[89] 万鹏, 宋乃绪, 原丕业, 等. 具有缺陷品的双渠道供应链库存优化策略 [J]. 工业工程, 2019, 22 (2): 49-56.

[90] 王道平, 谷春晓, 张博卿. 风险规避和信息不对称下双渠道供应链的定价决策研究 [J]. 工业工程与管理, 2016, 21 (4): 20-25, 34.

[91] 王道平, 周玉. 考虑电商平台拼购折扣的双渠道供应链协调定价

[J]. 系统工程学报, 2022, 37 (4): 535 - 548.

[92] 王红春, 高吉彤, 郭循帆. 碳交易机制下双渠道供应链定价决策研究 [J]. 价格理论与实践, 2022 (7): 109 - 112, 203.

[93] 王虹, 周晶, 孙玉玲. 双渠道供应链的库存与定价策略研究 [J]. 工业工程, 2011, 14 (4): 58 - 62.

[94] 王磊, 戴更新, 孙浩. 零售商提供服务且具有公平偏好的供应链博弈研究 [J]. 系统工程, 2015, 33 (6): 1 - 9.

[95] 王倩, 朱媛媛, 钟永光. 展厅现象下的双渠道供应链定价策略 [J]. 中国管理科学, 2021, 29 (8): 174 - 182.

[96] 王威昊, 胡劲松. 考虑延时和展厅现象的双渠道供应链微分对策研究 [J]. 计算机集成制造系统, 2022, 28 (5): 1571 - 1585.

[97] 王文隆, 王梓豪, 张涑贤, 等. 随机需求下考虑零售商损失厌恶的双渠道供应链融资策略研究 [J]. 管理评论, 2023, 35 (5): 267 - 279.

[98] 王先甲, 周亚平, 钱桂生. 生产商规模不经济的双渠道供应链协调策略选择 [J]. 管理科学学报, 2017, 20 (1): 17 - 31.

[99] 魏杰, 常美静. 基于电商平台的定价顺序和销售模式选择 [J]. 系统工程, 2021, 39 (1): 94 - 100.

[100] 吴成锋, 林帅成, 徐春凤. 零售商公平关切下双渠道绿色供应链的定价及协调机制研究 [J]. 经济与管理评论, 2022, 38 (5): 112 - 123.

[101] 吴彦莉, 胡劲松. 具过度自信零售商的双渠道供应链网络均衡研究 [J]. 运筹与管理, 2018, 27 (1): 96 - 102.

[102] 夏海洋, 黄培清. 混合分销渠道结构下短生命周期产品供应链库存策略分析 [J]. 中国管理科学, 2007, 15 (2): 70 - 75.

[103] 夏良杰, 孔清逸, 李友东, 等. 考虑交叉持股的低碳供应链减排与定价决策研究 [J]. 中国管理科学, 2021, 29 (4): 70 - 81.

[104] 肖肖, 骆建文. 面向资金约束制造商的双渠道供应链融资策略 [J]. 系统管理学报, 2016, 25 (1): 121 - 128.

[105] 谢庆华, 黄培清. Internet 环境下混合市场渠道协调的数量折扣模型 [J]. 系统工程理论与实践, 2007, 27 (8): 1 - 11.

[106] 熊浩, 陈锦怡, 鄢慧丽, 等. 考虑主播特征的直播带货双渠道供应链定价与协调 [J]. 管理工程学报, 2023, 37 (4): 188 - 195.

[107] 徐飞, 王红蕾. 交货期差异下的双渠道订货与协调优化策略 [J].

运筹与管理，2020，29（4）：121-129.

[108] 许民利，聂晓哲，简惠云. 不同风险偏好下双渠道供应链定价决策 [J]. 控制与决策，2016，31（1）：91-98.

[109] 许明星，李雪琴. 双向搭便车行为下双渠道供应链统一定价和服务决策 [J]. 山东大学学报（理学版），2022，57（9）：55-70.

[110] 许明星，王健. 基于服务策略的双渠道供应链定价研究 [J]. 软科学，2014，28（5）：111-114，124.

[111] 颜波，刘艳萍，李鸿媛. 成本信息不对称下零售商主导的混合渠道供应链决策分析 [J]. 中国管理科学，2015，23（12）：124-134.

[112] 晏露玲. 配送时间影响下的双渠道供应链运营决策及协调机制研究 [J]. 东莞理工学院学报，2023，30（1）：16-23.

[113] 杨畅，程硕，张毕西. 考虑服务负溢出效应的双渠道供应链定价策略研究 [J]. 数学的实践与认识，2018，48（13）：83-90.

[114] 杨浩雄，孙丽君，孙红霞，等. 服务合作双渠道供应链中的价格和服务策略 [J]. 管理评论，2017，29（5）：183-191.

[115] 杨宏林，彭诗雨，袁际军. 零售商混合融资模式下的双渠道供应链订购决策 [J]. 计算机集成制造系统，2022，28（3）：943-950.

[116] 杨建华，刘淞. 考虑消费者参考效应的双渠道乳制品供应链协调机制设计 [J]. 控制与决策，2022，37（6）：1609-1620.

[117] 杨磊，郑晨诗，纪静娜. 碳信息不对称下的供应链谎报决策与协调研究 [J]. 中国管理科学，2016，24（4）：111-120.

[118] 杨丽芳，周永务，曹彬. 基于公平关切行为下双渠道供应链中制造商的融资策略研究 [J]. 管理学报，2023，20（3）：440-451.

[119] 杨满，汪传旭，徐朗. 考虑"搭便车"的双渠道供应链定价与减排决策 [J]. 计算机工程与应用，2018，54（14）：229-235.

[120] 杨茜，许茂增. 制造商主导下的不同双渠道零售商渠道定价策略与渠道选择 [J]. 计算机集成制造系统，2022，28（1）：307-324.

[121] 余娜娜，王道平，赵超. 考虑产品绿色度的双渠道供应链协调研究 [J]. 运筹与管理，2022，31（4）：75-81.

[122] 喻鸣谦，蔡敏，杨钦杰. 顾客退货双渠道供应链中资金约束零售商融资策略 [J]. 系统管理学报，2021，30（4）：676-684.

[123] 袁宇翔，程栋，白秦洋，等. 零售商双重行为偏好下双渠道供应

链定价决策与协调 [J]. 工业工程与管理, 2023, 28 (3): 61-70.

[124] 张李浩, 杨杰. 考虑零售商资金约束的双渠道供应链信息共享与融资决策 [J]. 管理评论, 2023, 35 (5): 280-291.

[125] 张霖霖, 孙坤鹏. 不同权力结构的双渠道供应链中价格一致策略研究 [J]. 价格月刊, 2019 (9): 13-19.

[126] 张霖霖, 杨越, 周永圣, 等. 考虑顾客退货的风险规避双渠道供应链协调机制研究 [J]. 系统科学与数学, 2020, 40 (11): 2017-2040.

[127] 张小娟, 王勇. 零售商资金约束的双渠道供应链决策 [J]. 控制与决策, 2014, 29 (2): 299-306.

[128] 张晓, 安世阳. 保鲜成本分担下考虑零售商公平关切的生鲜品双渠道供应链协调 [J]. 工业工程与管理, 2021, 26 (2): 15-22.

[129] 张学龙, 覃滢樾, 王军进, 等. 考虑价格和服务水平竞争的垂直双渠道供应链决策模型 [J]. 控制与决策, 2018, 33 (4): 687-697.

[130] 张学龙, 吴豆豆, 王军进, 等. 考虑退货风险的制造商双渠道供应链定价决策研究 [J]. 中国管理科学, 2018, 26 (3): 59-70.

[131] 赵川, 苗丽叶, 杨浩雄, 等. 随机需求下双渠道供应链库存动态交互优化 [J]. 计算机应用, 2020, 40 (9): 2754-2761.

[132] 赵达, 胡慧敏, 吉清凯. 零售商资金约束且全成员风险厌恶的双渠道供应链定价与融资决策 [J]. 运筹与管理, 2023, 32 (4): 71-77.

[133] 赵静, 朱昆. 制造商和零售商同时开辟在线渠道下渠道竞争与定价决策 [J]. 系统工程学报, 2018, 33 (6): 834-844.

[134] 赵亮, 庄新田, 石军. 预付款融资下基于改进收益共享与回购联合契约的双渠道供应链协调研究 [J]. 运筹与管理, 2018, 27 (3): 159-167.

[135] 赵琳, 张克勇, 高寅. 制造商资金约束的双渠道供应链融资策略 [J]. 运筹与管理, 2023, 32 (6): 172-178.

[136] 赵瑞娟, 周建亨. 考虑信息披露的双渠道供应链两周期定价策略 [J]. 工业工程与管理, 2020, 25 (2): 81-91.

[137] 赵瑞娟, 周建亨. 双渠道供应链两阶段信息甄别策略 [J]. 管理工程学报, 2022, 36 (4): 152-163.

[138] 赵晟莹, 卢祥远. 第三方部分担保下的供应链应收账款融资模型 [J]. 系统工程, 2020, 38 (6): 81-89.

[139] 郑本荣, 李芯怡, 黄燕婷. 考虑在线评论的双渠道供应链定价与

服务决策 [J]. 管理学报, 2022, 19 (2): 289 –298.

[140] 周建亭, 赵瑞娟."搭便车"效应影响下双渠道供应链信息披露策略 [J]. 系统工程理论与实践, 2016, 36 (11): 2839 –2852.

[141] 周义廷, 刘丽文. 考虑随机需求和"搭便车"行为的双渠道供应链决策模型 [J]. 系统科学与数学, 2017, 37 (1): 66 –78.

[142] 周永卫, 范贺花. 随机需求与联合促销下双渠道供应链定价策略 [J]. 统计与决策, 2015 (18): 51 –55.

[143] 周永务, 张雄, 李璐. 制造商资金约束的双渠道供应链定价与融资决策 [J]. 系统工程学报, 2020, 35 (5): 670 –688.

[144] 朱宝琳, 薛林, 戢守峰, 等. 零售商风险规避下基于联合契约的双渠道供应链库存决策模型 [J]. 系统管理学报, 2022, 31 (2): 217 –229.

后 记

　　本书是在我的博士学位论文的基础上修改而成，并补充了我入职河南师范大学后部分新的科研成果。

　　首先，要向辛勤培育我的恩师周永务教授表示崇高的敬意和由衷的感谢！从我读硕士就跟随周老师，一直到现在博士毕业，无论是在论文的写作过程中，还是在课题的研究过程中，周老师都给予了我细致的指导和帮助，也倾注了大量的汗水和心血。周老师渊博的学识素养、严谨的治学态度、活跃的学术思想和忘我的工作作风，给我留下深刻的印象，让我受益良多。周老师谆谆的教诲让我终生难忘，周老师严格的要求更令我终身受益，我将以周老师为毕生楷模，在工作岗位上更加努力，在此再次向恩师表示衷心的感谢！感谢博士同门师兄弟钟远光、李柏勋、李绩才、肖旦、温宗良、李昌文、曹彬等在科研上给予我的莫大的帮助。

　　感谢父母给予我无私的关爱和支持，是你们的无私付出让我少了很多后顾之忧，能够安心完成学业，静心工作，你们始终是我求学和工作路上最坚强的后盾。同时，也特别感谢我的爱人张慧平，在我求学和工作期间，是你承担了家里大量的琐碎家务，是你的相伴、支持和劝慰帮我渡过了一个又一个难关。感谢河南师范大学的领导、老师和各位同事对我的关心和帮助。最后，向为本书写作和出版付出心血和提供帮助却没有提及的所有人，一并表示最衷心的感谢！

郭金森

2024 年 2 月于河南新乡